성경대로 신앙생활을 **다시 시작 하기** 원하는
크리스천들을 위한 가이드

박형용 지음

킹덤처치연구소

나의 주인이요 삶의 이유가 되시는
하나님께 먼저 감사를 드립니다.

평생을 갚아도 갚을 수 없는 사랑을 제게 주신 부모님,
박전규 장로님과 임선희 권사님.
두 분을 많이 사랑하고 존경합니다.

사랑하는 장인어른과 장모님,
김명덕 목사님과 윤혜림 사모님께도 늘 감사합니다.
언제나 두 분은 저의 자랑입니다.

지난 시간 동안 나의 모든 사역의 짐을
함께 짊어지고 살아온 사랑하는 아내 김지혜,
당신이 없었으면 나는 이 사명을 다하지 못했을지도 모릅니다.

사랑하는 박예슬, 그리고 박하람.
아빠는 너희가 아빠의 자녀라서 너무나도 행복하다.
항상 예수님을 전부로 알고 살아주렴.

타국에 있는 동생을 늘 걱정하고
한결같이 아껴주는 누나와 매형,
사랑하는 조카 하율이와 하준이,
저를 위해 기도해준 친척들과 친구들.

평생의 동역자가 되어준 달라스 리스타트 교회의 성도들, 말씀식당 식구들.
또한 저의 스승이 되어준 수많은 목사님들과 동역자들,
그리고 배운대로 살아보려고 애써주는 수많은 성도들.
그리고 이 책이 나올 수 있도록 수고해주시고,
추천해주시며,
도와주신 모든 도움의 손길에
고마움과 감사함을 표현 합니다.

추천의 글

강웅산 교수 (총신대학교 신학대학원 조직신학 교수)

한국교회가 2천년 서구 교회의 장구한 역사에 비해 100여년의 길지 않은 시간에도 불구하고 놀라운 성장을 일으킨 데에는 전혀 비밀이 아닌 비밀이 있었다. 19세기말 이래 자유주의 신학은 하나님의 말씀의 권위를 심하게 침해하고 도전하고 있다. 가까운 일본만 보더라도 우리보다 먼저 기독교가 전래되었지만 그 기독교는 자유주의 신학에 물든 기독교였다. 그러나 한국 땅에는 다행스럽게도 선교사들을 통해 처음부터 하나님의 말씀의 권위를 최고로 여기는 기독교 신앙이 심겨졌다. 우리는 전적으로 하나님의 놀라운 섭리를 찬양할 수밖에 없기에 하나님께 모든 영광을 돌린다. 돌이켜 볼 때 한국교회의 성장은 우연한 결과가 아니라 한국교회가 전적으로 성경을 하나님의 말씀으로 믿고 공부에 열심했을 때와 일치한다. 안타깝게도 오늘날 한국교회는 숫적 감소를 경험하고 있다. 한 때 1천만이 넘는 교세가 최근 통계에 따르면 771만, 이단을 제하고 나면, 6백만대 초반 또는 5백만대라고 보는 견해도 있다. 누구든지 잘 알만한 한 대형교회 목회자로부터 최근에 들은 말을 나누고 싶다. "오늘날 한국교회가 복음에서 벗어나 있다. 교회가 하나님의 말씀을 믿지 않는다." 이 말을 합치면, 한국교회가 감소하는 이유가 있었다. 오늘날 한국교회가 하나님의 말씀, 성경에서 멀어졌기 때문이다.

『크리스천 리스타트』의 저자 박형용목사님은 오늘날 한국교회의 문제가 무엇인지 바르게 진단했을 뿐 아니라 바른 처방을 제시하는 목회자이다. 많은 경우에 교인들이 성경이 어떤 책인지, 개인의 신앙생활과 어떤 관계에 있는지 잘 모르는 경우가 많다. 그것은 대체로 교회 생활을 하면서 목회자로부터 잘 배우지 않았기 때문이다. 좀 더 노골적으로 말하면 언젠가부터 교회가 잘 가르치지 않았기 때문이다. 성경이 무슨 책인지, 신앙생활을 위해 무엇을 가르치는지, 성경을 모르는 교인들이 너무 많은 것이 오늘날 한국교회의 문제이다. 저자는 이 부분에 대해 정확한 진단과 처방을 내리고 있다. 교회가 새롭게 시작하는 유일한 길은 언제나 성경이다. 종교개혁도 리스타트였고, 지금이 리스타트가 필요한 때이다. 리스타트의 길은 언제나 하나님의 말씀뿐이고, 그 길은 언제나 열려있었다. 목회자의 사명은 그 길로 교인들을 인도하는 것이고, 저자는 친절하게 독자를 리스타트의 길, 성경으로 안내하고 있다.

이승구 교수 (합동신학대학원대학교 조직신학 교수)

여기 미국 달라스에서 "리스타트 교회"라는 이름의 한인교회를 섬기는 박형용 목사님께서 본인이 섬기는 교회의 이름과 정확히 같은 제목으로 쓴 귀한 책이 주어졌습니다. 이것은 마치 〈새교우 교육을 위한 지침〉 같은 것입니다. 박 목사님께서 "오직 성경"에 근거해서 예수님을 믿는 것이 무엇인지, 구원이 무엇인지, 교회가 무엇인지, 예배가 무엇인지를 설명하시는 것을 따라서 우리가 다시 출발(re-start)하면 합니다. 그것이 성경으로 되돌아가는 것이고, 개혁자들에게 되돌아가는 것입니다. 이런 말과 책이 필요한 이유는 우리가 마치 중세 때처럼 성경에서 멀리 떨어졌기 때문입니다. 중요한 것은 성경입니다. 부디 바르게 해석된 성경의 가르침으로 우리 모두 가기를 바라면서 박 목사님의 이 시도에 같이 해 보십시다.

김귀보 목사
(큰나무 교회 담임, 내러티브 설교연구소 소장, 「너의 길을 멈추지 마라」 저자)

저자는 신앙의 가장 본질적인 부분을 터치하면서 책을 시작합니다. 본질은 건물의 기초와 뼈대와 같은 것입니다. 신앙의 본질을 이야기 하지 않고는 바르고 건강한 신앙을 이야기할 수 없습니다. 누구나 다 본질은 이야기 합니다. 그런데 본질을 이야기 하면서 지루하고 따분하게 이야기 하니까 사람들이 귀를 기울이지 않습니다.

저자는 본질을 이야기 하되 무겁고 고리타분하게 이야기 하지 않습니다. 아주 쉽게 차근차근 이야기를 들려주듯이 설명을 합니다. 성경의 진리를 쉽지만 가볍지 않게 찬찬히 풀어나갑니다. 책을 읽다보면 성경의 진리가 서서히 우리의 생각 속으로 스며드는 것처럼 느껴집니다.

저자는 책을 통해서 믿음의 길을 가면서도 길을 잃지 말라고 계속해서 귀에 속삭여주는 지혜자와 조언자의 역할을 합니다. 이 책을 끝까지 진지하게 읽는다면 결코 건강한 신앙의 길에서 벗어나지 않을 것입니다. 박형용 목사님이 쓴 리스타트 크리스찬은 오래 동안 신앙생활을 한 분들에게는 자신이 가고 있는 믿음의 길을 점검하게 하는 기회가 될 것입니다. 처음 신앙을 발걸음을 내딛는 분들에게는 걸어 가야할 길에 정확한 나침판을 제공해줄 것입니다. 하나님을 바르게 알고, 바르게 믿고, 바르게 살고 싶은 분들에게 이 책을 추천합니다.

양정모 교수 (MBTS 윤리학/변증학 교수, 비블리컬 윤리학/변증학 저자)

우리 주변에는 교회생활에 회의를 느끼거나 출석하지 않는 성도들이 의외로 많다. 이유는 여러가지가 있을 것이다. 그러나 마음 속으로는 교회와 예배가 얼마나 소중한지 알고 있으며, 언젠가는 교회 공동체 속에서 마음껏 예배 드리며 은혜를 경험하게 되기를 기대한다.

그런 의미에서 이 책은 Restart(새로 시작)의 불을 붙여줄(ignite) 연료와도 같다. 교회와 공동체가 얼마나 소중한지, 그리고 교회 생활이 얼마나 하나님께 영광을 돌리는지를 친절하게 안내해 준다. 성경, 구원, 예수님, 교회, 예배, 기도, 헌금의 의미를 새롭게 해석하여 풀어주고 다시 시작할 수 있는 용기를 준다. 그래서 마지막 장의 주제인 열매 맺는 삶으로 인도한다.

게다가 이 책은 삶에 적용할 수 있는 질문들이 제시되어 있다. 이러한 질문들을 삶에 구체적으로 적용하다 보면 이미 Restart되어서 하나님께서 원하시는 삶을 살게 되리라 확신한다. 그리스도인의 삶(기독교 윤리)의 목표는 구약의 거룩(레 11:45)과 신약의 하나님의 영광(고전 10:31)이다. 이 책을 통해 거룩함과 하나님의 영광을 추구하는 하나님의 백성들이 많아지게 되기를 간절히 소망한다.

이종필 목사 (세상의빛교회 담임, 킹덤처치연구소 대표)

복음을 위해 거룩하게 준비된 귀한 그릇 박형용목사님을 만나고 반가웠는데, 특히 그의 교회 이름에 큰 매력을 느꼈습니다. RESTART. 종교개혁은 하나님의 말씀 성경을 기준으로 교회를 다시 시작하는 운동이었습니다. 지금, 한국 교회의 위기가 느껴지는 21세기, 개개인의 신앙이 얼마나 깨지기 쉬운 것인지를 경험한 포스트코로나 시대에 우리 모두가 붙잡아야 하는 키워드는 역시 리스타트입니다. 인간은 연약하고 악하여 교회도 계속 변질되기 쉽습니다. 교회가 변질된다는 것은 구성원인 우리 성도들의 신앙이 성경과 멀어졌다는 것입니다. 이 책은 우리를 성경으로 다시 이끌어주는 책입니다. 밀가루처럼 흩어져버린 개인들을 건강한 공동체로 다시 반죽해주는 놀라운 역할을 할 소중한 도구입니다. 성경을 기준으로 우리의 삶을 다시 시작하게 하는 이 책과 리스타트 교회가 한국 교회 갱신을 위한 초석이 되리라 확신하며 기쁨으로 추천합니다.

김성수 목사 (전 고신대학교 총장, 현 미국 Evangelia University 총장)

명쾌한 논리로 풀어낸 기독교의 기본 진리

박형용 목사님의 〈크리스천 리스타트〉라는 책을 읽어보면서 기독교의 기본 진리를 어떻게 이렇게 명쾌한 논리로 풀어낼 수 있는지 감탄을 금할 수 없다. 난해한 개념들을 알기 쉽게 풀어내는 일은 탁월한 이해와 섬김의 수고가 있어야 가능한 일이다. 그러기에 이 책에는 복음과 교회, 그리고 성도들의 신앙적 성숙을 갈망하는 저자의 열정, 목회적 경험, 그리고 목회적 헌신의 수고가 고스란히 담겨 있다.

수많은 신학 서적과 성경공부 교재들이 많이 출판되어 있지만, 성도들의 삶의 실제와 동떨어진 이론적이며 탁상 공론적인 책들도 많이 있다. 이런 책들은 성도들의 사변적인 지식의 축적에 공헌할 수 있을지는 몰라도 그리스도인으로서의 기본적인 신앙적 삶의 영위와 성숙으로 인도하는 데는 별로 도움을 주지 못하는 책들이다. 더구나 기독교의 기본 진리를 복음적이며, 개혁주의 신학의 관점에서 균형 있게 저술된 책들은 그렇게 많지 않다.

신앙적 성숙은 건실한 성경적 기초가 없이는 불가능하다. 말씀, 구원, 예수 그리스도, 교회, 예배, 그리고 기도에 대한 올바른 이해는 성도들의 총체적인 신앙의 삶이 세워져야 할 가장 기본적인 토대다. 오늘날 많은 교인이 이와 같은 기본적인 토대의 확립이 없이 교회에 출석하고 있다. 그래서 신앙의 성숙이 없다. 이런 점에서 현대 교인들, 특히 이민 사회의 교인들은 "리스타트"! 정말 "새롭게 출발"해야 한다. 이 책이 바로 그 해답이다. 이 책은 기독교의 기본 진리를 명쾌한 논리로 풀어내고 있다. 각 장 마다 학습한 내용들을 요약 정리해 볼 수 있도록 도와주는 "스터디 가이드"까지 있어서 교육학적인 관점에서도 탁월한 성경공부 교재로 평가받기에 손색이 없다. 기독교 대학의 성경과목 교재, 선교지와 지역교회의 소그룹 성경공부 교재로 사용하기에 탁월한 책이다. 목회자는 물론, 신학생, 교회학교 교사들, 평신도 지도자들과 평신도들에게 이 책을 기꺼이 추천하고자 한다.

최병락 목사 (강남중앙침례교회 담임목사, 월드사역연구소 소장)

신자가 교회를 정할때 집에서 가까운 교회가 아닌 성경과 가까운 교회를 선택해야합니다. 리스타트교회와 박형용 목사님은 성경과 가까운 교회, 그리고 목사입니다. 박형용 목사님은 성경을 늘 고민하고 그 의미를 찾고, 친절하고 치밀하게 성도들에게 가르칩니다. 성도는 재미를 위해 교회를 찾지 않고 진리를 위해 교회의 문을 두드립니다. 리스타트교회에는 말씀이 있고, 말씀을 풍성히 길어올리는 목사가 있습니다.

"크리스천 리스타트"는 저자가 얼마나 성실히 목회를 해왔는지를 잘 보여주는 열매입니다. 처음부터 끝까지 기독교의 기본 진리들을 친절하고도 빈틈없이 소개하고 있습니다. 개인의 신학적 해석을 최대한 절제하고 성경의 기본 진리를 성경에서 찾아 그대로 전하려는 노력이 돋보입니다. 본 서는 기독교 입문을 위한 친절한 네비게이션이며, 신앙생활중에 길을 잃고 헤메일때 다시 펴보면 금방 길을 찾을 수 있는 지침서입니다. 지진에 화려한 건물들이 속절없이 무너지는 장면들을 종종 봅니다. 기본은 평안한 날에 확인이 안되지만, 환란과 시련을 만나면 그 깊이와 단단함이 드러납니다. 호수의 깊이는 홍수때가 아닌 가뭄때 알 수 있습니다. 우리의 기본의 단단함도 그와 같습니다. 이 책을 부지런히 읽으시고 어떤 시련에도 흔들리지 않는 단단한 기본기를 갖추기를 바랍니다. 기본이 튼튼할때 쌓아올리는 높이를 더이상 두려워할 필요가 없습니다. "크리스천 리스타트"는 여러분의 기본을 다시 점검하고 균열이 간 부분을 메꾸어 주고, 빠진 재료들을 다시 보충해줄것입니다. 처음 기독교에 입문한 분들 뿐 아니라 오랜 신앙생활중에 자기의 신앙을 다시 점검해 보기를 위한 분들까지 모두에게 기쁜 마음으로 적극 추천합니다.

김영한 목사 (품는 교회 담임 및 Next 세대 Ministry 대표)

박형용 목사님 지인에게 전화를 받았습니다.

혹 박 목사님을 잘 아는지 물었습니다. 그래서 조금 안다고 했는데요. 그분은 박 목사님과 같이 신학교에서 공부했었다고 했습니다. 자신이 본 박 목사님은 성경에 미친 사람이었다고 했습니다. 성경을 읽고, 다시 읽고, 지치고 쓰러질 때까지 성경을 붙잡았던 신학도였다고 했습니다.

그 이야기를 듣고, 제가 느끼고, 생각한 것보다 더 하나님의 말씀에 미친 사람이었구나…. 깨닫게 되었습니다. 고(故) 옥한흠 목사님은 늘 '불광불급'[不狂不及, "미치지 아니하면 일정한 정도나 수준에 이르지 못함"]을 말씀하셨습니다. "미쳐야 미친다!" 미치도록 해야, 어느 지점에 미치는 것을 누구나 알고 있습니다. 그러나 저자 박 목사님은 삶에서 그렇게 살아냈고, 여전히 살아내고 있습니다.

그런 저자가 쓴 책을 받아 읽고, 다시 놀랐습니다. 가장 본질적인 부분들을 다루고 있었습니다. 무술에 고수는 아주 기본기를 중요시합니다. 특히, 검도는 화려한 동작과 사람들이 보기 좋은 허세를 추구하지 않습니다. 가장 빠르게 다시 기본자세로 돌아와, 방어도 하고, 다시 공격합니다. 이 책은 바로 그런 책입니다. 가장 기본기로 크리스천들이 다시 돌아와, 리스타트를 하도록 가이드를 해 줍니다.

이 책을 신학도와 목회자들에게 권합니다. 특별히 믿음의 기초를 다시 쌓고, 자신의 믿음을 재검토할 사람에게 일독을 권합니다. 영적 도전을 받고, 한 걸음 더 영적 성숙을 이룰 줄 믿습니다.

들어가는 글

오늘날 많은 사람들이 "기복신앙(祈福信仰)"적인 신앙의 형태를 가지고 신앙생활을 합니다.

> 기복 신앙(祈福 信仰) = 빌 기(祈) + 복 복(福) + 믿을 신(信) + 우러를 앙(仰)

"기복(祈福)"이라는 단어는, "빌 기(祈) + 복 복(福)"이라는 한자를 씁니다. "자신과 자기 가족의 번영과 출세를 위해서, 이 땅에서의 명예와 성공을 누리기 위해서, 병에 걸리지 않고 장수하기 위해서, 신이 주시는 복을 받기 위해서 비는 것"을 말하죠. 이어서 "신앙(信仰)"이라는 단어는 "믿을 신(信) + 우러를 앙(仰)"이라는 한자를 사용합니다. 그렇기 때문에 우리 크리스천들이 신앙생활을 한다는 것은 우리의 믿음의 대상인 하나님을 우러러 보고, 하나님의 나라와 하나님의 뜻과 하나님의 의가 이 땅에서 성취되는 것을 바라고 소망하며 살아가는 것을 말하는 것입니다. 그런데 오늘날 수많은 크리스천들이 성경이 말하는 신앙의 내용대로 신앙생활을 하는 것이 아니라, 세속적이고 타락한 기복신앙의 형태를 가지고 신앙생활을 하는 것을 봅니다. 슬픈 현실이지만, 오늘날 교회안에는 기복적이고 물질적인 신앙이 널리 퍼져 있습니다. 세속적이고 물질주의적인 세상의 영향을 받아서, 비성경적이며, 불경건한 신앙의 행태가 유행하고 있습니다.

"기도"라는 것을 예로 들어서 설명하면, 오늘날 수많은 교인들이 자신들의 기도를 들으시는 하나님을 생각할 때, 램프의 요정과도 같은 존재로 오해를 하는 경우가 많습니다. 언제든지 하나님은 내가 기도라는 행위를 하기만 하면, 기도라는 램프를 문지르기만 하면, 곧바로 나타나셔서 내가 원하는 소원을 들어주셔야 한다고 오해하는 사람들이 많다는 것이죠. 하지만 그것은 "성경이 말하는 기도"가 아닙니다. "헌금"도 같은 방향에서 오해하는 경우가 있습니다. 오늘날 수많은 교인들이 헌금을 복을 받기 위해서 시주하는 정도로 이해하거나, 복을 받기 위한 비용으로 오해를 합니다. 대출을 받아서 하나님께 드렸더니 하나님께서 몇 배의 복을 주셨더라, 십의 5조를 하나님께 드렸더니 하나님께서 다섯 배의 복을 주시더라 등, 이처럼 성경이 이야기하지 않는 헌금관이 어느덧 풍조로 자리잡고 있습니다.

"교회"에 대한 이해도 마찬가지입니다. 성경이 이야기하는 신앙생활은 교회를 중심으로 하는 것이며, 교회를 통해서 하는 것이며, 교회와 더불어 하는 것입니다. 그래서 교회에 대한 성경적 이해는 중요할 수 밖에 없습니다. "교회(敎會)"는 한자로 "가르칠 교(敎) + 모일 회(會)" 라는 글자로 구성된 단어인데, 이 단어의 뜻대로 풀어서 설명하면, "교회(敎會)"는 "가르치는 모임"이라는 뜻입니다. 그렇기 때문에 "좋은 교회, 건강한 교회"는 잘 가르치는 교회이고, "좋은 성도" 또는 "건강한 성도"는 잘 배우는 성도를 말합니다. 그런데 교회에 대한 성경적인 이해가 부족하기 때문에 많은 사람들이 교회에 대한 오해를 가지고 신앙생활을 하는 것을 보게 됩니다. 그러면 교회는 무엇을 가르치는 곳일까요?

> "만일 내가 지체하면 너로 하여금 하나님의 집에서 어떻게 행하여야 할지를 알게 하려 함이니 이 집은 살아 계신 하나님의 교회요 진리의 기둥과 터니라."
> 디모데전서 3장 15절

성경은 교회를 가리켜 "살아계신 하나님의 교회"라고 말하는데, 지금 성경이 사용한 "소유격 표현"에 주목하셔야 합니다. 교회는 지금도 살아서 역사하시는 하나님의 교회입니다. 하나님의 것이며, 하나님의 뜻대로 다스림을 입는 하나님의 소유라는 것이죠.

제가 담임으로 섬기고 있는 달라스 리스타트 교회는 2020년 1월에 처음 개척하여 설립된 교회입니다. 그러면, 달라스 리스타트 교회의 주인은 누구일까요? 교회를 설립한 담임목사 일까요? 아니면, 처음부터 함께 수고해 온 개척 멤버들일까요? 그것도 아니면, 교회 재정에 가장 많은 부분을 헌금하여 섬기고 있는 성도 일까요? 모두 다 아닙니다. 성경이 교회의 주인을 "살아계신 하나님"이라고 표현하고 있는 것처럼, 제가 섬기고 있는 리스타트 교회의 주인도 "살아계신 하나님"이십니다. 그런데, 교회의 주인이신 하나님은 그저 하늘보좌에 앉아만 계시는 하나님이 아닙니다. 다시 오시는 그 날까지 아무것도 하지 않는 하나님도 아닙니다. 여전히 살아 계셔서 통치하시고, 다스리시는, 완전한 주권과 권세를 가진 "살아계신 하나님"이 교회의 주인이십니다. 그래서, "교회론"에 대해서 가르치고 있는 에베소서 라는 성경은 이렇게 이야기합니다.

> "또 만물을 그의 발 아래에 복종하게 하시고 그를 만물 위에 교회의 머리로 삼으셨느니라. 교회는 그의 몸이니 만물 안에서 만물을 충만하게 하시는 이의 충만함이니라."
>
> 에베소서 1장 22-23절

몸이 머리의 지시를 받듯이, 교회는 하나님의 지도를 받습니다. 그래서 교회는 머리이신 예수 그리스도의 명령대로, 예수 그리스도의 뜻대로 세워져 가고 지으심을 입습니다. 그러므로 "성경적인 신앙 생활"을 하기 위한 가장 중요한 전제는, "교회가 살아계신 하나님의 것이다"라는 사실을 이해하는 것입니다. 이 사실을 분명히 믿고 이해하고 있다면, 교회 내에서 사람이 주인 행세를 하며 분란을 일으키고, 기득권을 주장하는 일은 자연히 줄어들게 될 것입니다. 또한, 방금 전에 읽었던 디모데전서 3장 15절을 보면, 사도 바울이 교회의 정의에 대해서 또 한가지 중요한 정의를 이야기 하고 있습니다. 교회는 "진리의 기둥과 터"라는 것입니다. 자, 그러면 성경이 이야기 하는 "진리"는 무엇일까요?

> "그들을 진리로 거룩하게 하옵소서 아버지의 말씀은 진리니이다."
> 요한복음 17장 17절

예수님께서는 "아버지 하나님의 말씀"이 "진리"라고 명확하게 말씀 하셨습니다. 그렇기 때문에 여기까지 "교회와 진리"에 대한 개념을 정리해 보면, 교회는 "진리이신 하나님의 말씀을 가르치고 배우는 곳"이라고 정의 할 수 있습니다. 예를 들어서 우리가 몸이 아파서 병원에 갔다고 생각해 보겠습니다. 의사 선생님이 너무 친절하고 이야기도 잘 들어주고 따뜻 합니다. 그런데 병은 잘 못고칩니다. 그렇다면 여러분은 계속해서 그 병원에 가겠습니까? 또 한 가지 예를 들어 보겠습니다. 버스를 운전 하는 기사님이 계시는데, 너무 자상하고, 인자하고, 예의도 바르고, 심지어 잘 생겼습니다. 그런데, 그 사람이 운전만 하면 사고가 납니다. 그러면 그 사람이 운전하는 버스에 타겠습니까? 또 한가지 예를 들어 보겠습니다. 어떤 음식점에 갔는데, 너무 친절하고, 깨끗하고, 인테리어도 모던하고 내 마음에 쏙 듭니다. 그런데 맛이 없습니다. 그러면 여러분은 계속해서 그 음식점에 가겠습니까? 아마도 아닐 것입니다. 의사는 병을 잘 고쳐야 하고, 식당은 음식을 맛있게 해야 하는 것입니다. 그래야 그 본래의 기능을 올바르게 담당 할 수 있는 것이고, 본래의 기능을 잘 담당하는 것이 첫번째 책임이 되어야 하는 것입니다.

여러분, 학교는 어떤 곳입니까? 학교는 공부를 하는 곳입니다. 헬스장은 어떤 곳입니까? 헬스장은 운동을 하는 곳입니다. 수영장은 수영을 하는 곳이고, 식당은 음식을 파는 곳이며, 도서관은 공부를 하는 곳입니다. 그러면, 교회는 어떤 곳입니까? 교회는 살아계신 하나님의 말씀을 가르치고, 배우며, 하나님을 예배하는 곳입니다. 그것이 바로 성경이 말하는 "교회의 정의"입니다. 그런데 오늘날 많은 사람들이 교회를 오해하는 이유는, "성경이 말하는 교회"가 아닌, "내가 생각하고 바라는 교회"를 생각하기 때문입니다. 다시 말해서, "성경이 요구하는 신앙생활"이 아닌, "내가 원하는 신앙생활"을 하는데서 모든 오해가 싹트는 것입니다. 그러면 또 한 가지 질문을 드리겠습니다. 어떤 교회가 좋은 교회입니까? 이 질문에 답변하는 것이 어렵게 느껴지신다면, 우회적으로 다른 질문을 해 보겠습니다. 어떤 병원이 좋은 병원입니까? 어떤 식당이 좋은 식당입니까? 어떤 선생님이 좋은 선생님입니까? 아마도 여러분은 이러한 질문에 쉽게 답변 하실 수 있을 것입니다. 왜냐하면 우리는 그러한 장소와 사람들이 어떤 역할을 해야 하는지 이미 알고 있기 때문입니다. 이러한 생각을 바탕으로 다시 생각해 보겠습니다. 어떤 교회가 좋은 교회입니까? 앞서 이야기한 대로 살아계신 하나님의 지도를 받아, 하나님이 설계하신 대로, 진리이신 하나님의 말씀을 전하고 가르치고 배우는 교회가 "좋은 교회"입니다. 그리고 그것이 바로 "성경적으로 세워져 가는 교회"입니다. 왜냐하면 교회는 그 "터"를 성경의 진리 위에 세우고 있기 때문입니다.

오늘날 많은 크리스천들이 성경과 동떨어진 신앙생활을 하는 이유는 진리의 말씀인 "성경" 그 자체를 가르치지 않기 때문입니다. 성경을 인용해서 무엇인가를 가르치기는 하지만, 성경 그 자체를 가르치지 않는 데에서 성경이 가르치는 내용과 실제 신앙생활의 괴리가 생긴 것입니다. "진리의 기둥과 터"가 되어야 하는 교회에 찾아온 가장 큰 위기는 교회가 진리이신 하나님의 말씀을 가르치지 않고, 성도들은 교회에서 하나님의 말씀을 배우려고 하지 않는데 있습니다. 하지만, 성경을 모르면 하나님을 오해하게 됩니다. 성경을 모르면 교회를 오해하게 됩니다. 그래서 많은 사람들이 교회를 오해하게 되고, 하나님을 오해하게 됩니다. 그리고 성경에서 벗어난 신앙생활을 하게 됩니다.

간혹 교회에서 상처를 받았다는 사람들의 이야기를 들어 보면, 예수님에게 실망했다는 사람은 찾아보기 힘듭니다. 사람들에게 상처를 받아서 교회를 떠났다고 하거나, 교회 행정을 문제로 삼거나, 교회 조직에 상처를 받았다는 사람들이 거의 대부분 입니다. 왜 그런 경우가 발생하는 것일까요? 교회가 어떤 곳인지 잘 모르고 있기 때문입니다. 예를 들어서, 병원에 갔으면 진료를 잘 받고 오면 되는 것입니다. 그런데, 의사가 나에게 친절하지 않았다고 해서 병원을 옮길 이유가 있겠습니까? 또한, 식당에 갔으면 음식을 맛있게 먹고 오면 되는 것입니다. 그런데 그 식당에 내가 좋아하는 게임기가 없다고 해서 그 음식점에 두번 다시 가지 않겠다고 한다면, 그것이 이치에 맞는 말일까요? 그런데 많은 사람들이 성경적인 교회의 개념을 모르기 때문에, 이러한 성격의 오해를 하게 된다는 것입니다.

제가 사역하고 있는 미국 이민 사회에서는, 교회에서 자신이 운영하는 식당의 음식을 팔아 주지 않아서 교회를 옮겼다고 하는 분들의 소식을 종종 듣습니다. 장로, 권사직분을 주지 않아서 교회를 옮겼다고 하는 분들도 있고, A 교회보다 B 교회가 더 재미있어서 교회를 옮겼다는 이야기도 종종 들립니다. 교회 시설이 좋아서 교회를 옮겼다는 분들도 계시고, 교회에 유치원이 없어서 유치원이 있는 교회로 옮겼다는 분들도 있습니다. 그리고 어떤 분들은 저쪽 교회에 잘생기고 젠틀한 목사님이 계서서 옮겼다고 하는 분들도 있습니다. 하지만 이러한 일들은 모두 교회가 어떤 곳인지 몰라서 일어나는 일들입니다. 교회는 "살아계신 하나님"의 말씀을 가르치는 곳입니다. "진리"이신 하나님의 말씀을 가르치는 곳입니다. 그러므로 성경대로 우리 신앙생활의 기본적인 개념들을 바로 세워가야 합니다. 교회가 어떤 곳인지 알면 다른 것으로 떼를 쓰지 않을 것입니다. 또한, 교회가 살아계신 하나님의 것이라는 사실을 믿으면 교회를 어지럽게 만드는 일을 벌이지 않을 것입니다.

이 책은 달라스 리스타트 교회에서 강의한 내용을 재편집하여 정리한 책입니다. 이 책의 기본적인 대상은 오랫동안 신앙생활을 해왔지만 성경이 가르치는 내용을 제대로 배워 본적이 없는 성도들과, 지금까지 교회와 성경이 가르치는 바를 오해해 온 사람들 입니다. 바라기는 이 책을 통해서 한 걸음 한 걸음, 성경이 말하는대로 신앙생활을 안내 받으실 수 있기를 소원합니다. 우리 크리스천들이 다시 성경으로 돌아가서, 성경대로 다시 신앙생활을 할 수 있기를 간절히 기도합니다. 그리하여 저와 여러분 모두가 하나님이 기뻐하시는 성도의 모습으로 살아갈 수 있기를, 그렇게 신앙생활할 수 있기를 살아계신 하나님의 이름으로 부탁드립니다.

달라스 리스타트 교회 목양실에서
예수 그리스도를 주인으로 삼은 종 **박형용** 목사

CONTENTS

추천의 글　7
들어가는 글　19

1강　성경은 우리의 구원을 위한 책입니다　35

성경을 연구하는 두가지 방향　35
일반계시와 특별계시　38
구약성경과 신약성경　44
구약성경의 구성　46
신약성경의 구성　52
영감된 하나님의 말씀　54
성경에 사용된 언어　56
성경을 주신 이유　57
성경이 성도들에게 주는 유익　59

2강　모든 사람에게는 구원이 필요합니다　65

성경이 이야기 하는 구원의 의미　66
구원이 필요한 이유　71
성경이 이야기 하는 죄의 기원　82
거짓말쟁이 마귀　84
사랑의 하나님, 그러나 공의로우신 하나님　86
구원을 얻을 수 있는 길　98

3강 우리에게는 예수님이 필요합니다 103

죄에 대한 하나님의 반응 104
죄인들에 대한 하나님의 판결 108
우리의 죄로 인해서 받게 된 하나님의 진노 110
하나님의 진노의 대상 111
하나님의 구원 방법 114
오직 예수님만이 구원의 길 116
하나님의 어린양, 구세주, 예수 그리스도 120
예수님께서 대신 죽으신 이유 130
예수님의 죽음으로 우리가 받게 된 은혜 134
하나님이 우리를 구원하신 이유 136

4강 교회가 무엇인지 올바르게 알아야 합니다 141

교회라는 단어의 의미 142
교회를 세우신 예수 그리스도 142
교회는 건물이나 조직이 아닙니다 146
성경이 이야기 하는 교회 152
건강한 교회 154
완전하지 않은 사람들이 모인 교회 157
하나님께서 교회에게 원하시는 모습 164
교회가 해야 하는 일 166
교회의 사명 169

예배를 드려야 하는 이유를 알아야 합니다 175

누구에게 예배를 드려야 할까요 176
하나님을 위한 예배 181
하나님이 기뻐하지 않는 예배 184
예배의 개념 190
주일 예배의 중요성 192
하나님이 원하시는 예배자 195

성경대로 기도해야 합니다 201

성경적인 기도의 개념 201
올바르게 구하는 것 203
주기도문의 구조 205
하나님의 나라를 위한 기도 209
하나님나라 백성들을 위한 기도 212
예수님의 이름으로 기도해야 하는 이유 235
기도할 때 기억해야 하는 내용들 236

7강 헌금은 교회를 세우는 하나님의 방법입니다

소유권에 대한 이해 244
전부 다 하나님이 주신 것입니다 248
헌금을 드려야 하는 이유 251
헌금은 하나님의 명령입니다 256
하나님께 부요한 사람이 되십시오 258
헌금을 드리는 태도 261

8강 크리스천은 열매맺는 하나님의 백성입니다

그의 나라와 그의 의를 구하라 268
열매로 알리라 272
구원받은 성도가 맺어야 하는 열매들 281

크리스쳔 리스타트

1강

성경은 우리의 구원을 위한 책입니다

크리스천 리스타트

성경은 우리의 구원을 위한 책입니다

우리 크리스천들이 "성경적인 신앙생활"을 하기 위해서는 가장 먼저 "성경"이 어떤 책이며, 어떤 목적과 메시지를 가지고 기록된 책인지를 알아야 합니다. 왜냐하면 "성경적"이라는 표현 자체가 "성경"과 동떨어져 생각할 수 없는 표현이기 때문이죠.

성경을 연구하는 두가지 방향

예전에 제가 박사과정에서 공부할 때, 논문 Research 방법에 대해서 강의하던 교수님의 강의 내용이 생각납니다. 그 때 교수님께서는 성경을 연구한다고 하는 사람들의 방법을 가만히 살펴보면 크게 두 가지 방법론이 있다고 하셨습니다. 하나는 Bible-Based 방법이고, 또 다른 하나는 Biblical한 방법이라고 하셨습니다.

첫번째로 Bible-Based 방법이란, 말 그대로 성경에 있는 몇몇 구절들을 내가 주장하고 싶은 내용을 뒷받침 하기 위해서 사용하는 해석 방법입니다. 마치 신천지와 같은 이단들이 본인들이 주장하고 싶은 내용을 뒷받침 하기 위해서 문맥과 흐름을 고려하지 않고 성경 구절들을 뽑아내는 것을 말하죠. 반면, Biblical한 해석방법은 다릅니다. 말 그대로 "성경적인 해석방법"이라고 번역할 수 있는 이 해석 방법은 각각의 구절들과 말씀들을 "성경 전체의 신학과 문맥"에서 해석을 하는 것입니다. 왜냐하면 성경은 66권으로 나누어져 있지만, 한 분 하나님께서 기록하신 메시지이기 때문입니다. 그러면 하나님은 어떠한 메시지를 전하기 위해서 성경을 기록하게 하셨을까요? 예수님께서는 이렇게 말씀하셨습니다.

> "너희가 성경에서 영생을 얻는 줄 생각하고 성경을 연구하거니와 이 성경이 곧 내게 대하여 증언하는 것이니라."
>
> 요한복음 5장 39절

성경은 예수님에 대해서 증언하는 책입니다. 그렇기 때문에 성경 66권의 나침반은 모두 다 예수님을 가리키고 있습니다. 그러면 조금 더 구체적으로 나아가서 성경은 예수님에 대한 어떤 메시지를 기록하고 있을까요?

> "또 이르시되 내가 너희와 함께 있을 때에 너희에게 말한 바 곧 모세의 율법과 선지자의 글과 시편에 나를 가리켜 기록된 모든 것이 이루어져야 하리라 한 말이 이것이라 하시고 이에 그들의 마음을 열어 성경을 깨닫게 하시고 또 이르시되 이같이 그리스도가 고난을 받고 제삼일에 죽은 자 가운데서 살아날 것과 또 그의 이름으로 죄 사함을 받게 하는 회개가 예루살렘에서 시작하여 모든 족속에게 전파될 것이 기록되었으니"
>
> 누가복음 24장 44-47절

예수님께서는 성경에 기록된 모든 내용이 예수님이 고난을 받으시고, 부활하실 것에 대한 메시지를 담고 있다고 말씀하셨습니다. 이러한 메시지가 모세의 율법과 선지자의 글과 시편을 통해서 기록되었다는 것이죠. 사도 베드로는, 성경을 통해서 전해진 메시지에 대해서 이렇게 이야기합니다.

> "이 구원에 대하여는 너희에게 임할 은혜를 예언하던 선지자들이 연구하고 부지런히 살펴서. 자기 속에 계신 그리스도의 영이 그 받으실 고난과 후에 받으실 영광을 미리 증언하여 누구를 또는 어떠한 때를 지시하시는지 상고하니라. 이 섬긴 바가 자기를 위한 것이 아니요 너희를 위한 것임이 계시로 알게 되었으니 이것은 하늘로부터 보내신 성령을 힘입어 복음을 전하는 자들로 이제 너희에게 알린 것이요 천사들도 살펴 보기를 원하는 것이니라."
>
> 베드로전서 1장 10-12절

사도 베드로는 성경이 그리스도의 죽음과 고난, 그리고 부활의 영광에 대해서 증언하는 책이라고 이야기합니다. 그런데 구약의 율법과 선지자들이 기록한 그리스도의 복음의 메시지를, "계시로 알게 되었다"고 이야기하죠. 그래서 교회에서는 "성경"을 "하나님의 말씀"이라고 이야기하기도 하지만, 때로는 "하나님의 계시"라고도 말합니다.

일반 계시와 특별 계시

그러면, "계시"란 어떤 것일까요? "계시"는 영어로 "Revelation"이라고 말하는데, 성경이 말하는 "계시"는, 하나님이 우리에게 자신이 누구인지를 알려주시는 모든 방법이나 사건을 말합니다. 성경은 하나님이 말씀하신 사건에 대해서 이렇게 설명합니다.

> "옛적에 선지자들을 통하여 여러 부분과 여러 모양으로 우리 조상들에게 말씀하신 하나님이 이 모든 날 마지막에는 아들을 통하여 우리에게 말씀하셨으니 이 아들을 만유의 상속자로 세우시고 또 그로 말미암아 모든 세계를 지으셨느니라."
> 히브리서 1장 1-2절

성경은 하나님께서 "여러 부분"과 "여러 모양"으로 우리에게 말씀하셨으며, 하나님의 아들이신 예수 그리스도를 통해서 우리에게 말씀하셨다고 이야기 합니다. 여기에서 "여러 부분"과 "여러 모양"으로 우리에게 말씀하셨다고 하는 것이 바로 "계시"를 말하는데, 성경에 나타난 "계시"는 크게 두 종류로 나누어 생각해 볼 수 있습니다. 첫번째는 "일반 계시" 이고, 두번째는 "특별 계시" 입니다. 말 그대로 "일반 계시"는 "일반적인 방법으로 계시하는 것"을 말하고, "특별 계시"는 "특별한 방법으로 계시 하는 것"을 말합니다. 또한, "일반 계시"를 "자연 계시"라고도 부르는데, 그 이유는 하나님이 자연을 통해서도 자신을 계시 하시기 때문입니다. 예를 들어서, 제가 살고 있는 텍사스에는 블루보넷이라고 부르는 예쁜 꽃이 3월만 되면 만개가 되어 아름답게 핍니다. 해마다 텍사스는 블루보넷으로 덮이게 되고, 수많은 사람들이 블루보넷과 함께 사진을 찍죠. 저는 블루보넷을 볼 때마다 이런 생각을 합니다. "어떻게 하나님께서는 해마다 같은 시절에, 이렇게 예쁜 꽃들을 피게 하실 수 있을까?"

사진출처: 미주 중앙일보

저는 식물을 기르는데 있어서는 마이너스의 손입니다. 마블 영화의 타노스가 손가락을 튕기면 재앙이 벌어지는 것처럼 제가 손을 대는 식물은 깻잎, 토마토 할 것 없이 다 시들시들해 집니다. 사랑으로 가꾼다고 하는데도 왜 제가 만지기만 하면 그렇게 되는지 저는 늘 고민이었습니다. 그러던 어느날 갑자기 한국에 나갈 일정이 생기게 되었습니다. 9년 만에 가족이 한국을 방문 하는 것이라 두근거림과 설레임으로 나갈 준비를 했는데, 한편으로는 남겨질 식물들이 걱정이 되더군요. 약 3주일 동안 자리를 비우게 되는데, 뜨거운 텍사스에서 우리집 고추와 토마토들이 죽지는 않을까 염려가 되었습니다. 그런데, 한국 방문을 마치고 돌아온 그 날에, 식물들을 다시 만나게 된 저는 깜짝 놀랐습니다. 제가 정성들여 기른 것 보다, 훨씬 더 아름답고 생기있게 자라 있었기 때문입니다. 그 모습을 본 저희 아들이 이렇게 이야기 했습니다. "아빠! 아빠! 하나님이 물 주셨나 봐!!!!"

하늘에 떠있는 구름을 보면서, 아침과 저녁으로 뜨고 지는 해와 달을 보면서, 우리는 하나님에 대해서 생각하게 됩니다. 하나님이 지으신 자연만물을 통해서 하나님의 존재를 생각하게 됩니다. 이것이 바로 "자연을 통해서 하나님을 드러내신 자연 계시"이고, "일반적으로 모든 사람들에게 보여진 계시"입니다. 그래서 이것을 "일반 계시"라고도 부르는 것입니다.

> "이같이 한즉 하늘에 계신 너희 아버지의 아들이 되리니 이는 하나님이 그 해를 악인과 선인에게 비추시며 비를 의로운 자와 불의한 자에게 내려주심이라."
> 마태복음 5장 45절

만약에 태양이 지금 위치한 곳보다 조금 더 가까운 위치에 있었다면 어떻게 되었을까요? 그렇게 되었다면 모든 동식물들이 살 수 없게 되었을 것입니다. 반대로, 태양이 지금 있는 것보다 조금 더 멀리 있었다면 어땠을까요? 그렇게 되었다면, 모든 동식물들이 얼어 죽었을 것입니다. 그러면 여러분께 묻겠습니다. 매일 아침에 해가 뜨고, 하늘에서 비가 내리고, 그 비가 다시 수증기가 되어서 하늘로 올라가는, 그러한 자연의 섭리를 이끄시는 분이 누구입니까? 하나님이십니다. 그런데, 하나님이 그 해를 비추실 때에, 선한 사람들에게만 해를 비추시고, 악한 사람들에게는 해를 비추지 않으십니까? 아닙니다. 하나님은 선하고 악한 사람들 모두에게 해를 비추십니다. 비가 내릴 때도 마찬가지 입니다. 하나님을 아는 사람들에게만 비가 내리고, 하나님을 대적하는 사람들에게는 비가 내리지 않습니까? 그것 역시 아니라는 것을 우리는 알고 있습니다. 이처럼 우리 하나님께서는 "자연을 통한 은혜"를 모든 사람들에게 베풀어 주십니다. 이것을 "일반 은혜" 라고도 부르며, 이러한 내용들로 드러난 하나님의 존재를 계시할 때 "일반 계시" 또는 "자연 계시"라는 표현을 사용하는 것입니다. 하지만, 이러한 "일반 계시"만으로는 충분하지 않습니다.

"자연 계시"만으로는 하나님을 충분히 알 수가 없습니다. 물론 우리가 놀라운 자연 현상들을 보면서 "절대자요, 창조주이신 하나님"의 존재를 어렴풋이 인식 할 때가 있기는 하지만, 그것만으로 우리가 하나님에 대해서 알기에는 부족하다는 것입니다. 왜냐하면, 창세기 3장에서 인간이 타락한 이후에 인간에게 찾아온 "죄"라는 것이 하나님을 온전히 알 수 없도록 우리의 마음과 눈을 가리워 버렸기 때문입니다. 이사야 선지자는 이렇게 이야기 했습니다.

> "여호와의 손이 짧아 구원하지 못하심도 아니요 귀가 둔하여 듣지 못하심도 아니라 오직 너희 죄악이 너희와 너희 하나님 사이를 갈라 놓았고 너희 죄가 그의 얼굴을 가리어서 너희에게서 듣지 않으시게 함이니라."
>
> 이사야 59장 1-2절

인간의 죄는 하나님과 인간 사이의 간극을 벌려 놓았습니다. 하나님을 알지 못하도록 "죄"가 우리의 마음과 눈을 가리게 되었습니다. 그래서 하나님께서는 일반적인 방법을 넘어서는, 특별한 방법을 사용하셨습니다. 그것을 "특별 계시"라고 부릅니다. 성경을 보면 때로는 하나님이 직접 말씀하기도 하셨고, 선지자들을 통해 대신 말씀을 전하기도 하셨습니다. 꿈이나 환상 같은것들을 통해서 말씀 하기도 하셨고, 기적을 통해서 말씀하신 적도 있습니다. 이처럼 하나님께서는 특별한 여러 방법을 통해서 자신을 알려 주시기를 원했고, 이러한 특별한 계시들의 목적은 하나였습니다. 사람들에게 하나님이 누구인지를 보여주고 가르쳐 주기 위해서 였습니다. 그런데, 이 특별계시 중에서도 가장 완전하고 온전하게 하나님에 대해서 드러낸 계시의 방법이 있습니다. 그것은 바로 "성경"입니다. "성경"은 각각의 시대마다 부분적으로 계시되었던 것들을 종합해서, 하나님께서 주신 특별 계시입니다. 그러므로, 하나님을 알기 위해서는 "성경"을 봐야 하는 것입니다. 요한복음 14장을 보면, 어느날 빌립이 하나님을 보여 달라고 예수님께 요청을 했습니다.

> "빌립이 이르되 주여 아버지를 우리에게 보여 주옵소서 그리하면 족하겠나이다. 예수께서 이르시되 빌립아 내가 이렇게 오래 너희와 함께 있으되 네가 나를 알지 못하느냐 나를 본 자는 아버지를 보았거늘 어찌하여 아버지를 보이라 하느냐. 내가 아버지 안에 거하고 아버지는 내 안에 계신 것을 네가 믿지 아니하느냐 내가 너희에게 이르는 말은 스스로 하는 것이 아니라 아버지께서 내 안에 계셔서 그의 일을 하시는 것이라."
>
> 요한복음 14장 8-10절

지금 이 말씀을 방금 전에 읽었던 히브리서 1장 1-2절 말씀과 더불어 생각해 보면 이런 뜻입니다. "하나님께서는 예수님의 말씀을 통해서 자신을 계시하셨다."

> "태초에 말씀이 계시니라 이 말씀이 하나님과 함께 계셨으니 이 말씀은 곧 하나님이시니라."
>
> 요한복음 1장 1절

> "말씀이 육신이 되어 우리 가운데 거하시매 우리가 그의 영광을 보니 아버지의 독생자의 영광이요 은혜와 진리가 충만하더라."
>
> 요한복음 1장 14절

예수님은 태초부터 계셨던 하나님의 말씀입니다. 그리고 하나님께서는 아들이신 예수 그리스도를 통해서 우리에게 자신을 계시하십니다. 그러므로 우리는 "성경"을 통해서 하나님을 알 수 있고, "성경"을 통해서 하나님의 말씀을 들을 수 있는 것입니다.

구약성경과 신약성경

그러면, 이제 성경이 어떤 책인지에 대해서 배웠으니 성경이 어떻게 구성되었는지에 대해서 살펴 보겠습니다. 성경은 크게 "구약(舊約)"과 "신약(新約)"으로 나누어져 있습니다. 성경을 펴면, 구약은 성경의 앞쪽에, 그리고 신약은 뒤쪽에 위치해 있죠. "구약"은 "옛적에 주신 약속"을 말합니다. 그래서 성경에는 "옛 언약"이라는 말로 표현을 하는 것이고, "신약"은 "새롭게 주신 언약"이라는 뜻이기 때문에 "새 언약"이라고 표현합니다. 그리고 이 때 "구약"과 "신약"을 구분하는 기준이 있는데, 그 기준이 바로 예수님입니다.

> "여호와의 말씀이니라 보라 날이 이르리니 내가 이스라엘 집과 유다 집에 새 언약을 맺으리라. 이 언약은 내가 그들의 조상들의 손을 잡고 애굽 땅에서 인도하여 내던 날에 맺은 것과 같지 아니할 것은 내가 그들의 남편이 되었어도 그들이 내 언약을 깨뜨렸음이라 여호와의 말씀이니라. 그러나 그 날 후에 내가 이스라엘 집과 맺을 언약은 이러하니 곧 내가 나의 법을 그들의 속에 두며 그들의 마음에 기록하여 나는 그들의 하나님이 되고 그들은 내 백성이 될 것이라 여호와의 말씀이니라."
>
> 예레미야 31장 31-33절

예레미야 선지자는 하나님께서 새 언약(신약)을 맺으실 것을 예언했습니다. 하나님께서 새 언약(신약)을 맺으시며, 그 날에는 우리가 하나님의 법을 지키며, 하나님의 백성이 될 것이라고 약속해 주셨습니다. 그런데, 하나님께서 예레미야 선지자를 통해서 약속하신 새 언약(신약)을 예수님이 성취하셨습니다.

> "저녁 먹은 후에 잔도 그와 같이 하여 이르시되 이 잔은 내 피로 세우는 새 언약이니 곧 너희를 위하여 붓는 것이라."
>
> 누가복음 22장 20절

성경은 예수님이 우리를 대신해서 흘리신 피로 인하여 "새 언약"이 성취가 되었다고 이야기합니다. 예수님의 죽음과 부활을 통해서 우리의 모든 죄 값이 지불되고, 예수님과 더불어 영원한 생명을 누리게 될 것이라는 약속을 준 것이죠. 그러면 여기까지 정리해 보겠습니다. "구약 성경"은 "장차 그리스도께서 오실 것이다"라고 약속을 주신 것이기 때문에,

예수님이 이 땅에 오시기 전까지의 기록을 담고 있는 책들을 말하고, "신약 성경"은 그리스도께서 구약의 약속대로 이 땅에 오신 이후의 내용을 기록한 책입니다. 또한 "신약 성경"은 옛 약속대로 이 땅에 오신 예수님이 장차 약속하신대로 이 땅에 다시 오실 것을 약속하는 내용을 담고 있습니다. 그렇기 때문에 구약과 신약에서 "약속"이라는 말을 사용할 때는, 이 약속이 "예수님에 대한 약속"이라는 것을 우리는 알아야 합니다. 다시 말해서 "구약"은 "장차 우리를 죄에서 구원하실 그리스도가 오실 것"을 예언하고 있는 책이고, "신약"은 "장차 우리의 구원을 완성하실 그리스도가 다시 오실 것"을 예언하고 있는 책입니다. 그렇기 때문에 우리는 성경의 중심 주제가 "예수님"이라는 것을 알아야 합니다. 그래서 우리는 Bible-Based 해석 방법을 사용해서 내가 주장하고 싶은 내용을 성경을 근거로 삼아서 주장하려 해서는 안됩니다. 오히려 성경 어디를 봐도, 예수님에 대한 메시지를 발견하고 찾아야 합니다. 우리가 추구해야 하는 성경적인 해석방법은 Biblical한 성경 해석 방법입니다.

구약 성경의 구성

그러면 "구약"과 "신약"으로 이루어진 성경은 어떻게 구성되어 있을까요? 구약은 총 39권으로 이루어져 있고, 신약은 27권으로 이루어져 있습니다. 그래서 성경은, 총 66권으로 이루어져 있습니다. 구약과 신약은 장

르별로 조금 더 자세하게 나누어 살펴 볼 수 있는데, 모세오경, 역사서, 시가서, 대선지서, 소선지서로 나눌 수 있습니다. 예를 들어서, 모세오경에는 "창세기, 출애굽기, 레위기, 민수기, 신명기"라고 부르는 다섯권의 책들이 포함됩니다. 그래서 우리가 "모세오경"이라는 말을 사용 할때는 이 다섯권의 책을 이야기하는 것이고, "구약의 역사서"라는 말을 할 때는 "여호수아부터 에스더까지"의 열 두권의 책을 지칭하는 것입니다(어떤 학자들은 창세기부터 에스더까지, 17권을 역사서로 보기도 합니다). 여기에서 한가지 더 설명을 드리자면, 이제 막 신앙생활을 시작하신 분들은 성경에 익숙하지 않기 때문에 성경 찾는 것을 어려워 하실 수 있습니다. 그럴 때는, 여러분이 가지고 있는 성경 옆을 보면, "창.출.레.민.신.수.삿.룻.삼…" 이런 글자들이 써있는 걸 보실 수 있습니다.

물론 이렇게 "색인"이 되어 있지 않은 성경들도 종종 있기 때문에 여러분이 성경을 구매하시거나, 선물을 하실 때에는 색인이 되어 있는 것을 선물해 드리는 것이 조금 더 성경을 찾는데 도움이 되실 것입니다. 이러한 색인들은 성경을 잘 찾을 수 있도록 도움을 주기 위해서 해 놓은 장치인데, 아래의 표를 보시면 각각의 색인들이 어떤 책을 가리키는지 적어 놓았습니다. 예를 들어서 창세기는 "창"이라고 써있고, 로마서는 "롬"이라고 써있습니다. 그러므로 이러한 약어들을 천천히 읽어 보시고 익숙해지면 성경을 찾는 것이 훨씬 더 편해지실 것입니다.

성경은 어떻게 구성 되어 있나요?

구약	모세오경(5권)	창세기(창), 출애굽기(출), 레위기(레), 민수기(민), 신명기(신)
	역사서(12권)	여호수아(수), 사사기(삿), 룻기(룻), 사무엘상(삼상), 사무엘하(삼하), 열왕기상(왕상), 열왕기하(왕하), 역대상(대상), 역대하(대하), 에스라(스), 느헤미야(느), 에스더(에)
	시가서(5권)	욥기(욥), 시편(시), 잠언(잠), 전도서(전), 아가(아)
	대선지서(5권)	이사야(사), 예레미야(렘), 예레미야 애가(애), 에스겔(겔), 다니엘(단)
	소선지서(12권)	호세아(호), 요엘(욜), 아모스(암), 오바댜(옵), 요나(욘), 미가(미), 나훔(나), 하박국(합), 스바냐(습), 학개(학), 스가랴(슥), 말라기(말)
신약	복음서(4권)	마태복음(마), 마가복음(막), 누가복음(눅), 요한복음(요)
	역사서(1권)	사도행전(행)
	바울서신(13권)	로마서(롬), 고린도전서(고전), 고린도후서(고후), 갈라디아서(갈), 에베소서(엡), 빌립보서(빌), 골로새서(골), 데살로니가전서(살전), 데살로니가후서(살후), 디모데전서(딤전), 디모데후서(딤후), 디도서(딛), 빌레몬서(몬)
	공동서신(8권)	히브리서(히), 야고보서(약), 베드로전서(벧전), 베드로후서(벧후), 요한1서(요일), 요한2서(요이), 요한3서(요삼), 유다서(유)
	예언서(1권)	요한계시록(계)

다음으로 성경 각각의 장르에는 어떤 책들이 포함되어 있으며, 어떤 이야기를 하고 있는지를 살펴 보겠습니다.

가장 먼저 구약의 "모세 오경"은 성경의 가장 앞에 있는 다섯 권의 책을 이야기하는데, 창세기, 출애굽기, 레위기, 민수기, 신명기를 포함합니다. 우리가 이 책들을 "모세 오경"이라고 부르는 이유는, 전통적으로 이 다섯 권의 책을 "모세"라는 사람이 썼다고 받아 들이기 때문입니다. 말 그대로, "모세가 쓴 다섯권의 성경"이라는 뜻이죠. 모세오경에는 하나님이 세상을 창조하신 이야기부터 이스라엘의 조상인 아브라함을 선택하시고, 그의 후손인 이스라엘을 애굽에서 구원해 내신 이야기가 기록되어 있습니다. 그리고 그들에게 성막과 율법을 주시고, 가나안 땅으로 인도하시는 스토리가 기록되어 있습니다.

모세오경 다음에는 "역사서"가 기록되어 있는데, 구약 성경의 "역사서"는 "이스라엘 민족의 역사"를 기록하고 있습니다. 보통 역사서라 하면 여호수아 - 에스더 까지의 책을 말하는데, 이러한 책들의 내용에는 이스라엘 백성들이 가나안에 들어가서 정착하는 이야기와 왕국이 세워지고 멸망하게 되는 이야기가 기록되어 있습니다. 간혹 어떤 학자들은 창세기부터의 이야기를 역사서로 봐야 한다고 주장하는 사람들도 있는데, 그 이유는 창세기에서부터 이스라엘 민족의 역사가 시작되기 때문입니다.

역사서 다음에는 "시가서"가 기록되어 있는데, "시가서"란 말 그대로 "시와 노래"를 의미합니다. 시가서에 포함된 "욥기, 시편, 잠언, 전도서, 아가"라고 하는 다섯 권의 책들은 다른 책들과 문체가 다른데, 산문이 아니라 시와 노래로 되어 있기 때문에 "시가서"라고 부르는 것입니다. 시가서에는 구약의 많은 성도들이 자신의 신앙을 담아 쓴 시와, 여러가지 교훈적인 내용들이 기록되어 있습니다.

"시가서" 다음에는 "선지서"가 나오는데, 선지서는 말그대로 "선지자들이 쓴 책"이라는 뜻이며, 때때로 "예언서"라고 부르기도 합니다. 왜냐하면 선지자들이 하나님의 말씀을 받아서 미래에 있을 일들에 대해서 예언하는 역할을 담당했기 때문입니다. 하지만 선지자들의 역할은 미래에 대한 예언을 하는 것이 전부가 아니었습니다. 하나님께 범죄하고 살아가는 이스라엘 백성들에게 하나님의 말씀대로 죄를 책망하고, 강력한 경고의 메시지를 전하는 것도 선지자들의 역할이었습니다. 또한, "선지서"는 크게 "대 선지서(이사야 - 다니엘)"와 "소 선지서(호세아 - 말라기)"로 나눌 수 있는데, 이렇게 나누는 기준은 "분량"에 따라서 나눈 것이지 각각의 선지자들의 공적의 차이나 위대함의 차이에 따라서 나눈 것은 아닙니다.

신약성경의 구성

계속해서 신약성경의 구성을 살펴 보겠습니다. 신약성경도 다섯개의 장르로 나누어서 생각해 볼 수 있는데, 신약 성경은 사복음서, 역사서, 바울서신, 공동서신(일반서신), 그리고 예언서로 나누어져 있습니다. 신약 성경을 보면 빨간색으로 색인된 책들이 나오는데, 가장 앞에 기록된 것이 사복음서입니다. "마태, 마가, 누가, 요한" 이렇게 네 명의 저자가 기록한 네 개의 복음서를 "사복음서"라고 부르는데, 각각의 복음서들은 모두 다 예수님에 대한 이야기를 하고 있습니다.

사복음서는 예수님이 어떤 분이신지, 예수님이 어떤 말씀을 하셨고, 어떤 일을 행하셨는지, 그리고 장차 예수님께서 어떤 일을 행하실 것인지를 사건과 이야기를 중심으로 기록하고 있습니다. 또한, 복음서가 네 개나 되는 이유는, 예수님의 사역과 설교, 그리고 그분의 모습을 각기 다른 네 사람의 관점으로 기록한 것이기 때문입니다. 예를 들어서 우리가 코끼리를 묘사한다고 했을 때, 한 사람이 코끼리가 어떻게 생겼는지 증언하는 것도 좋겠지만, 서로 다른 네 사람이 본 관점들을 합쳐서 생각해 보면 더욱더 풍성하게 코끼리에 대해서 알 수 있지 않겠습니까? 그와 같은 관점에서 생각해보면, 우리는 마태, 마가, 누가, 요한이 묘사한 예수님의 모습을 통해서 더욱더 정확하게 예수님을 알 수 있고, 예수님이 전하신 말씀을 풍성하게 들을 수 있는 복을 누리게 된 것입니다.

다음으로 "신약의 역사서"를 살펴 보도록 하겠습니다. 신약의 역사서는 "사도행전" 한 권을 말하는데, 예수님의 부활 이후 이 땅에 세워진 교회의 이야기를 다루고 있습니다. 사도들을 중심으로 교회가 어떻게 세워졌는지, 그리고 어떻게 하나님의 교회가 성장해 가고 복음이 전파되었는지를 이야기 해주는 것이 사도행전의 이야기입니다.

다음으로 "서신서"를 보도록 하겠습니다. "서신서"라는 것을 쉽게 이야기하면 "편지"라고 할 수 있는데, 서신서 안에는 "각 지역의 교회에 보낸 편지"도 있고, "개인에게 보낸 편지"도 있습니다. "서신서"는 크게 "바울 서신"과 "공동 서신"으로 나눌 수 있는데, 이렇게 나누는 것은 저자가 다르기 때문입니다. 먼저 "바울 서신"은 말 그대로 바울이 쓴 "열 세권의 책"을 말하는데, 바울이 쓴 책이 너무 많다보니 이렇게 따로 묶어서 표현하는 것입니다. 반면에, "공동 서신(일반 서신)" 이라는 것은, 바울 외에 다른 사람들이 "공동으로 쓴 편지"를 말하는데, 그래서 "공동 서신" 또는 "일반 서신"이라고 부릅니다. 이러한 편지들을 통해서 크리스천들은 교회가 무엇을 믿는지, 그리고 교회 다니는 사람들은 어떻게 살아야 하는지를 배울 수 있습니다.

신약의 마지막 책은, 신약의 유일한 예언서인 "요한 계시록"입니다. 요한 계시록은 사도 요한이 "밧모섬"이라는 곳에서 하나님께 받은 계시의 말씀을 말합니다. 그래서 "요한계시록"이라고 부르는 것이며, 이 책의 내용은 이 세상의 마지막에 벌어질 일들과 예수님의 재림에 대해서 이야기 하고 있습니다.

영감된 하나님의 말씀

66권 성경은 총 40여명의 각기 다양한 직업을 가진 사람들이 1,600년 정도의 시간동안 기록했습니다. 자, 그러면 우리에게 이런 질문이 떠오를 수 있습니다. 사람들이 썼으니 성경은 사람들이 만든 책일까요? 성경은 교회가 만들어낸 책이고, 사람이 지은 책인가요? 그러면, 사람들이 지어낸 말이고, 하나님의 말씀이 될 수 없는 것인가요? 아닙니다. 성경은 분명히 하나님의 말씀이고, 하나님이 쓰신 책입니다. 성경이 하나님의 말씀이라는 사실을 증언하는 여러 성경구절을 읽어 보겠습니다.

> "예언은 언제든지 사람의 뜻으로 낸 것이 아니요 오직 성령의 감동하심을 받은 사람들이 하나님께 받아 말한 것임이라."
>
> 베드로후서 1장 21절

> "또 어려서부터 성경을 알았나니 성경은 능히 너로 하여금 그리스도 예수 안에 있는 믿음으로 말미암아 구원에 이르는 지혜가 있게 하느니라. 모든 성경은 하나님의 감동으로 된 것으로 교훈과 책망과 바르게 함과 의로 교육하기에 유익하니 이는 하나님의 사람으로 온전하게 하며 모든 선한 일을 행할 능력을 갖추게 하려 함이라."
>
> 디모데후서 3장 15-17절

성경은 하나님께서 하나님의 사람들을 성령으로 감동하셔서 기록하게 하신 책입니다. 그런데 이 말은 사람들이 기계적으로 받아 쓰기를 했다는 뜻이 아닙니다.

> "이제 가서 백성 앞에서 서판에 기록하며 책에 써서 후세에 영원히 있게 하라."
> 이사야 30장 8절

> "여호와께로부터 말씀이 예레미야에게 임하여 이르시니라. 이스라엘의 하나님 여호와께서 이와 같이 말씀하여 이르시기를 내가 네게 일러 준 모든 말을 책에 기록하라."
> 예레미야 30장 1-2절

이처럼 간혹 성경에는 하나님께서 하나님의 말씀을 책으로 기록하라고 그 말을 직접 불러주신 경우도 있습니다. 하지만, 많은 경우에는 하나님에 대해서 하나님의 사람들이 스스로 기록하도록 하셨습니다. 다만, 하나님께서 그들을 성령으로 붙드시고 지도하시며 기록하게 하신 것이죠. 성경의 저자들은 살아 온 배경이 다르고, 생각하는 것이 다르고, 탤런트들이 다 다릅니다. 그래서 각자의 장점과 경험과 자료들을 바탕으로 성경을 기록했죠. 하지만 중요한 것은 하나님께서 성경을 쓰는 사람의 마음을 감동하셔서 그들의 죄와 욕구를 억제하고, 하나님의 뜻대로 성경을 기록하게 하셨다는 것입니다. 이러한 사실을 가리켜서 우리는 "성경이 하나님의 영감으로 기록되었다"고 말하는 것입니다.

또한, 성경이 영감되었다는 것은 단순히 어떤 좋은 생각이 떠오른 것을 이야기하지 않습니다. 하나님께서 성경을 쓰는 사람의 마음을 직접 인도하셔서, 비록 사람이 글을 쓰지만 하나님의 뜻대로 그 글을 쓰도록 성경을 기록하게 하신 것을 말합니다. 이것을 가리켜서 신학적인 용어로 "성경의 유기적 영감"이라고 합니다. 다시 말해서 성경이 하나님의 영감대로 기록되었다는 말의 뜻은, 하나님께서 기계적으로 성경을 기록하게 하신 것이 아니라, 사람의 모든 기질과 성향과 지식과 배경을 사용하시되, 죄를 억제하시며 하나님의 뜻대로 기록하게 하셨다는 뜻입니다. 그렇기 때문에 성경은 사람이 썼지만 하나님의 말씀이 되는 것이고, 하나님께서 교회에 세우신 수많은 하나님의 사람들을 통해서 66권 성경을 완성하게 하신 것입니다. 그러므로 성경은 하나님이 기록하게 하신 하나님의 말씀입니다.

성경에 사용된 언어

다음으로 "성경에 사용된 언어"에 대해서 살펴 보겠습니다. 성경은 하나님의 말씀이지만, 그 당시 사람들이 사용하던 언어로 쓰였습니다. 그래야만 사람들에게 전달할 수 있었고, 이해할 수 있었기 때문입니다. 먼저 구약 성경은 고대 이스라엘이 사용했던 언어인 "히브리어"로 쓰였는데, 그 중 아주 적은 부분이 "아람어"로 기록 되었습니다. 그런데 대부분이 "히브리어"로 쓰였기 때문에 "히브리어"로 쓰였다고 하는 것입니다. 그리고 신약성경은 구약 성경이 기록된 시대에서 400년 정도의 시간이 지난 이후의 이야기를 다루고 있는데, 사용된 언어가 다릅니다. 신약성경이 기록되던 시대에는 그리스와 로마의 영향으로 인해서, "코이네 헬라어"라고 하는 "헬라어"를 사용했는데, 그래서 신약성경은 "헬라어" 즉, "그리스어"로 기록되었습니다.

성경을 주신 이유

그러면, 하나님께서 우리에게 성경을 주신 이유는 무엇일까요? 방금 전에 읽었던 디모데후서 3장 15-17절 말씀과 요한복음 20장 31절 말씀을 보면, "하나님께서 우리에게 성경을 주신 이유"를 크게 다섯가지로 정리할 수 있습니다.

> [하나님께서 우리에게 성경을 주신 이유]
>
> 1) 구원에 이르는 지혜가 있게 하기 위해서
> 2) 하나님의 사람들을 교훈하고 교육하기 위해서
> 3) 하나님의 사람들을 온전하게 변화 시키기 위해서
> 4) 하나님의 사람들이 모든 선한 일을 행할 능력을 갖추게 하기 위해서
> 5) 예수님을 믿고 영원한 생명을 얻게 하기 위해서

그러므로, 우리가 구원에 이르기 위해서는 무엇을 배워야 합니까? 성경을 배워야 합니다. 영적으로 성장하고, 건강하게 신앙생활하기 위해

서는 무엇을 배워야 합니까? 성경을 배워야 합니다. 성경은 구원을 얻는 믿음이 어디로부터 발생하는지에 대해서 이렇게 이야기합니다.

> "너희는 그 은혜에 의하여 믿음으로 말미암아 구원을 받았으니 이것은 너희에게서 난 것이 아니요 하나님의 선물이라."
>
> 에베소서 2장 8절

> "그러므로 믿음은 들음에서 나며 들음은 그리스도의 말씀으로 말미암았느니라."
>
> 로마서 10장 17절

구원에 이르는 믿음은 하나님의 은혜로 주어집니다. 그리고 구원에 이르는 믿음은 그리스도의 말씀이신 성경, 즉 우리에게 주어진 특별계시인 성경을 통해서 주어지게 됩니다. 교회에서 활동을 열심히 한다고 해서 믿음이 생기는 것이 아닙니다. 봉사를 많이 한다고 해서 믿음이 자라는 것이 아닙니다. 성경을 배울 때, 태초부터 계셨던 하나님의 말씀을 통해서 하나님을 알아갈 때, 그리고 하나님의 말씀대로 살기 위해서 매일 매일 훈련 되어질 때 믿음이 자라는 것입니다. 그리고 그 믿음으로 봉사도 하고, 구제도 하고, 선교도 하게 되는 것입니다.

성경이 성도들에게 주는 유익

이제 마지막으로, 성경이 성도들에게 주는 또 다른 유익들에 대해서 생각해 보겠습니다. 첫번째로, 성경은 성도들의 삶의 "빛"과 "등"의 역할을 합니다.

> "주의 법도들로 말미암아 내가 명철하게 되었으므로 모든 거짓 행위를 미워하나이다. 주의 말씀은 내 발에 등이요 내 길에 빛이니이다."
>
> 시편 119편 104-105절

예전 성경 시대에는 밤에 등불을 사용했습니다. 그런데 그때 사용한 등불은 오늘날 캠핑할 때 사용한 것처럼 멀리까지 보이는 LED 플래시 랜턴이 아니었습니다. 앞을 비추어도 고작 몇 발자국 앞까지 밖에 비추지 않는 등불, 하지만 앞으로 나아가기 위해서는 반드시 필요한 등불, 그것이 바로 성경 시대에 사용했던 등불입니다. 그와 같은 논점에서 성경이 우리 삶을 비추는 등불이 된다는 것은, 매일 매일 성경을 따라서 우리가 한걸음씩 내딛어야 한다는 것을 말합니다. 성큼 성큼 자신있게, 내가 세운 계획대로 걸어가는 것이 아니라, 매일매일 하나님의 말씀으로 우리의 삶을 점검하고 걸어가야 한다는 것이죠. 또한, 성경은 우리 삶의 빛이 된다고 말합니다. 사실, 빛과 어두움은 싸움을 할 수 있는 대상이 아닙니다. 빛을 비추면 자연스럽게 어두움은 물러가게 되어 있죠. 성경이 우리 삶의 빛이 된다는 것이 바로 그러한 의미입니다. 하나님의 말씀이 우리의 마음을 비추면, 우리 마음 속에 있는 어두운 부분들이 그대로 드러나게 되고, 물러가게 된다는 것입니다. 그러므로 그 빛을 따라서 매일매일 살아가야 한다는 것입니다. 시편 기자는 이렇게 고백했습니다.

> "청년이 무엇으로 그의 행실을 깨끗하게 하리이까 주의 말씀만 지킬 따름이니이다."
> 시편 119편 9절

성경적인 신앙생활을 하기 위해서는 성경을 알아야 합니다. 내가 만들어낸 하나님의 개념이 아니라 성경이 말하는 하나님을 알아야 합니다. 왜냐하면 우리의 신앙생활은 성경에서부터 시작하고, 성경에서 끝이 나기 때문입니다. 그러므로 신앙 생활을 리스타트 하기 원하는 크리스천들에게 권면합니다. 성경을 배우시기를 바랍니다. 성경을 사랑하시기를 바랍니다. 그리하여 여러분의 신앙생활이 반석이신 주 예수 그리스도의 말씀에 기반을 두고 성장하게 되기를 주님의 이름으로 축복합니다.

강의 내용 다시 되새겨 보기 & 함께 다시 공부해 보기

1. 계시(Revelation)란 무엇입니까?

2. 자연 계시를 일반 계시라는 말로도 부르는 이유는 무엇입니까?

3. 특별 계시의 목적은 무엇입니까?

4. 구약과 신약의 뜻은 무엇입니까?

5. 모세 오경에는 어떤 책들이 있습니까?
   그리고 모세오경은 어떤 내용들을 담고 있습니까?

6. 구약의 역사서에는 어떤 책들이 있습니까?
   그리고 어떤 내용들을 담고 있습니까?

7. 시가서에는 어떤 책들이 있습니까?
   그리고 어떤 내용들을 담고 있습니까?

8. 선지서에는 어떤 책들이 있습니까?
   그리고 어떤 내용들을 담고 있습니까?

9. 성경에 복음서가 네개나 기록되어 있는 이유는 무엇입니까?

10. 신약의 역사서인 사도행전에는 어떤 내용들이 기록되어 있습니까?

11. 신약의 서신서에는 어떤 책들이 기록되어 있습니까?
    바울 서신과 일반 서신의 범주로 책들을 분류해 보세요.

12. 신약의 예언서인 요한계시록은 어떠한 내용을 기록하고 있습니까?

13. 성경이 하나님의 영감으로 기록되었다는 말은 무슨 뜻입니까?

14. 성경을 기록하기 위해서 사용된 세가지 언어는 무엇입니까?

15. 하나님께서 우리에게 성경을 주신 이유는 무엇입니까?

16. 성경이 크리스천들에게 주는 유익에는 어떤 것들이 있을까요?
    여러분의 생각과 경험을 소그룹원들과 나누어 보세요.

크리스천 리스타트

2강

모든 사람에게는 구원이 필요합니다

크리스천 리스타트

모든 사람에게는 구원이 필요합니다

아마도 여러분은 교회를 다니면서 "예수님을 믿고 구원 받아야 한다"는 말을 많이 들었을 것입니다. 사람들이 교회에 와야하는 가장 중요한 이유는 복음을 듣고 구원을 받기 위해서이며, 우리가 하나님의 말씀을 들어야 하는 이유도 구원 받기 위해서 입니다. 그러면, "구원"이라는 말에는 어떤 의미가 있을까요? 도대체 "구원"이라는 말의 뜻이 무엇이길래 교회에서는 우리가 "구원 받아야 한다"는 말을 강조하는 것일까요?

성경이 이야기하는 구원의 의미

구원의 사전적 의미는 "어떤 위험에서 구출되거나 속박에서 해방된다"는 뜻입니다. 하지만, 기독교에서 말하는 구원은 단순히 어려움과 위험에 빠진 사람을 구하는 정도의 문제가 아닙니다. 성경이 말하는 구원의 문제는 "영원한 심판"에서 구원을 받았느냐의 문제이고, "영원한 생명"을 가졌느냐의 문제입니다. 그래서 우리의 구원 문제가 중요한 것입니다.

저희 아이들이 어렸을 적에 제가 마트에 가서 카드로 결제를 하는 것을 보았습니다. 그 이후로 아이들은 그 카드만 건네주면 무엇이든지 다 살 수 있을 것이라 오해를 했죠. 어린 아이들의 눈에는 아빠가 가진 카드를 내기만 하면 밥도 사먹을 수 있고 마트에 가서 물건도 사서 나올 수 있었던 것입니다. 그런데, 어느날 저희 아이가 집에 있는 도서관 카드를 가지고 가서 물건을 구매할 때 제시했다고 하면 어떤 일이 일어나겠습니까? 판매하시는 분들이 아이가 귀엽다고 해서 그 물건들을 그냥 주실까요? 아닙니다. 귀여운 것은 귀여운 것이고, 안되는 것은 안되는 것이죠. 박물관이나 놀이동산에 갈 때도 마찬가지입니다. 엄마, 아빠가 핸드폰에 있는 QR 코드를 찍고 들어가는 것을 봤다고 해서, 아무것도 없는 자기 핸드폰을 들이민다고 해서 입장이 가능한 것은 아닙니다. 그런데 성경이 이야기 하는 구원에 대해서도 이렇게 막연하게 생각하는 분들이 많습니다. "하나님은 사랑이 많은 분이시니까 결국에는 모든 사람들을 천국에 보내주겠지…" 이렇게 막연하게 자신은 당연히 천국에 가게 될 것이라는 상상을 하는 것이죠. 하지만 성경은 그렇게 이야기하지 않습니다.

> "예수께서 이르시되 내가 곧 길이요 진리요 생명이니 나로 말미암지 않고는 아버지께로 올 자가 없느니라."
> 요한복음 14장 6절

> "좁은 문으로 들어가라 멸망으로 인도하는 문은 크고 그 길이 넓어 그리로 들어가는 자가 많고 생명으로 인도하는 문은 좁고 길이 협착하여 찾는 자가 적음이라."
> 마태복음 7장 13-14절

많은 사람들이 "하나님은 선하신 분이고 사랑이 많은 분이니, 결국에는 모든 사람들을 천국에 보내실거야"라는 오해를 합니다. 이것을 "보편구원론적 오해"라고 합니다. 그러면 성경은 어떻게 해야 구원을 받을 수 있다고 이야기하고 있을까요?

> "네가 만일 네 입으로 예수를 주로 시인하며 또 하나님께서 그를 죽은 자 가운데서 살리신 것을 네 마음에 믿으면 구원을 받으리라."
> 로마서 10장 9절

> "이르되 주 예수를 믿으라 그리하면 너와 네 집이 구원을 받으리라 하고."
> 사도행전 16장 31절

> "내가 진실로 진실로 너희에게 이르노니 내 말을 듣고 또 나 보내신 이를 믿는 자는 영생을 얻었고 심판에 이르지 아니하나니 사망에서 생명으로 옮겼느니라."
>
> 요한복음 5장 24절

> "무리와 제자들을 불러 이르시되 누구든지 나를 따라오려거든 자기를 부인하고 자기 십자가를 지고 나를 따를 것이니라."
>
> 마가복음 8장 34절

성경은 구원을 받기 위해서는 예수님을 주로 시인하며, 예수님이 우리의 죄를 위해서 죽으시고 부활하신 것을 믿어야 한다고 이야기합니다. 또한, 예수님을 따라가기 위해서는, 자기를 부인하고, 십자가를 지고 따라가야 한다고 말합니다. 이것이 바로 하나님이 제시하신 구원의 길입니다. 그런데 성경은, 예수님이 걸어가신 길을 걷는 사람들이 적다고 이야기합니다. 예수님을 자신의 주인으로 삼고, 예수님을 따라서 십자가를 지고 따르는 사람들이 적다는 것이죠. 왜냐하면 그러한 십자가의 길은 사람들에게 인기가 없기 때문입니다. 그래서 오늘날 많은 사람들이 성경이 이야기하는 구원과 성경이 이야기하는 복음을 멀리하고 있습니다. 그리고, 사람들의 입맛에 맞는 비성경적인 구원에 대한 메시지 즉, 성경이 이야기하는 "좁은 길"이 아니라 누구나 드나들 수 있는 "넓은 길"을 제시하고 있습니다. 그래서 수많은 사람들이 구원받는 길을 오해하게 되었습니다. 구원받는 것을 마치 "죄에 대한 면죄부"를 받는 것처럼 오해해서 세상에서 마음대로 살다가 죽고 나면 하나님 나라에 물리적으로 이동하면 되는 것처럼 오해를 하게 되었습니다.

하지만 성경은 우리의 구원을 그렇게 설명하지 않습니다. 성경은 자신을 드러내고, 성취하라고 부추기는 이 세상속에서 오히려 반대의 진리를 제시합니다. 예수님을 주인으로 따르는 사람들은 자기를 부인하고 자기 십자가를 지고 예수님을 따라야 한다는 것이죠. 그래서 성경은 우리의 죽음 이후를 생각하고, 하나님을 만날 날을 준비하라고 합니다. 또한, 영원한 심판에서 구원 받기 위해서 성경이 말하는 구원의 진리를 받아들이라고 요청합니다.

> "한번 죽는 것은 사람에게 정해진 것이요 그 후에는 심판이 있으리니."
> 히브리서 9장 27절

성경이 이야기하는 분명한 사실은, 우리는 결국 모두 다 죽게 된다는 것입니다. 먼 옛날 진시황제가 불로초를 찾기 위해 그토록 애를 썼지만 결국 진시황제도 죽었습니다. 왜냐하면 "죽음"은 죄를 짓고 타락한 모든 사람들에게 주어진 결과였기 때문입니다. 결국 성경이 이야기하는대로 우리 모두는 죽음을 맞이하게 되어 있습니다. 건강한 자나 건강하지 못 한자나, 부자나 가난한자나, 10대나 80대나, 죽음을 맞이하는 시간과 과정은 다를수 있지만, 결국 우리 모두는 죽음을 맞이하게 되어 있습니다. 그렇기 때문에 우리는 "죽음"에 대해서 진지하게 생각해야 하며, 모든 사람들이 걸어가는 죽음의 길 뒤에 어떤 일들이 있을지를 항상 예비해야 하는 것입니다. 그래서 솔로몬은 인생의 마지막 시기에 하나님이 주신 지혜로 이렇게 기록했습니다.

> "사람이 여러 해를 살면 항상 즐거워할지로다 그러나 캄캄한 날들이 많으리니 그 날들을 생각할지로다 다가올 일은 다 헛되도다. 청년이여 네 어린 때를 즐거워하며 네 청년의 날들을 마음에 기뻐하여 마음에 원하는 길들과 네 눈이 보는 대로 행하라 그러나 하나님이 이 모든 일로 말미암아 너를 심판하실 줄 알라. 그런즉 근심이 네 마음에서 떠나게 하며 악이 네 몸에서 물러가게 하라 어릴 때와 검은 머리의 시절이 다 헛되니라."
>
> 전도서 11장 8-10절

> "너는 청년의 때에 너의 창조주를 기억하라 곧 곤고한 날이 이르기 전에, 나는 아무 낙이 없다고 할 해들이 가깝기 전에. 해와 빛과 달과 별들이 어둡기 전에, 비 뒤에 구름이 다시 일어나기 전에 그리하라."
>
> 전도서 12장 1-2절

많은 사람들이 이 땅에서의 삶이 전부라고 생각하며 살아갑니다. 그래서 사람들은 YOLO(You Only Live Once)를 외치며 한번 사는 세상을 즐겁게 내 마음대로 살아보자고 말합니다. 하지만 성경은 그렇게 이야기 하지 않습니다. 성경은 모든 사람들이 영원한 시간을 만나게 될 것이라고 이야기합니다. "영원한 생명과 기쁨" 속에서 살아가던지, "영원한 심판과 절망" 속에서 살아가던지, 우리의 죽음 이후에는 반드시 "영원"이라는 세상이 찾아오게 될 것이고, 우리는 이 생에서의 선택과 삶의 결과를 통해서 "영원한 삶"에 대한 시간을 준비하게 될 것이라고 이야기합니다. 언젠가 우리는 모두 다 죽음을 마주하게 될 것입니다. 그리고, 모두 다 하나님의 심판대 앞에 서게 될 것입니다. 그래서 성경은 우리에게 분명하게 말씀하고 있습니다.

> "이는 우리가 다 반드시 그리스도의 심판대 앞에 나타나게 되어 각각 선악간에 그 몸으로 행한 것을 따라 받으려 함이라."
>
> 고린도후서 5장 10절

> "그를 믿는 자는 심판을 받지 아니하는 것이요 믿지 아니하는 자는 하나님의 독생자의 이름을 믿지 아니하므로 벌써 심판을 받은 것이니라."
>
> 요한복음 3장 18절

구원이 필요한 이유

자, 그러면 지금부터는, 우리에게 구원이 필요한 근본적인 이유에 대해서 살펴 보겠습니다. 성경의 첫번째 페이지를 열면 "창세기"라는 책이 처음 기록되어 있습니다. 제목 그대로 풀어서 해석하면, "세상을 창조한 사건에 대한 기록"이라는 뜻이죠.

> "태초에 하나님이 천지를 창조하시니라. 땅이 혼돈하고 공허하며 흑암이 깊음 위에 있고 하나님의 영은 수면 위에 운행하시니라. 하나님이 이르시되 빛이 있으라 하시니 빛이 있었고."
>
> 창세기 1장 1-3절

지금 우리가 읽은 것처럼, 성경의 첫번째 구절의 시작은 "태초에"라는 말로 시작됩니다. 이 말은 "온 우주가 창조 되기 전에"라는 뜻입니다. 이처럼 성경은 첫번째 구절부터 온 우주와 온 세계가 시작되기 전에 하나님이 계셨으며 하나님으로부터 모든 세계가 지어졌음을 선포하고 있습니다.

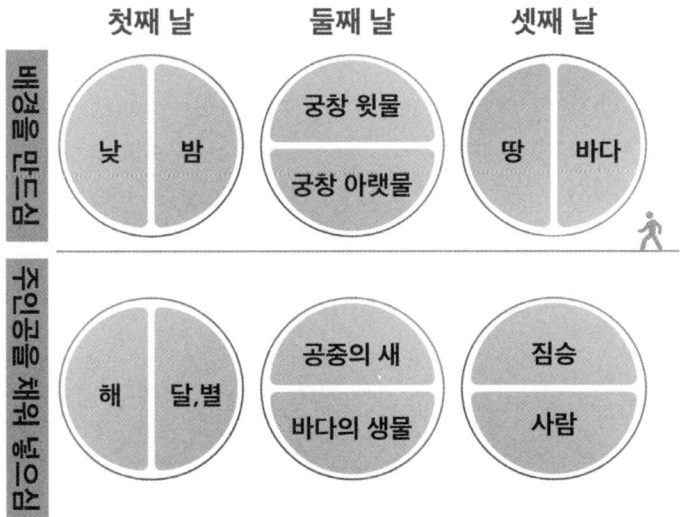

첫째 날에는 빛과 어둠을 나누시고 낮과 밤을 나누셨습니다. 둘째 날에는 궁창을 나누셨는데, 궁창이라는 단어를 쉽게 표현하면, 공간을 만드시고 나누셨다는 뜻입니다. 셋째 날에는 땅과 바다를 나누시고, 넷째 날 에는 해와 달과 별들을 만드셨습니다. 다섯번째 날에는 공중의 새와 바다의 생물들을 만드시고, 여섯번째 날에는 사람과 땅에 사는 동물들을 만드셨습니다. 그리고 일곱번째 날에는 쉬셨는데, 이것을 성경은 "안식 하셨다"라고 표현을 합니다. 그런데, 여기에서 한 가지 부연 설명을 드리면, 성경이 말하는 안식은 우리가 생각하는 휴식과는 조금 다른 개념입 니다. 성경은 하나님이 지치지 않는 무한한 능력을 가진 분이라고 말하 기 때문에 하나님에게는 휴식이 필요하지 않습니다. 그렇기 때문에, 성 경이 말하는 "안식의 핵심 개념"은 "완전함"을 이야기하는 것입니다. 더 손댈 필요가 없이 완전했다는 것이죠. 그렇기 때문에 하나님이 안식하 셨다는 것은 휴식의 의미로서의 안식이 아니라, 완성됨의 의미이고 완전 하게 지어졌다는 의미의 선언인 것입니다.

그런데 간혹 어떤 사람들이 이 의미를 알지 못해서 하나님을 오해하고는 합니다. "하나님이 지으신 인간이 불완전했기 때문에 죄를 지은 것이다"라고 하나님 탓을 하려는 것이죠. 하지만 성경은 하나님께서 인간을 완전한 존재로 만드셨다고 이야기합니다. 스스로의 의지로 선을 선택하고 악을 피할 수 있는 "자유의지를 가진 존재"로 만드셨다는 것이죠.

그러므로, 인간이 죄를 지은 것은 인간의 선택이라는 것을 우리는 알아야 합니다. 하나님이 주신 선한 의지를 가지고 선을 선택하지 않고 악을 택한 것은 오롯이 인간의 잘못입니다. 예를 들어서 설명을 해보겠습니다. 어떤 아빠가 아이에게 용돈을 주었습니다. 그런데 그 아이가 그 돈으로 마약을 사고 죄를 짓는 일에 사용하다가 감옥에 가게 되었습니다. 나중에 엄마 아빠가 면회를 갔더니, 그 아이가 "아빠가 돈만 주지 않았어도 내가 마약을 사지 않았을거에요"라고 말한다면 그것이 타당한 핑계가 되겠습니까? 그것은 핑계할 것 없이 죄를 지은 그 아이의 잘못입니다. 아빠의 잘못이 아니죠. 이와 같이 하나님은 죄의 원인이 될 수 없습니다. 그것이 성경이 말하는 사실입니다.

창세기의 처음 이야기는 하나님이 온 세계가 존재할 수 있게 하신 "제 1원인"이 되신다고 증언합니다. 하나님만이 창조주이시며, 하나님이 온 세상을 완전하고 선하게 만들었다는 기록으로 시작합니다. 그런데 하나님이 창조하신 세계가 인간의 죄악으로 인해 문제가 생기게 된 것입니다. 이사야 선지자는 창조 기록에 대해서 이렇게 묘사하고 있습니다.

> "대저 여호와께서 이같이 말씀하시되 하늘을 창조하신 이 그는 하나님이시니 그가 땅을 지으시고 그것을 만드셨으며 그것을 견고하게 하시되 혼돈하게 창조하지 아니하시고 사람이 거주하게 그것을 지으셨으니 나는 여호와라 나 외에 다른 이가 없느니라."
>
> 이사야 45장 18절

성경은 하나님께서 천지를 창조하실 때, 그곳에 사람이 거주할 수 있도록 지으셨다고 이야기하는데, 성경에서 "하늘과 땅을 하나님이 지으셨다"고 말하는 것은 하늘과 땅에 있는 모든 피조물들을 하나님이 지으셨다는 뜻입니다. 그리고, 하나님의 관심은 인간이 그 곳에 거하게 하는 데 있었습니다.

앞에 수록한 천지 창조 도표를 보시면, 하나님께서 천지를 창조하실 때 아무런 순서도 없고 질서도 없이 지은 것이 아닙니다. 첫째 날부터 셋째 날까지는 "배경"을 지으시고, 넷째 날부터 여섯째 날까지는 각각의 배경에 채워질 "주인공들"을 지으셨습니다. 그리고 사람을 마지막에 지으신데는 특별한 이유가 있었습니다. 이사야 45장 18절이 말하는 대로 하나님이 천지를 지으신 목적이 "하나님의 형상대로" 지어진 인간들이 그 곳에 거해야 했기 때문입니다. 이 말은, 온 세상이 인간을 위해서 창조된 것이라고 해도 과언이 아니라는 뜻입니다. 시편 기자는 하나님께서 사람을 어떻게 대우하셨는지에 대해서 이렇게 노래합니다.

> "주의 손가락으로 만드신 주의 하늘과 주께서 베풀어 두신 달과 별들을 내가 보오니. 사람이 무엇이기에 주께서 그를 생각하시며 인자가 무엇이기에 주께서 그를 돌보시나이까. 그를 하나님보다 조금 못하게 하시고 영화와 존귀로 관을 씌우셨나이다."
>
> 시편 8편 3-5절

지금 읽은 5절을 보면, 하나님께서 인간을 하나님보다 아주 조금 낮은 존재로 지으셨다고 표현하고 있습니다. 이러한 사실을 보면 하나님께서 우리를 얼마나 영광스러운 존재로 지으셨는지를 알 수 있는 것이죠.

> "하나님이 자기 형상 곧 하나님의 형상대로 사람을 창조하시되 남자와 여자를 창조하시고."
>
> 창세기 1장 27절

성경은 하나님이 우리를 하나님의 형상대로, 하나님을 닮게 지으셨다고 이야기합니다. 혹시 여러분 중에 여러분의 아이를 보면서 "제발 나 닮으면 안된다"라고 마음을 졸이는 분이 계십니까? 물론 때로는 우리 인생이 그리 맘에 들지 않아서 그렇게 이야기하는 때가 있을지 모르지만, 대부분은 그렇지 않을 것입니다. 아마도 아이를 키워보신 부모님들은 이 이야기에 대부분 공감하실 텐데, 저는 사람들이 제 아이가 저를 닮았다고 하면 그렇게 기분이 좋습니다. 왜냐하면 아빠인 저를 닮았기 때문입니다. 대부분의 사람들은 아이가 자신을 닮았다고 하는 것을 기뻐합니다. 그래서 저는 사역할 때에도 "아이가 아빠, 엄마를 반씩 꼭 빼닮아서 너무너무 예쁘네요!"라는 칭찬을 자주 합니다.

> "우리가 보고 들은 바를 너희에게도 전함은 너희로 우리와 사귐이 있게 하려 함이니 우리의 사귐은 아버지와 그의 아들 예수 그리스도와 더불어 누림이라."
>
> 요한일서 1장 3절

성경이 우리에게 "하나님의 형상대로 지음 받았다"고 이야기하는 것은 우리가 하나님의 형상과 성품을 닮았다는 말을 하는 것입니다. 그래서 하나님께는 더더욱 사랑스럽고 귀한 존재가 인간이라는 것이죠. 그러면 다른 피조물들은 어떨까요? 하나님이 창조하신 다른 피조물들은 인격적인 존재가 아닙니다. 오직 사람만 인격적으로 하나님을 닮은 존재로서 특별한 지위를 가지죠. 게다가 사람만이 인격적인 존재라는 사실은 굉장히 중요한 의미가 있습니다. 요즘 많은 분들이 반려동물들을 기르고 있는데, 보통 사람들이 집에서 강아지나 고양이를 키울때, 기른다거나 키운다고 말하지 "교제한다"고는 하지 않습니다. 왜냐하면 "교제한다"는 것은, 인격적인 존재 사이에서만 가능한 일이기 때문입니다. 그런데 하나님이 우리를 그렇게 지으셨다는 것은 우리가 하나님과 교제하고 사귐이 가능한 존재로 지어졌다는 사실을 뜻하는 것입니다.

창세기의 기록을 조금 더 살펴 보겠습니다.

> "하나님이 그들에게 복을 주시며 하나님이 그들에게 이르시되 생육하고 번성하여 땅에 충만하라, 땅을 정복하라, 바다의 물고기와 하늘의 새와 땅에 움직이는 모든 생물을 다스리라 하시니라."
>
> 창세기 1장 28절

> "여호와 하나님이 그 사람을 이끌어 에덴 동산에 두어 그것을 경작하며 지키게 하시고."
>
> 창세기 2장 15절

하나님께서는 인간을 하나님의 형상으로, 하나님과 교제하는 존재로 만드셨을 뿐만 아니라, 하나님의 대리자로 이땅을 다스릴 수 있는 권한까지 맡겨주셨습니다. 그러니까 여기까지 정리하면, 사람은 "하나님의 자녀로서, 하나님과 교제하기 위해 하나님의 형상대로 창조된 존재"라는 것입니다.

이처럼 하나님이 6일동안 세상을 창조하신 모든 것은 사람을 위한 것이었습니다. 그러므로 사람은 하나님을 닮은 하나님의 자녀로서, 이 땅을 다스리는 존재로 창조된 것입니다. 그래서 하나님의 형상을 입은 모든 인간은 특별한 존재입니다. 우리의 몸이 무엇으로 이루어졌는지가 중요한 것이 아니라 우리가 하나님의 형상대로 이루어졌다는 사실 자체가 우리의 존귀함을 나타내는 것입니다. 세상 사람들은 우리의 가치를 우리가 무슨 차를 타는지, 직업이 무엇인지, 돈이 얼마나 있는지, 어느 나라에서 왔는지, 자꾸만 하나님과 관련 없는 곳에서 사람의 정체성을 찾으려고 합니다. 그러니 만족도 없고 기쁨도 없고 돈과 명예에 집착하며 사는 것입니다. 하지만 하나님을 바로 알고 성경을 올바로 아는 사람들은 달라야 합니다. 크리스천들은 세상에서 이루어낸 것들로 위대함을 느끼고, 자아를 실현하려고 해서는 안됩니다. 성도의 정체성은 오로지 우리가 하나님의 형상이며 하나님의 자녀이고, 하나님과 교제하는 "왕의 자녀"라는 곳에 있어야 하는 것입니다. 그러므로, 잠깐이면 지나갈 세상의 목소리에 가치를 두지 않기를 바랍니다. 우리의 가치는 우리가 하나님의 형상대로 지음받은 존귀한 하나님의 자녀라는 사실에서 확인되는 것입니다.

하지만 사실 우리가 살고 있는 세상을 보면, 사람이 "하나님을 닮은 존재"라는 것이 믿기지 않는 일들이 너무나도 많이 벌어집니다. 왜냐하면 원래 하나님께서는 인간을 완전한 존재로 지으셨지만 인간이 죄를 지었고, 그 이후에 죄가 인간에게 영향을 미쳤기 때문입니다. 그 이후로 태어나는 모든 사람들 또한 아담의 후손으로서, 죄의 영향을 받고 태어나게 되었습니다. 다윗의 고백을 살펴 보겠습니다.

> "내가 죄악 중에서 출생하였음이여 어머니가 죄 중에서 나를 잉태하였나이다." - 시편 51편 5절

하나님 앞에서 다윗만큼 신실하게 살아간 사람이 있을까요? 아마도 찾아보기 어려울 것입니다. 그런데 그런 다윗도 살인을 저지르고, 간음을 저질렀습니다. 하나님 보시기에 악한 죄를 지었습니다. 그래서, 자신의 현실을 마주한 다윗은 이렇게 고백했습니다. "나에게는 선한 것이 없습니다." 성경은 우리가 죄악 가운데 출생한다고 이야기합니다. 이 말은 우리가 태어날 때부터 죄를 지으려는 성향과, 하나님을 대적하고 악을 행하려는 본성을 가지고 태어난다는 것을 이야기하는 것입니다.

사실, 인간이 죄인이라는 것을 확인하고 싶으신 분들은 주일에 영유아부 예배를 드려 보시면 생생하게 체험이 가능합니다. 이미 영유아부 예배에 참석해 보신 분들은 아실 것입니다. 사랑스러운 아기들로 가득차 있는 영유아부 예배가 천사들의 얼굴처럼 새근새근 자는 아이들과, 서로 안아주고 품어주는 아름다운 모습으로 가득차 있습니까? 아닙니다. 아비규환이 따로 없습니다. 전쟁터가 따로 없습니다. 지쳐있는 아빠들의 얼굴과, 아빠에게 화가 나 있는 것인지 아기에게 화가 나 있는 것인지는 모르겠지만 어쨌든 화가 나있는 엄마들의 얼굴. 그리고 방바닥에 드러누워 떼를 쓰는 아이들과 소리를 지르며 울고 있는 아이들의 모습, 서로 장난감을 빼앗고 빼앗기며 자신의 소유권을 주장하는 모습들로 뒤섞여 있습니다.

저희 딸이 어렸을 때, 한 교회의 영유아부 예배에 참여하게 된 일이 있었습니다. 그런데, 어떤 아이가 500ml 물병을 하나 들고 오더니 제 딸의 머리를 기격했습니다. 그때 저는 알았습니다. 서 아이의 마음에도, 제 마음에도 선한 것이 없다는 사실을 말이죠. 혹시 아기들이 서로 질투하고 때리는 것을 보신 적이 있습니까? 그 어린 아이들도 누가 가르쳐 준 것도 아닌데, 엄마가 다른 아이를 안아주려고 하면 질투를 하고 꼬집고 때립니다. 그러한 모습을 볼 때마다, 우리 안에 어려서부터 죄악된 본성이 있다는 것을 알 수가 있습니다. 이것이 바로 죄가 우리에게 미친 영향입니다. 그래서 뉴스를 보면, 매일 수많은 끔찍한 소식들을 우리가 듣게 되는 것입니다. 오늘날 자식이 부모를 죽이고, 형제가 형제를 죽이고, 돈 때문에 서로를 해치고 죽이는 것을 보십시오. 수많은 곳에서 벌어지는 전쟁을 보십시오. 이권과 권력 다툼 때문에 얼마나 많은 사람들이 죽어 가는지를 보십시오. 이것이 타락한 죄인들이 벌이는 일입니다. 성경은 죄를 짓고 타락한 인간에 대해서 이렇게 묘사합니다.

> "기록된 바 의인은 없나니 하나도 없으며. 깨닫는 자도 없고 하나님을 찾는 자도 없고. 다 치우쳐 함께 무익하게 되고 선을 행하는 자는 없나니 하나도 없도다. 그들의 목구멍은 열린 무덤이요 그 혀로는 속임을 일삼으며 그 입술에는 독사의 독이 있고. 그 입에는 저주와 악독이 가득하고. 그 발은 피 흘리는 데 빠른지라. 파멸과 고생이 그 길에 있어. 평강의 길을 알지 못하였고. 그들의 눈 앞에 하나님을 두려워함이 없느니라 함과 같으니라."
>
> 로마서 3장 10-18절

이것이 바로 죄로 인해서 타락한 본성을 가진 인간이라는 존재에 대한 성경의 묘사입니다. 입을 열면 악한 말이 나오고, 가는 곳마다 죄악된 길을 좇아가고, 하나님의 말씀보다 자신의 죄악된 욕망을 좇아서 살아가는 존재, 그것이 타락한 인간의 모습입니다. 방금 전에 사람은 하나님을 닮은 존귀한 존재로 창조되었다고 이야기했습니다. 그런데 도대체 사람에게 무슨 일이 벌어진 것일까요? 왜 우리가 사는 세상을 보면 사람만큼 악한 존재가 없는 것처럼 보이는 것일까요? 성경은 그 이유에 대해서 분명하게 설명하고 있습니다. 그 이유는 우리 안에 들어온 "죄" 때문이라는 것입니다. 인간의 죄가 이 모든 악한 일들의 원인이라는 것이죠. 성경은 말합니다. 인간의 죄 때문에 하나님과의 관계가 파괴되었고, 하나님과의 관계가 깨어진 인간은 죄로 인해 멸망당할 비참한 운명에 처하게 되었습니다. 이것이 바로 성경의 증언입니다.

성경이 이야기하는 죄의 기원

그러면 "죄"는 무엇일까요? 이 질문에 대해서 답변하기 위해서는 성경이 말하는 "죄의 기원과 시작"에 대해서 생각해 봐야 합니다. 하나님께서는 첫번째 사람을 지으시고, 에덴이라는 동산에 두셨습니다. 그런데, 최초의 인류는 에덴에 있는 모든 것들을 허락받고, 하나님을 대신해서 이 땅을 다스리는 책임을 받았음에도 불구하고 하나님께서 금지하신 것을 범하고 말았습니다.

> "여호와 하나님이 그 사람에게 명하여 이르시되 동산 각종 나무의 열매는 네가 임의로 먹되. 선악을 알게 하는 나무의 열매는 먹지 말라 네가 먹는 날에는 반드시 죽으리라 하시니라."
>
> 창세기 2장 16-17절

가장 먼저 우리가 알아야 하는 것은, 선악을 알게 하는 나무의 실과를 보통 "선악과"라고 부르는데, "선악과"는 "사과"가 아니라는 것입니다. 디즈니의 백설공주 영향을 받아서 그런지 여러가지 성경 만화에서 선악과를 "사과"로 그려놓은 곳이 있어서 성도들이 그렇게 알고 있는 경우가 있기는 하지만, 선악을 알게 하는 나무의 열매는 어떻게 생겼는지 성경이 그 모양을 이야기하고 있지 않습니다. 또한, 지금 하나님께서 "정녕 죽으리라"고 말씀하실 때, 이야기하신 "죽음"은 "즉각적인 죽음"을 이야기하는 것이 아닙니다. "선악과"를 먹고 나면 거기에 독이 있어서 먹자 마자 "윽~" 하면서 죽는 것이 아닙니다. 이 말은 반드시 죽을 수 밖에 없는 존재가 된다는 것을 말하는 것이고, 하나님과 교제하는 관계가 끊어지는 "영적인 죽음"을 맞이하게 된다는 것을 말하는 것입니다. 또 한가지, "영적인 죽음"이라는 것은 처음 하나님께서 지으신 "하나님의 형상대로" 선을 행하는 존재에서 영적인 죽임을 당하게 된다는 것입니다. 그래서 하나님이 처음에 지으신 모습이 아닌 타락한 존재가 된다는 것이죠. 그러면 여기까지 정리를 해보겠습니다. 원래 인간은 선악과를 따 먹지 말라는 하나님의 명령을 지키는 이상, 에덴에 있는 모든 것들을 풍요롭게 누리며 살 수 있었습니다. 하나님은 인간에게 자유의지를 주셨고, 하나님의 명령을 지키는 "선"을 행하는 일과, 하나님의 명령을 어기는 "악"을 행할 수 있도록 "자유"를 주셨습니다. 그런데, 인간이 하나님의 말씀을 거역한 것입니다. 이것이 바로 성경이 말하는 "죄의 시작"이고, "죄" 때문에 인간은 비참한 인생을 살게 된 것입니다.

거짓말쟁이 마귀

그런데 우리가 조금 더 깊게 살펴봐야 하는 내용은, 아담과 하와가 선악과를 따먹은 사건은 그냥 열매 하나를 따먹은 사건이 아니라는 것입니다. "하나님이 치사하게 그 열매 하나 먹었다고 죽을 존재로 만드실 수 있나?" 라는 내용이 아니라는 거죠. 뱀이 한 이야기를 들어 보겠습니다.

> "뱀이 여자에게 이르되 너희가 결코 죽지 아니하리라. 너희가 그것을 먹는 날에는 너희 눈이 밝아져 하나님과 같이 되어 선악을 알 줄 하나님이 아심이니라."
> 창세기 3장 4-5절

뱀은 교묘하게 "너희가 결코 죽지 아니하리라"라고 거짓말을 했습니다. 사실, 거짓말은 터무니 없이 하면 통하지 않습니다. 어느정도 통할 거짓말을 해야 속는 사람들이 생기는 것이죠. 그래서 마귀는 통할만한 거짓말을 한 것입니다. 창조주 하나님은 너희가 "정녕 죽으리라"고 말씀하셨습니다. 그런데 마귀는, "너희가 결코 죽지 아니하리라"라고 말을 했죠. 하나님은 그들이 "죽음에 이르는 존재가 될 것이다"라고 이야기하신 것이고, "영적으로 하나님과 교제가 끊어지며 하나님의 형상이 파괴된 존재가 될 것이다"라고 이야기하신 것입니다. 그런데 마귀는 지금 그 열매를 먹어도 당장에는 숨이 끊어지지 않을 것이라는 식으로 거짓말을 한 것입니다. 요한복음 8장 44절을 보면, 예수님께서 마귀의 별명을 이야기하는 구절을 발견할 수 있습니다.

> "너희는 너희 아비 마귀에게서 났으니 너희 아비의 욕심대로 너희도 행하고자 하느니라 그는 처음부터 살인한 자요 진리가 그 속에 없으므로 진리에 서지 못하고 거짓을 말할 때마다 제 것으로 말하나니 이는 그가 거짓말쟁이요 거짓의 아비가 되었음이라."
>
> 요한복음 8장 44절

마귀는 하나님의 말씀 조차 거짓말로 뒤틀어서 우리를 속이고, 우리와 하나님과의 관계를 이간질하고 틀어 버리는 것이 특기입니다. 자, 그러면 하나님은 진실을 말씀하셨고, 마귀는 거짓말을 말했다고 한다면, 이제 선택은 누가 하게 됩니까? 인간이 하게 되는 것입니다. 이것은 아담과 하와에게만 해당되는 것이 아닙니다. 지금도 마귀는 열심히 거짓말을 하고 다니며 사람들을 속이고 있습니다. "하나님의 말씀에 순종하지 않아도 된다." "천국이나 지옥은 없으니 마음대로 즐기며 살아라~ 선하신 하나님이 어떻게 사람들을 지옥에 보낼 수 있겠느냐? 결국 다 구원 하실 것이다." 하지만 여러분, 이 땅의 법을 살펴 봐도 우리는 이것이 거짓이라는 것을 알 수 있습니다. 우리가 사는 세상에서도 "선"을 유지하기 위해서는 감옥이라는 것이 필요하고, 법이라는 것이 필요합니다. 마찬가지로, 공의를 위해서는 반드시 공의대로 판단하는 일이 시행되어야 합니다.

사랑의 하나님, 그러나 공의로우신 하나님

성경이 말하는 하나님은 선하신 분입니다. 그런데, 성경이 말하는 "하나님의 선"이라는 것은 내가 원하는 것을 들어주시거나, 나에게 잘 해주는 것을 이야기하는 것이 아닙니다. 성경이 이야기하는 "하나님의 선"은 하나님의 뜻과 하나님의 의가 이루어지는 것을 이야기합니다. 하나님은 공의로우시며, 완전하신 분이시기 때문에 완전하신 하나님의 공의가 이루어지는 것이 "선"이라는 것이죠. 다시 말해서, 하나님의 말씀이 완전한 법이 되어 완전한 순종과 통치가 일어나는 하나님의 나라가 "선"이라는 것이고, 그것을 이루시는 하나님의 모습을 "선"이라고 부른다는 것입니다. 그런데 "우리가 원하는 선"은 "성경이 말하는 선"의 개념과 다릅니다. 예를 들어서 우리는 나에게 잘해주고 이득이 되면 그것이 선한 것이고, 나에게 손해가 되면 그것을 악한 것이라 생각하는 경향이 있습니다. 그렇게 되면, 그 기준이 누구에게 달려 있는 것입니까? "나"에게 달려 있는 것입니다. 예를 들어서, 내가 가난하다고 가정해 보겠습니다. 그래서 국가에서 돈 많은 사람들에게 세금을 많이 내게 한뒤에, 가난한 사람들에게 복지 정책으로 나누어 주게 하면, 그러면 나에게 있어서 그 정책은 선한 정책이 될 것입니다. 그런데 반대로 내가 부자이기 때문에 국가가 나로부터 세금을 많이 거두어 가서 가난한 사람들에게 나누어 주겠다고 하면, 나에게 있어서 그 국가의 정책은 선하지 않은 정책으로 여겨지게 될 수도 있는 것입니다. 그렇게 되면, 악한 것과 선한 것을 판단하는 기준이 누구에게 있는 것입니까? "나"에게 있는 것입니다. 선과 악을 판단하는 기준이 우리에게 있게 되는 것이죠.

그런데, 천국 즉, 하나님 나라의 왕은 누구이십니까? 하나님입니다. 그러면, 하나님이 통치하시는 나라의 모든 선한 것의 기준은 누가 되어야 합니까? 하나님이 되어야 합니다. 물론 인간은 불완전한 존재이기 때문에 불완전한 정책을 낼 수 있습니다. 어쩌면, 수많은 사람들이 볼 때 선하지 않은 정책을 낼수도 있습니다. 하지만 하나님은 완전하신 존재입니다. 그래서 하나님의 명령과 그분의 법은 완전합니다. 그러므로, 하나님이 완전하신 분이라는 것을 믿는다면 기쁘게 하나님의 명령을 지킬 수 있는 것입니다. 그것이 나에게 가장 선한 것이라는 것을 믿고, 기꺼이 우리의 자유의지를 가지고 하나님의 명령을 지키는데 사용하게 되는 것이죠. 그래서, 시편 기자는 하나님의 법과 계명에 대해서 이렇게 찬양했습니다.

> "여호와의 율법은 완전하여 영혼을 소성시키며 여호와의 증거는 확실하여 우둔한 자를 지혜롭게 하며. 여호와의 교훈은 정직하여 마음을 기쁘게 하고 여호와의 계명은 순결하여 눈을 밝게 하시도다. 여호와를 경외하는 도는 정결하여 영원까지 이르고 여호와의 법도 진실하여 다 의로우니. 금 곧 많은 순금보다 더 사모할 것이며 꿀과 송이꿀보다 더 달도다."
>
> 시편 19편 7-10절

성경은 하나님의 율법과 계명이 완전하다고 이야기합니다. 하나님의 법은 완전하게 공의를 세운다고 노래합니다. 또한 인간은 그 완전한 하나님의 통치를 받을 때에 가장 안전하고 행복하다고 이야기합니다. 그런데, 마귀는 그런 하나님과 우리의 관계를 흔들어 놓으려 합니다. 그래서 날마다 우리에게 의심을 불어 넣고 서운함을 불어 넣습니다. 다시 말해서, "어쩌면 하나님이 틀릴수도 있다~"라는 생각을 하게 만든다는 것입니다. 선악과가 사람에게 미친 영향은 "선악을 알게 하는데 있어서 하나님과 같이 될 것"이라는 마귀의 말처럼 되었다는 것입니다. 이 말은 무엇이 선인지, 무엇이 악인지를 판단하는 존재가 하나님이 아니라 내가 된다는 뜻입니다. 내가 하나님의 위치에 올라서 무엇이 악하고 무엇이 선한지를 내가 판단하겠다고 하는 것입니다. 이 말은 자신이 하나님의 보좌에 앉겠다는 뜻입니다. 그래서 이것은 단지 열매 하나를 따먹은 일에 그치지 않습니다. 하나님의 보좌를 찬탈하려는 반역이고, 은혜를 버리는 패역한 죄를 지은 것입니다. 선악과를 따먹은 일은 고작 과일 하나 먹은 죄가 아닙니다. 완전하신 하나님의 말씀을 믿지 못한 죄를 지은 것입니다. 하나님의 말씀을 의심하고, 하나님의 말씀에 불순종한 것입니다. 그리고 선과 악의 판단을 지금부터는 하나님이 아닌 "내가" 하겠다고 한 것입니다. 창세기 3장 5절을 다시 보겠습니다.

"너희가 그것을 먹는 날에는 너희 눈이 밝아져 하나님과 같이 되어 선악을 알 줄 하나님이 아심이니라." 창세기 3장 5절

지금 이 구절에서 중요한 표현은 "하나님과 같이 되어" 라는 표현입니다. 사람은 지음 받은 피조물입니다. 아무리 하나님의 형상으로 지어졌다고 하더라도, 창조주 하나님과 절대로 본질적으로 같아질수는 없는 존재입니다. 그러면, "하나님과 같아진다"는 말은 어떤 말일까요? 이 말은 "하나님과 동등해 진다"는 말을 하는 것입니다. 그러면, 어떤 일에 동등해 진다는 것일까요? "선악을 판단하는 일"에 동등해 진다는 것입니다. 무엇이 선이고 무엇이 악인지를 판단하는 것은 하나님의 일인데, 사람이 그 기준을 바꾸겠다는 것이죠. 이렇게 되면, 선악을 판단하는 존재를 바꾸어 버리겠다는 것입니다. 하나님을 더 이상 재판관의 역할도, 왕의 역할도 하지 못하는 존재로 끌어 내리겠다는 것입니다. 그리고 그렇게 되면 하나님이 보시기에 좋은 것이 선이 아니라, 하나님이 보시기에 악하더라도 사람이 보기에 좋은 것이 선이 되어 버리는 것입니다. 반대로 하나님이 보시기에 좋더라도 사람이 보기에 나쁜 것은 악한 것이라고 판단되는 것입니다. 예를 들어서, 하나님 보시기에 연약하고 가난한 자들을 도와주고 착하게 사는 것이 선이라고 한다면, 죄악된 본성을 가진 사람들이 판단하기에는 그것은 바보같은 일인 것입니다. 그들이 말하는 세상을 사는 지혜는 조금은 영악하게, 그리고 약삭빠르게 자기들의 유익을 추구하면서 사는 것입니다. 하나님이 세우신 선의 기준을 자기들이 바꾸어 버리는 것이죠. 왜냐하면 내가 사랑하고, 내가 좋아하는 것이 선한 것이기 때문입니다. 그리고, 내가 그렇게 하기로 결정했기 때문입니다.

우리는 아담과 하와가 선악을 알게 하는 열매를 따먹은 일을 올바르게 이해해야 합니다. 첫 사람 아담과 하와는 단순히 선악과라는 열매를 먹은 죄를 지은 것이 아닙니다. 선악과를 따먹음으로써 더이상 하나님의 기준이 아닌 자기 기준대로 살겠다는 것을 보여준 것이죠. 이러한 행위는 하나님이 만드신 인간이 더이상 창조주 하나님을 따라서 살지 않고, 하나님의 법과 명령을 따르지 않고, 자기 마음대로 살겠다는 것을 선언한 것입니다. 하지만 이것은 왕이신 하나님의 명령을 어기고, 하나님의 나라를 배반한 반역입니다.

이 개념을 조금 더 설명하기 위해서 "하나님의 나라"라는 개념을 들어 설명해 보겠습니다. 학창 시절에 "국가의 3요소"에 대해서 배우셨던 분들은 기억이 나실 것입니다. "국가의 3요소"에는 "국민, 영토, 주권"이 있습니다. 이러한 개념에서 하나님의 나라를 설명하면 태초에 하나님이 지으신 온 우주가 "하나님 나라의 영토"이고, "하나님 나라의 백성"이 그곳에 살고, 그곳을 통치하는 "주권"을 하나님이 가지신 것이 "하나님의 나라"인 것입니다. 하나님은 온 우주를 통치하시는 분입니다. 그리고 하나님 나라의 백성들이 그곳에 살죠. 그리고 그 나라의 모든 법과 통치는 하나님의 주권 아래에서 이루어지는 것입니다. 그런데, 하나님 나라에서 일어난 죄의 시작은 "하나님의 주권"에 반역을 일으킨 사건이라는 것입니다. 그래서 인간에게 찾아온 "죄"의 문제는 100% 이 문제에 걸려 있습니다. "하나님의 주권을 인정하고, 하나님의 법과 뜻대로 사느냐, 아니면 내가 주권을 가지고 내가 하고 싶은대로 사느냐?" 이 문제에 걸려 있다는 것입니다.

Stop Sign 사진

School Bus Stop Sign 사진

제가 미국에 처음 왔을 때 한국에는 없던 운전 법규가 있었습니다. 미국에는 Stop Sign 이라는 것이 있는데, 모든 운전자들은 Stop Sign 앞에서 3초간 머물러야 합니다. 요즘은 한국도 법이 바뀌었지만, 예전에 제가 한국에서 운전했을 때는 우회전 할 때 사람이 없으면 그냥 우회전을 하면 되었습니다. 그런데 미국에 와 보니까, 미국은 우회전 할 때마다 Stop Sign 앞에서 3초간 정지하고 움직여야 했습니다. 게다가 스쿨 버스를 만나게 될 때는 버스에서 Stop Sign이 켜지고 깜빡이가 켜지면, 그 Stop Sign이 내려갈때까지 양쪽 방향이 다 정지해야 했습니다. 사실 그런 법들은 제가 한국에 있을때는 없었던 법들이었습니다. 그런데, 만약에 제가 그 법을 지키지 않는다고 생각해 보십시오. 그러면 어떻게 될까요? 당연히 경찰에게 티켓을 받고, 벌금을 내게 될 것입니다.

이 상황을 조금 더 심각하게 생각해 보기 위해서 어떤 사람이 미국 시민권을 받는다고 가정을 해 보겠습니다. 미국 시민권을 받는 사람들은 "선서"의식을 치르게 되는데, 미국 시민권자로서 미국의 헌법을 준수하겠다는 선서를 하게 됩니다. 왜 그러한 선서 의식을 가질까요? 그 사람이 미국 시민이 되어 미국에서 요구하는 법과 질서에 순종하고, 책임을 다하겠다는 약속을 하는 것입니다. 그런데, 시민권을 받은 미국에 속하게 된 시민이 미국의 법을 지키지 않는다고 생각해 보십시오. 한 번 두 번은 벌금으로 끝날 수도 있을 것입니다. 그런데 그러한 위법 행동들을 반복하게 되면 재판도 받게 되고, 감옥에도 가게 되고, 이것이 계속해서 지속적으로 이루어지면, 분명히 미국에서 추방당하는 일까지 벌어질 것입니다. 이처럼 우리가 어떤 나라에 소속된다는 것, 즉 그 나라의 시민이 된다는 것은 그 나라의 법을 지켜야 한다는 의무와 당위성이 있다는 것을 이야기합니다. 그래서 예수님께서도 이렇게 말씀하셨습니다.

> "내 양은 내 음성을 들으며 나는 그들을 알며 그들은 나를 따르느니라."
> 요한복음 10장 27절

지금 이 말씀대로라면, 예수님께 소속된 하나님 나라의 백성은 하나님의 말씀을 믿고, 하나님의 말씀을 듣고, 하나님의 법에 순종하고, 하나님의 주권을 인정하고 따르게 되어 있다는 것입니다. 그러므로, 우리가 구원받은 하나님 나라의 백성인지 아닌지 알 수 있는 가장 중요한 기준은 "우리가 하나님의 주권을 인정하고 하나님 말씀대로 살려고 하고 있느냐, 아니면 여전히 내 주권을 주장하고, 내 마음대로 살려고 하고 있느냐?" 이 사실 여부에 달려 있는 것입니다. 그러면 이제 다시 "죄"의 개념으로 돌아가서 설명을 해 보겠습니다. 성경은 "죄"를 무엇이라고 설명하고 있습니까?

> "주를 향하여 이 소망을 가진 자마다 그의 깨끗하심과 같이 자기를 깨끗하게 하느니라. 죄를 짓는 자마다 불법을 행하나니 죄는 불법이라."
> 요한일서 3장 3-4절

성경은 "죄"를 가리켜서 "불법"이라고 말합니다. 그러면, 어떤 법을 지키지 않았다는 것일까요? "하나님 나라의 법"을 지키지 않았다는 것입니다. 이것은 성경에 기록되어 있는 율법과 계명을 말하는 것이고, 하나님의 다스림에 순종하는 것을 말합니다. 저는 지금 율법주의를 이야기하는 것이 아닙니다. 하나님의 양이기 때문에 목자의 말을 듣고 순종하는 것이 당연하다는 말을 하는 것이죠. 기준은 하나님의 말씀입니다. 기준은 하나님의 율법과 계명입니다. 그러므로 아무리 많은 사람들이 괜

찮다고 해도 하나님의 말씀이 "죄"라고 하면 "죄"인 것이고, 아무리 적은 사람이 옳다고 해도 하나님의 말씀이 "선"이라고 하면 "선"인 것입니다. 기준은 시대의 풍조와 분위기가 아닙니다. 영원히 변치 않는 하나님의 말씀인 것입니다. 왜 성경이 사사 시대를 악한 시대라고 부를까요? 그 시대가 "자기 소견에 옳은대로 살았던 시대"였기 때문입니다.

> "그 때에 이스라엘에 왕이 없으므로 사람이 각기 자기의 소견에 옳은 대로 행하였더라."
>
> 사사기 21장 25절

하나님은 언제나 이스라엘의 왕이셨습니다. 그런데 사람들이 "선악을 알게 하는 일의 기준"에서 하나님을 무시하고, 자신의 소견대로 "왕"처럼 살았던 것이죠. 그것을 가리켜서 성경은 "죄"라고 이야기합니다. 그러므로, 이 사실을 기억해 주시기를 바랍니다. 우리가 하나님 나라의 백성이라면 하나님의 법을 지키려고 할 것입니다. 지금까지 살아왔던대로 고집을 피우며 살지 않을 것입니다. "나는 원래 이래~"라고 고집을 피우는 것이 아니라 하나님의 말씀대로 어떻게든 순종하기 위해서 발버둥치고, 그 말씀대로 살기 위해서 가슴을 치며 기도할 것입니다. 이사야 선지자가 기록한 말씀을 살펴 보면 "죄의 개념"을 보다 더 분명하게 알 수 있습니다.

> "우리는 다 양 같아서 그릇 행하여 각기 제 길로 갔거늘 여호와께서는 우리 모두의 죄악을 그에게 담당시키셨도다."
>
> 이사야 53장 6절

성경이 말하는 "죄"는 "각기 제 길로 가는 것"을 말합니다. 이것은 "하나님의 주권"을 무시하고, "나의 주권"을 주장하며 "내가 하고 싶은 대로 사는 것, 자기 소견에 옳은 대로 사는 것"을 말하는 것입니다. 성경의 증언을 계속해서 보겠습니다.

> "모든 사람이 죄를 범하였으매 하나님의 영광에 이르지 못하더니."
>
> 로마서 3장 23절

우리는 보통 사회가 "범죄"로 규정한 죄를 지은 사람들만 "죄인"이라고 생각하는 경향이 있습니다. 하지만 성경은 "모든 사람이 죄인이다"라고 이야기합니다. 이 부분에서 우리가 주의해서 생각해야 하는 것은 성경은 우리가 짓지 않은 죄를 가지고 우리를 "죄인"으로 몰아 세우지 않는다는 것입니다. 성경은 분명히 우리가 지은 죄를 가지고 우리를 죄인이라고 이야기합니다. 다만, 하나님의 거룩한 율법의 기준이 우리의 기준을 훨씬 더 넘어서기 때문에 우리가 인식하지 못했을 뿐이고, 인정하고 싶어하지 않을 뿐이죠. 예수님이 하신 말씀을 살펴 보겠습니다.

> "옛 사람에게 말한 바 살인하지 말라 누구든지 살인하면 심판을 받게 되리라 하였다는 것을 너희가 들었으나. 나는 너희에게 이르노니 형제에게 노하는 자마다 심판을 받게 되고 형제를 대하여 라가라 하는 자는 공회에 잡혀가게 되고 미련한 놈이라 하는 자는 지옥 불에 들어가게 되리라."
>
> 마태복음 5장 21-22절

> "또 간음하지 말라 하였다는 것을 너희가 들었으나. 나는 너희에게 이르노니 음욕을 품고 여자를 보는 자마다 마음에 이미 간음하였느니라."
>
> 마태복음 5장 27-28절

우리 중에 여기에 해당되지 않는 사람이 있습니까? 사실, 모세오경에 기록되어 있는 수많은 율법들을 굳이 이야기하지 않아도 십계명의 내용만 살펴봐도, 우리는 죄를 지은 존재들이라는 것을 알 수 있습니다. 하나님의 법은 거룩합니다. 우리의 기준이나 판단처럼 가볍게 죄를 취급하지 않습니다. 하나님의 나라는 거룩한 나라이고, 하나님 나라의 백성은 거룩한 백성입니다. 그런데, 죄의 영향을 받은 우리 모두는 하나님의 거룩한 기준을 만족 시킬 수도 없고, 스스로 의로워 질 수도 없습니다. 그래서 성경이 모든 사람들을 죄인이라고 이야기하는 것입니다. 그럼에도 불구하고 여전히 자신이 죄인이 아니라고 이야기하는 사람들은 하나님의 율법을 모르거나, 거짓말장이라고 성경은 이야기합니다.

> "만일 우리가 죄가 없다고 말하면 스스로 속이고 또 진리가 우리 속에 있지 아니할 것이요. 만일 우리가 우리 죄를 자백하면 그는 미쁘시고 의로우사 우리 죄를 사하시며 우리를 모든 불의에서 깨끗하게 하실 것이요. 만일 우리가 범죄하지 아니하였다 하면 하나님을 거짓말하는 이로 만드는 것이니 또한 그의 말씀이 우리 속에 있지 아니하니라."
>
> 요한일서 1장 8-10절

성경은 분명히 모든 사람이 죄인이라고 이야기하며, 그렇기 때문에 모든 사람에게 구원이 필요하다고 말합니다. 그럼에도 불구하고 자신은 죄인이 아니고, 구원이 필요하지 않다고 이야기하는 사람들은 하나님을 거짓말하는 분으로 만드는 사람들이라고 성경은 말합니다. 하나님은 거짓말을 할 수 없는 거룩한 분입니다. 거짓말은 사람이 하고 있는 것이죠. 비록 지금은 사람들을 속일 수도 있고, 스스로를 속일 수도 있을지 모릅니다. 하지만, 장래에 하나님 앞에 섰을 때에 우리의 정체는 낱낱이 드러 나게 될 것입니다. 그러므로 그 전에 우리의 처지를 바로 알고, 하나님께 도움을 요청하는 것이 지혜로운 것입니다.

구원을 얻을 수 있는 길

지금까지 말씀드린대로 하나님은 죄의 원인이 아닙니다. 죄는 우리가 지은 것이고, 우리의 죄악이 하나님과 우리 사이의 교제를 끊은 것입니다. 그리고 하나님 나라의 법에 따르면 우리가 지은 죄 값은 "사망"입니다. 죄를 지은 인간은 영원한 죽음을 맞이하게 되며, 죽을 수밖에 없는 존재가 되었다는 것입니다. 하지만, 하나님께서 우리에게 보내주신 그리스도, 메시아이신 예수를 통해서 영원한 생명을 얻을 수 있는 길이 열렸습니다. 그 길은 바로 예수 그리스도를 믿고 구원을 받는 길입니다.

> "죄의 삯은 사망이요 하나님의 은사는 그리스도 예수 우리 주 안에 있는 영생이니라."
>
> 로마서 6장 23절

> "하나님이 세상을 이처럼 사랑하사 독생자를 주셨으니 이는 그를 믿는 자마다 멸망하지 않고 영생을 얻게 하려 하심이라. 하나님이 그 아들을 세상에 보내신 것은 세상을 심판하려 하심이 아니요 그로 말미암아 세상이 구원을 받게 하려 하심이라. 그를 믿는 자는 심판을 받지 아니하는 것이요 믿지 아니하는 자는 하나님의 독생자의 이름을 믿지 아니하므로 벌써 심판을 받은 것이니라."
>
> 요한복음 3장 16-18절

오늘 하나님께서는 이 복음을 여러분이 들을 수 있게 하셨습니다. 구원의 필요성을 깨닫게 하셨고, 여러분이 처한 상황을 알게 하셨습니다. 그러므로, 복음의 손길을 붙잡고 구원 받으실 수 있기를 바랍니다. 우리는 죽음으로 끝나는 인생을 사는게 아닙니다. 죽음 이후에 "영원한 심판"을 맞을 것인지, 아니면 "영원한 생명"을 얻을 것인지 두 갈래 길에 서게 되어 있습니다. 이러한 비참한 운명에서 벗어나는 것을 성경은 "구원"이라고 부릅니다. 그래서 우리가 예수님을 믿는 가장 중요한 이유는 구원 받기 위해서인 것입니다. 그러므로 성경이 말하는 복음을 올바르게 알고, 이해하고, 믿을 수 있기를 바랍니다. 우리에게 구원이 필요하다는 것을 인식하고 구원의 하나님께 손을 내밀어서 여러분과 여러분 가족 모두가 구원 받을 수 있기를 바랍니다.

강의 내용 다시 되새겨 보기 & 함께 다시 공부해 보기

1. 성경이 말하는 "구원"의 뜻은 무엇입니까?

2. 모든 사람에게 구원이 필요한 이유는 무엇입니까?

3. 성경이 우리에게 "하나님의 형상대로 지음 받았다"라고 하는 것에는 어떤 의미가 있습니까?

4. 성경이 이야기하는 "사람"은 어떤 존재 입니까?
   사람은 어떠한 목적을 가지고 창조 되었습니까?

5. 성경이 이야기하는 "죄의 정의"는 무엇입니까?

6. 죄는 우리에게 어떻게 찾아왔고, 어떻게 영향을 미쳤습니까?

7. 성경이 이야기하는 "선"은 무엇입니까?

8. 성경이 모든 사람에게 구원이 필요하다고 말하는 이유는 무엇입니까?

9. 성경이 제시하는 구원의 방법은 무엇입니까?

크리스천 리스타트

우리에게는 예수님이 필요합니다

3강

우리에게는 예수님이 필요합니다

지금까지 우리는 "죄"라는 것이 어떻게 우리에게 찾아오게 되었고, 그로 인해서 인간이 어떤 상태에 처하게 되었는지에 대해서 배웠습니다. 또한 사람들이 교회에 찾아오는 가장 중요한 이유는 "예수님을 믿고 구원을 받기 위해서"라고 이야기했는데, 그 이유는 모든 인간이 죄 때문에 영원한 심판 가운데 있기 때문이며, 절망적인 상태에 있기 때문이라고 했습니다. 그리고 바로 그 상태에서 벗어나는 것이 성경이 말하는 "구원"이라고 배웠습니다. 그 다음으로 우리가 질문해야 하는 내용은, "어떻게 구원을 받을 수 있느냐?"는 문제입니다. 성경이 말하는 대로 우리의 죄 때문에 죽음 이후에 절망적인 심판을 받게 되었다면, 우리가 어떻게 해야 이 절망적인 상황에서 구원을 받을 수 있냐는 것입니다. 이 질문에 답변하기 위해서 죄가 얼마나 심각한 결과를 우리에게 미치고 있는지 이야기 해 보겠습니다.

죄에 대한 하나님의 반응

> "하나님의 진노가 불의로 진리를 막는 사람들의 모든 경건하지 않음과 불의에 대하여 하늘로부터 나타나나니."
>
> 로마서 1장 18절

많은 사람들이 진리이신 하나님의 말씀이 이야기하고 있는 내용을 외면하며 살아갑니다. 그들은 하나님의 말씀을 외면할 뿐만 아니라 하나님의 말씀을 자기들의 취향대로, 그리고 입맛대로 짜깁기 하고 새롭게 만들어 냅니다. 실제로 많은 사람들이 입술로는 "하나님을 믿는다"고 이야기 하지만 사실 그 실상을 들여다 보면 성경의 하나님이 아닌, 자신이 원하는 모습대로 만들어 낸 하나님을 믿고 있는 것을 봅니다. 출애굽기 32장을 보면, 이스라엘 백성들이 모세가 시내산에 올라갔을 때에 마음이 불안하고 염려가 된다는 이유로 대제사장이었던 아론에게 우상을 만들어 달라고 요청하는 것을 보게 됩니다. 그런데 문제는 대제사장이었던 아론이 백성들에게 겁을 먹고 백성들이 원하는 대로 금 붙이들을 가지고 오라고 한 뒤에, 금으로 송아지 형상의 우상을 만들어 주었다는 것입니다.

"백성이 모세가 산에서 내려옴이 더딤을 보고 모여 백성이 아론에게 이르러 말하되 일어나라 우리를 위하여 우리를 인도할 신을 만들라 이 모세 곧 우리를 애굽 땅에서 인도하여 낸 사람은 어찌 되었는지 알지 못함이니라. 아론이 그들에게 이르되 너희의 아내와 자녀의 귀에서 금 고리를 빼어 내게로 가져오라. 모든 백성이 그 귀에서 금 고리를 빼어 아론에게로 가져가매. 아론이 그들의 손에서 금 고리를 받아 부어서 조각칼로 새겨 송아지 형상을 만드니 그들이 말하되 이스라엘아 이는 너희를 애굽 땅에서 인도하여 낸 너희의 신이로다 하는지라. 아론이 보고 그 앞에 제단을 쌓고 이에 아론이 공포하여 이르되 내일은 여호와의 절일이니라 하니. 이튿날에 그들이 일찍이 일어나 번제를 드리며 화목제를 드리고 백성이 앉아서 먹고 마시며 일어나서 뛰놀더라. 여호와께서 모세에게 이르시되 너는 내려가라 네가 애굽 땅에서 인도하여 낸 네 백성이 부패하였도다. 그들이 내가 그들에게 명령한 길을 속히 떠나 자기를 위하여 송아지를 부어 만들고 그것을 예배하며 그것에게 제물을 드리며 말하기를 이스라엘아 이는 너희를 애굽 땅에서 인도하여 낸 너희 신이라 하였도다. 여호와께서 또 모세에게 이르시되 내가 이 백성을 보니 목이 뻣뻣한 백성이로다. 그런즉 내가 하는 대로 두라 내가 그들에게 진노하여 그들을 진멸하고 너를 큰 나라가 되게 하리라."

출애굽기 32장 1-10절

성경은 이 일로 하나님께서 진노하셨다고 이야기합니다. 그러면 하나님께서 진노하신 이유는 무엇입니까? 이스라엘 백성들이 하나님이 미워하시는 우상을 만들고, 그 우상을 하나님이라 부르며 경배하고 있었기 때문입니다. 게다가 지금 읽은 4절과 5절의 내용을 보면, 그 당시 대제사장이었던 아론이 금송아지를 가리켜서 "여호와 하나님"이라고 이야기하며 함께 예배를 드리자고 하고 있습니다. 지금 여기서 만든 금송아지는 이스라엘 백성들이 이집트에서 노예 생활을 할 때 섬겼던 "아피스"라는 송아지 형상의 신입니다. 그들이 기억하고 있었던 이집트 우상의 형상이죠.

이집트의 황소 신, 아피스 숭배[The Worship of the Egyptian Bull God, Apis]
- 필리피노 리피(The National Gallery, London), 1500년경 이탈리아 템페라 화.

그런데 그 우상의 형상을 똑같이 만들어 놓고, 이름만 하나님이라고 바꾼다고 해서 그들이 하나님을 예배하는 것이 되겠습니까? 분명히 하나님께서는 우상을 만들지 말라고 하셨고, 우상을 섬기지 말라고 하셨습니다. 그럼에도 불구하고 그들은 우상을 만들었고, 우상을 섬기고 있었습니다. 그리고는 하나님을 예배한다고 했습니다.

> "너는 나 외에는 다른 신들을 네게 두지 말라. 너를 위하여 새긴 우상을 만들지 말고 또 위로 하늘에 있는 것이나 아래로 땅에 있는 것이나 땅 아래 물 속에 있는 것의 어떤 형상도 만들지 말며."
>
> 출애굽기 20장 3-4절

오늘날에도 수많은 사람들이 이런 방식의 신앙생활을 하고 있습니다. 그들은 교회에 나옵니다. 그리고 자신은 구원 받았다고 이야기합니다. 하지만 그들의 삶을 들여다 보면, 예전에 하나님을 믿지 않았을 때 섬기던 우상에 "하나님"이라는 이름만 덧붙인 것을 알 수 있습니다. 예를 들어, "부적"을 지니고 다니던 사람이 "부적"을 대신할 것으로 "성경책"이나 "십자가 액세서리"를 들고 다니는 것이고, 절에 가서 자신이 원하는 것을 이루기 위해서 부처님께 공양을 드리던 사람이 교회에 와서 하나님께 헌금을 하며 그 이름과 대상만 바꾸어서 똑같이 공양 기도를 드리고 있는 것을 봅니다. "돈"과 "명예"와 "성공"을 신으로 삼고 살던 사람이 그것을 이루어 줄 수 있는 대안으로 "하나님"이라는 존재를 선택한 것 뿐이라면, 그것이 어떻게 하나님을 섬기는 것이 될 수 있겠습니까? 그것이 정말 성경이 이야기하는 구원의 길일까요?

> "예수께서 이르시되 내가 곧 길이요 진리요 생명이니 나로 말미암지 않고는 아버지께로 올 자가 없느니라."
>
> 요한복음 14장 6절

예수님께서는 진리이신 예수님의 말씀을 통해서만 하나님께 나아올 수 있다고 말씀하셨습니다. 예수님께서는 "아버지의 말씀이 진리"라고 말씀하셨고, 성경은 진리 그 자체이신 예수 그리스도에 대해서 증거하는 책입니다. 그렇기 때문에 진리이신 예수님의 말씀, 즉 성경의 길을 따르지 않고서는 아버지께로 올 자는 없다는 것입니다. 그런데 하나님의 진리의 말씀을 따라서 구원의 문을 두드리는 것이 아니라 그 중에서도 내가 믿고 싶은 내용만 추려서 구원의 문에 들어가려고 한다면, 어떻게 구원을 받을 수 있겠습니까? 여전히 내가 받아 들이고 싶은 내용만 받아 들이면서 여전히 하나님이 금지하신 죄악들을 행하고 있다면, 어떻게 구원을 받을 수 있겠습니까? 그것이 바로 로마서 1장 18절에서 이야기한, "불의로 진리를 막는 일"이고, "경건치 않음"입니다. 그리고 성경은 그런 자들에게 하나님의 진노가 임한다고 이야기합니다.

죄인들에 대한 하나님의 판결

그러면, 하나님께서는 어떤 사람들에게 어떠한 죄로 심판을 선언하실까요? 로마서 1장의 말씀을 읽어 보면 이 질문에 대한 답변을 찾을 수 있습니다.

> "또한 그들이 마음에 하나님 두기를 싫어하매 하나님께서 그들을 그 상실한 마음대로 내버려 두사 합당하지 못한 일을 하게 하셨으니. 곧 모든 불의, 추악, 탐욕, 악의가 가득한 자요 시기, 살인, 분쟁, 사기, 악독이 가득한 자요 수군수군하는 자요. 비방하는 자요 하나님께서 미워하시는 자요 능욕하는 자요 교만한 자요 자랑하는 자요 악을 도모하는 자요 부모를 거역하는 자요. 우매한 자요 배약하는 자요 무정한 자요 무자비한 자라. 그들이 이같은 일을 행하는 자는 사형에 해당한다고 하나님께서 정하심을 알고도 자기들만 행할 뿐 아니라 또한 그런 일을 행하는 자들을 옳다 하느니라."
>
> 로마서 1장 28-32절

성경은 이러한 죄를 저지르는 자들은 하나님의 법에서 "사형"에 해당한다고 이야기합니다. 그것이 하나님께서 정하신 질서라는 것이죠.

그런데 그것이 하나님의 정하신 질서라는 것을 알면서도 여전히 그 죄를 지을 뿐만 아니라 그 죄를 짓는 다른 사람들이 잘못되지 않았다고 말한다는 것입니다. 왜냐하면 그래야만 나의 죄악 또한 눈감아 줄 만한 것이라고 생각하게 되기 때문이죠. 하지만 얼마나 많은 사람들이 나의 의견에 동조하는지는 중요한 것이 아닙니다.

예를 들어서, 어떤 길에서 많은 사람들이 과속을 하며 신호를 무시하고 운전을 하고 있다고 가정해 보겠습니다. 사람들이 다 신호를 어기고 그냥 달려 가길래 A형제도 달려갔고, 모두 다 과속을 하길래 A형제도 과속을 한 것이라고 가정을 해보겠습니다. 그런데 하필이면 경찰이 사이렌을 켜고 달려와서 A형제를 잡았습니다. 그래서, A형제가 법대로 심판을 받게 되었는데, "저 사람들도 다 그러는데 나에게만 왜 그러세요?" 라고 이야기한다면 그러한 말이 심판을 면하는데 도움이 되겠습니까? 죄를 짓고 재판석에 선 사람이, "사람들은 다 그러고 삽니다~ 완전한 사람이 어디에 있습니까? 나보다 나쁜 사람들이 더 많은데 왜 나에게만 그러십니까?" 라고 이야기한다 해서 무죄 판결을 받을 수 있겠습니까? 먼 훗날 하나님의 재판정에서도 똑같은 일이 벌어질 것입니다. 마지막 날 하나님께서는 "네가 많은 사람들을 따라서 범죄했으니, 많은 사람들이 가는 대로 지옥의 심판을 받으라"고 말씀하실 겁니다. 그 날에 하나님이 정하신 대로 "사형"이라고 하는 "영원한 사망의 심판"을 받게 하실 겁니다.

우리의 죄로 인해서 받게 된 하나님의 진노

> "한번 죽는 것은 사람에게 정해진 것이요 그 후에는 심판이 있으리니."
> 히브리서 9장 27절

그러면, 우리의 죄로 인해서 받게 되는 하나님의 진노는 무엇일까요? 성경은 죄를 지은 죄인들에게 심판이 임하게 될 것이라고 분명하게 이야기합니다. 아무리 우리가 "하나님은 선하신 분이니 누구도 지옥에 던지지 않을 것입니다"라고 이야기하기를 좋아한다고 해도, 그것은 우리의 바람이고 생각인 것이지, 하나님의 진리의 말씀은 분명히 우리에게 심판이 있을 것이라고 이야기합니다. 물론 성경이 말하는 하나님은 "사랑의 하나님"입니다. 하지만 동시에 "공의의 하나님"입니다. 그렇기 때문에 하나님은 하나님의 사랑하는 사람들을 위해서라도 반드시 공의를 세우셔야 하는 분입니다. 만약에, "하나님은 사랑이시니 모든 사람을 천국에 보내셔야 한다"고 생각하는 분들이 계시다면 이런 질문을 드리고 싶습니다. 하나님은 선한 분이시니 히틀러나, 스탈린 같이 수많은 사람들을 학살한 사람들도 천국에 보내셔야 할까요? 그들에게 죽임당한 사람들을 생각해 보십시오. 악인들의 손에 의해서 잔혹하게 죽임을 당한 그들의 가족들은 절대로 그렇게 이야기하지 않을 것입니다. 오히려 하나님께서 공의롭게 심판해 주시기를 기도할 것입니다. 우리는 우리가 믿고 싶은대로 믿는 것이 아니라 성경이 말하는대로 믿어야 합니다. 분명히 성경은 심판이 있다고 이야기합니다.

> "그러나 두려워하는 자들과 믿지 아니하는 자들과 흉악한 자들과 살인자들과 음행하는 자들과 점술가들과 우상 숭배자들과 거짓말하는 모든 자들은 불과 유황으로 타는 못에 던져지리니 이것이 둘째 사망이라."
>
> 요한계시록 21장 8절

분명히 성경은 불과 유황으로 타는 못에 던져지게 될 심판이 있음을 이야기합니다. 그러므로 그 날을 두려워하며 대비하는 것이 지혜로운 것입니다.

하나님의 진노의 대상

그러면 이제 이런 질문을 해보겠습니다. 하나님은 누구를 위해서 그분의 진노를 예비하고 계실까요?

> "오직 당을 지어 진리를 따르지 아니하고 불의를 따르는 자에게는 진노와 분노로 하시리라. 악을 행하는 각 사람의 영에는 환난과 곤고가 있으리니 먼저는 유대인에게요 그리고 헬라인에게며."
>
> 로마서 2장 8-9절

하나님은 진리를 좇지 아니하고 불의를 좇는 자들, 그리고 악을 행하는 자들에게 분노하심으로 심판하시겠다고 말씀하셨습니다. 이것은 유대인이든 헬라인이든 상관이 없습니다. 어떤 사람의 집에서 목사님을 몇 분이나 배출했는지, 교회에서 어떤 직분을 맡았는지, 모태 신앙이라고 부르든지, 세례를 받았는지 받지 않았는지는 관계가 없습니다. 결국 진리를 좇지 않는 자들 모두에게는 심판이 임하게 될 것입니다.

> "환난을 받는 너희에게는 우리와 함께 안식으로 갚으시는 것이 하나님의 공의시니 주 예수께서 자기의 능력의 천사들과 함께 하늘로부터 불꽃 가운데에 나타나실 때에. 하나님을 모르는 자들과 우리 주 예수의 복음에 복종하지 않는 자들에게 형벌을 내리시리니. 이런 자들은 주의 얼굴과 그의 힘의 영광을 떠나 영원한 멸망의 형벌을 받으리로다."
>
> 데살로니가후서 1장 7-9절

성경은 언젠가 예수님께서 이 땅에 다시 오실 때에, "하나님을 모르는 자들"과 "우리 주 예수의 복음을 복종하지 않는 자들"에게 형벌이 임할 것이라고 이야기합니다. 지금 읽은 구절에 사용된 표현에 주목해 보십시오. "내 마음을 기쁘게 하는 복음"이 아닙니다. "내가 만든 복음"이 아닙니다. "우리 주 예수의 복음"입니다. 그러므로 우리는 "성경에 기록된 예수 그리스도의 진리의 복음"을 믿어야 합니다. 예수님께서는 이렇게 말씀하셨습니다.

> "아들을 믿는 자에게는 영생이 있고 아들에게 순종하지 아니하는 자는 영생을 보지 못하고 도리어 하나님의 진노가 그 위에 머물러 있느니라."
>
> 요한복음 3장 36절

지금 이 구절을 보면, "아들을 믿는자"와 "아들에게 순종하는 자"라는 개념을 평행적으로 같이 사용하고 있습니다. 결국, "믿는 것"은 "순종하는 것"이라는 뜻입니다. 하나님의 복음인 예수 그리스도를 믿고, 그 말씀에 순종하는 자가 영생을 얻게 된다는 것이죠. 그러므로 우리는 이 사실을 기억해야 합니다. 예수님을 믿는다고 하는 "자기 확신의 감정"을 갖는 것만으로는 충분하지 않습니다. 정말로 예수님을 믿는자는 "성경이 말하는 복음"을 믿어야 하고, 성경이 말하는 진리의 말씀대로 순종해야 한다는 것입니다. 여러분은 예수님을 믿습니까? 여러분은 예수님의 양이 맞습니까? 그러면 여러분은 예수님의 음성을 듣고, 순종하고 있습니까?

하나님의 구원 방법

성경은 우리 모두가 지옥의 심판을 받을 수밖에 없는 존재였지만, 하나님께서 우리를 심판 받을 운명에 내버려 두지 않았다고 이야기합니다.

> "하나님이 세상을 이처럼 사랑하사 독생자를 주셨으니 이는 그를 믿는 자마다 멸망하지 않고 영생을 얻게 하려 하심이라. 하나님이 그 아들을 세상에 보내신 것은 세상을 심판하려 하심이 아니요 그로 말미암아 세상이 구원을 받게 하려 하심이라."
>
> 요한복음 3장 16-17절

하나님이 예수 그리스도를 이 땅에 보내신 이유는 세상을 심판하기 위함이 아니라 세상을 구원 하기 위함입니다. 그렇다면, 이 복음을 들을 때에 어떻게 반응하는 사람이 지혜로운 사람입니까? 하나님을 대적하고, 변명거리를 찾으며 진리를 외면하는 것이 아니라 진리이신 하나님의 말씀을 듣고, 회개하고, 예수 그리스도를 믿어야 한다는 것입니다. 간혹 어떤 사람들은 이렇게 이야기합니다. "그러면, 저기 저 아프리카에 있는 복음을 듣지 못한 사람들은 어떻게 됩니까? 태어나자 마사 죽는 아이들은 어떻게 됩니까? 그들은 복음을 듣지 못해서 예수님을 믿지 못했으니 지옥에 가는 것입니까?" 이러한 질문을 하는 분들에게 두 가지 말씀을 드리고 싶습니다. 첫번째로, 성경은 하나님이 완전하고 공의로운 재판장이라고 이야기합니다. 이 말은, 하나님께서 그러한 변명과 의혹이 없도록 완전하게 구원의 일을 이루실 것이라는 뜻입니다. 간혹 이러한 어려운 질문들을 하고나면, 어쩌면 여러분 주변에 있는 크리스천들이나 때로는 사역자들까지도 당황할 수 있습니다. 어쩌면 그런 질문들을 하는 사람들은 그렇게 해서 자신이 예수님을 믿지 않는 이유를 논리적으로 반박해 가며 버텨왔을 수도 있습니다(물론 순수하게 궁금해서 질문하는 사람들도 많습니다). 하지만 그 날에 우리가 마주해야 할 대상은 완전한 하나님이십니다. 그러므로 안심하십시오. 하나님께서는 하나님의 공의와 사랑을 완전하게 충족시켜서 우리가 염려하는 일이 절대 벌어지지 않도록 하실 것입니다.

두번째로 말씀드리고 싶은 것은, 그러면 여러분 각자는 어떻게 반응할 것인가의 문제입니다. 누군가가 그러한 질문을 한다는 것은 적어도 복음을 전해 받았기 때문에 질문을 한 것일텐데, 그러면 여러분 각자는 이 복음에 어떻게 반응하겠습니까? 우리가 가장 먼저 걱정해야 하는 것은, 우리 자신의 구원입니다. "세종대왕은 구원을 받았습니까? 이순신 장군은 구원을 받았습니까?..." 솔직히 말씀 드리면, 그러한 질문을 하시는 분들 중에는 사실 그 분들이 어느 시대에 살았는지도 모르는 사람들도 많고, 실제로 그분들의 구원 여부에 관심조차 없는 경우도 많습니다. 그런데 내가 예수님을 믿지 않는 정당한 이유를 대기 위해서 철옹성같은 나의 논리적인 방벽이 필요했던 것이죠. "누구보다 훌륭하게 살았지만, 복음을 받아들이지 않았다는 이유로 지옥에 가는 것은 선하지 않다,

그러니 나는 그런 하나님을 믿지 않겠다" 이러한 논지를 펴고 있는 것입니다. 하지만, 이것은 올바른 선택지가 아닙니다. 하나님의 아들이신 예수 그리스도께서는 우리를 괴롭게 하기 위해서 이 땅에 오신 것이 아닙니다. 그 분은 우리를 구원하기 위해서 이 땅에 오셨습니다. 그러므로 마음을 부드럽게 하시고, 부디 예수님을 믿고 구원 받으시기를 바랍니다.

> "우리가 하나님과 함께 일하는 자로서 너희를 권하노니 하나님의 은혜를 헛되이 받지 말라. 이르시되 내가 은혜 베풀 때에 너에게 듣고 구원의 날에 너를 도왔다 하셨으니 보라 지금은 은혜 받을 만한 때요 보라 지금은 구원의 날이로다."
> 고린도후서 6장 1-2절

오직 예수님만이 구원의 길

다음으로 "오직 예수님만이 구원의 길인가?" 라는 질문에 대해서 답변해 보려고 합니다. 오늘날 널리 퍼져 있는 말 중에 "종교 다원주의"라는 말이 있습니다. 이 개념은 산의 정상은 하나이지만 그 정상에 도달하는 길이 여러개가 있듯이, 어떤 종교를 통해서도 구원에 이를 수 있다고 생각하는 종교 철학적 개념입니다. 하지만 이러한 구원관은 성경의 가르침과 동떨어진 구원관입니다. 왜냐하면 성경은 예수님만이 유일한 구원의 길이라고 가르치고 있기 때문입니다. 이 개념을 이해하기 위해서 요한복음 14장에 기록된 예수님의 선언을 다시 한 번 읽어 보겠습니다.

> "예수께서 이르시되 내가 곧 길이요 진리요 생명이니 나로 말미암지 않고는 아버지께로 올 자가 없느니라."
>
> 요한복음 14장 6절

예수님께서는 자신을 가리켜서 유일한 진리라고 말씀하셨습니다. 그런데 영어성경을 보면, 보다 더 분명하게 이 개념을 이해할 수 있습니다. 영어성경은 "the way, the truth, the life" 라고 번역을 해 두었습니다. 예수님만이 유일한 길이고, 유일한 진리이고, 유일한 생명이라는 것이죠.

> "Jesus said to him, "I am the way, and the truth, and the life; no one comes to the Father but through Me."
>
> John 14:6(NASB)

"진리"라는 것이 가지고 있는 아주 중요한 특성이 있습니다. 그것은 "배타성"입니다. 어떤 것이 진리라고 한다면 다른 것도 동시에 진리일 수는 없다는 말이죠. 그래서 성경은 "진리"를 가리켜서 "the truth"라고 이야기하는 겁니다. 예를 들어서 우리가 산수에 대해서 이야기할 때도, 1 더하기 1의 정답은 2라고 이야기하지, 3이나 4도 정답으로 해주지는 않습니다. 이것이 바로 "진리의 배타성 개념"입니다. 오늘날 많은 사람들이 포스트 모더니즘의 원리를 이야기하면서 "절대진리는 없다"라고 주장하지만 정작 사람들의 생활 곳곳에는 "분명한 답이 있다"고 주장하는 부분을 남겨두고 있습니다. 만약에 오늘날 사람들이 말하는 대로 "절대진리"라는 것이 없다면 1+1을 10이라고 하던, -100이라고 하던 선생님들은 다 정답이라고 해주어야 할 것입니다. 모든 오답도 결국 다 진리라고 이야기해 주어야 할 것입니다. 하지만 그럴 수 없습니다. 왜냐하면 그것이 정답이고, 진리이기 때문입니다. 다른 답은 정답으로 인정해 줄 수 없기 때문입니다. 당연히 그 답일 수밖에 없는 것, 그것만이 답이라는 것, 다른 답은 없다는 것, 이것이 바로 "진리의 배타성"이라는 개념입니다.

방금 전에 말씀 드렸듯이 어떤 사람들은 산의 정상은 하나이지만 정상으로 올라갈 수 있는 길이 여럿이라고 이야기합니다. 정상에서 만나면 결국 다 똑같다고 이야기합니다. 하지만, 그것은 성경이 말하는 진리와 다릅니다. 애초에 전제부터가 다릅니다. 성경은 정상으로 올라갈 수 있는 길이 "오직 한 길" 뿐이라고 말합니다. 이것은 기독교가 편협한 것이 아닙니다. 그것이 진리이기 때문에 진리라고 말하는 것입니다. 만약에 산의 관리소에서 모든 길에 "위험, 입산 금지"라는 푯말을 세워 두고, 정상까지 갈 수 있는 길을 단 하나만 열어 두었다면 다른 길로 정상에 올라갈 수는 없는 것입니다. 마찬가지로 성경은 하나님께서 열어주신 길은 단 하나 뿐이라고 이야기합니다. 오직 예수 그리스도 뿐입니다. 그런데 많은 사람들이 "전제의 오류"를 가지고 있는 것입니다. 애초에 구원을 받을 수 있는 길이 여러가지가 있다는 비성경적인 전제를 가지고 논지를 세운 것이죠. 하지만 그러한 논지는 성경이 말하는 사실과 다릅니다. 하나님께서는 다른 길을 허락하지 않으셨습니다. 오직 한길만 열어 두었습니다. 그 길은 오직 예수로 말미암는 구원의 길입니다.

> "다른 이로써는 구원을 받을 수 없나니 천하 사람 중에 구원을 받을 만한 다른 이름을 우리에게 주신 일이 없음이라 하였더라."
>
> 사도행전 4장 12절

어떤 초등학생이 시험을 보는데, "옆집 아주머니께서 사과를 주셨습니다. 뭐라고 인사를 해야 할까요?"라는 질문이 나왔습니다. 답은 다섯 글자였고, "감사합니다"가 답이었습니다. 그런데 그 아이가 다섯글자로 이렇게 썼습니다. "뭘 이런걸 다~" 그래서 선생님도 아래에 빨간 글씨로 이렇게 썼습니다. "교무실로 와."

진리는 진리이기 때문에 진리인 것입니다. 배타성이 있기 때문이 오히려 진리는 더 빛이 나는 것이죠. 그런데 왜 이러한 방식이 편협하다는 비난을 받아야 할까요? 1+1의 답을 4라고 써도 답이라고 인정해 주지 않으면 편협한 것일까요? 당연히 아닙니다. 그러므로 이 사실을 기억하십시오. 진리에는 배타성이 있습니다. 더구나 그 진리에 우리의 영원한 생명이 달려 있는 것이라면 더더욱 확실하게 이야기할 수 밖에 없는 것입니다. 성경은 분명히 예수님이 아니면 구원 받을 수 있는 길이 없다고 이야기합니다.

하나님의 어린양, 구세주, 예수 그리스도

그러면 지금부터는, 왜 예수님만이 유일한 구원의 길인지 조금 더 깊게 생각해 보겠습니다. 무엇 때문에 사람이 구원이 필요한 절망적인 처지에 이르게 되었습니까? "죄" 때문입니다. 사람이 죄를 지었기 때문에 하나님과의 관계가 파괴된 것이고, 창조주 하나님을 떠나게 되어 영원한 심판에 처하게 된 것입니다. 앞에서도 배웠지만 하나님은 사람을 위해서 천지를 지으시고, 그곳에 사람을 거주하게 하시고, 하나님과 교제할 수 있는 관계로 만드셨습니다. 그런데 인간의 죄 때문에 하나님과의 관계에 문제가 생긴 것이죠. 그렇기 때문에 사람이 구원을 받는다는 것은 단순히 절망적인 처지가 나아지는 것을 말하는 게 아닙니다. 하나님과의 관계가 나아지는 것을 말하고, 하나님과의 관계가 회복되는 것을 이야기하는 것이죠. 그런데, 하나님과의 관계가 회복되려면 하나님과 사람 사이에 있는 죄 문제를 해결해야 합니다. 어떤 종교를 믿거나, 어떤 행위를 해서 구원을 받는 것이 아니라, 근본적으로 하나님과 사람 사이에 있는 죄 문제를 해결해야 하는 것입니다. 그래서 예수님께서 직접 이 땅에 오셔서 죄 문제를 해결하신 것입니다.

교회를 다니다보면 "구세주(救世主)"라는 단어를 들을 때가 있습니다. "구세주"라는 단어의 뜻이 "세상을 구원하는 자"라는 뜻인 것처럼, 예수님께서는 세상을 구원하기 위해서 이 땅에 오셨습니다. 세례 요한은 예수님을 향해서 이러한 고백을 했습니다.

> "이튿날 요한이 예수께서 자기에게 나아오심을 보고 이르되 보라 세상 죄를 지고 가는 하나님의 어린 양이로다."
>
> 요한복음 1장 29절

구약 시대에는 사람의 죄 문제를 해결 하기 위해서 "희생 제물"이라는 것을 사용했습니다. 죄를 지은 당사자가 성막으로 나와서 자신의 죄를 고백하고, 자신의 죄를 희생 제물에게 안수하고 전가했습니다. 그리고는 그 희생제물을 죽여서 피를 쏟고 번제단에 드린 뒤에 태우면, 하나님께서는 그 피를 그 사람의 것으로 대신 받으시고 그 사람의 죄를 용서해 주셨습니다. 도대체 왜 하나님께서는 죄 문제를 해결하기 위해서 희생 제물의 피를 요구하셨던 것일까요? 레위기 17장 11절을 보면, 죄를 처리하시는 하나님의 원칙에 대해서 이렇게 밝히고 있습니다.

> "육체의 생명은 피에 있음이라 내가 이 피를 너희에게 주어 제단에 뿌려 너희의 생명을 위하여 속죄하게 하였나니 생명이 피에 있으므로 피가 죄를 속하느니라."
>
> 레위기 17장 11절

성경에서 "피"는 그 사람의 생명을 상징합니다. 누군가가 피를 흘린다는 것은 그 사람의 죽음을 상징하는 것이고, 하나님께서는 하나님의 백성들의 생명을 보존하기 위해서 제사 제도라는 것을 주셨던 것입니다. 그래서 하나님께서는 하나님이 정하신 방법대로 "대속제물"의 피를 의지하고 제사를 드리는 자들의 죄를 용서해 주셨던 것입니다. 그러한 이유로 성경은 예수님을 가리켜서 하나님이 준비하신 "하나님의 어린양"이라고 부르는 것입니다. 하나님이 준비하신 희생제물이라는 뜻이죠. 이 사실을 이해하기 위해서는 레위기 4장에 기록되어 있는 "속죄제의 규례"를 살펴볼 필요가 있습니다.

> "만일 평민의 한 사람이 여호와의 계명 중 하나라도 부지중에 범하여 허물이 있었는데. 그가 범한 죄를 누가 그에게 깨우쳐 주면 그는 흠 없는 암염소를 끌고 와서 그 범한 죄로 말미암아 그것을 예물로 삼아. 그 속죄제물의 머리에 안수하고 그 제물을 번제물을 잡는 곳에서 잡을 것이요. 제사장은 손가락으로 그 피를 찍어 번제단 뿔들에 바르고 그 피 전부를 제단 밑에 쏟고. 그 모든 기름을 화목제물의 기름을 떼어낸 것 같이 떼어내 제단 위에서 불살라 여호와께 향기롭게 할지니 제사장이 그를 위하여 속죄한즉 그가 사함을 받으리라."
>
> 레위기 4장 27-31절

이 구절에서 주목해 봐야 하는 사실이 있습니다. 누군가가 범죄한 뒤에 죄를 깨닫고 하나님께 회개하고 돌아올 때는 범죄한 사람이 희생 제물을 가지고 와서 안수하고, 그 희생제물을 직접 "번제소"에서 죽여야 한다는 것입니다. 그러면, 왜 하나님께서는 범죄한 그 사람이 직접 희생제물에게 안수하고, 죽이고, 피를 쏟은뒤에 태우라고 하셨을까요? 그것은 제사를 드릴 때에, 나의 죄 대신 죽는 희생 제물을 보면서, 원래 하나님의 심판대에서 내가 받아야 했던 심판이 이와 같다는 것을 교육시키기 위함이었습니다. 죄를 지은 사람은 스스로 제물을 가지고 와서 안수를 하고, 그 제물을 직접 죽여야 했습니다. 그 제물을 제사장이나 대제사장이 대신 잡아주지 않고, 죄를 고백한 사람이 직접 죽이게 되어 있었죠. 그렇게 되면 희생 제물을 잡을 때에 자신의 죄를 대신해서 죽어가는 희생 제물의 비명 소리를 듣게 되어 있고, 사방에 피를 흘리며 고통스럽게 죽어가는 희생 제물을 보면서 나의 죄의 대가가 이렇게 무서운 것이라는 것을 알게 되는 것입니다. 그리고 원래는 내가 이처럼 피를 쏟고, 번제단 위에서 활활 타오르는 불 가운데 심판을 받았어야 하는데, 하나님께서 희생제물의 죽음을 대신 받으시고 자신의 죄를 용서하셨다는 사실을 깨닫게 되는 것입니다.

그러면 이 시간 생각해 보겠습니다. 죄를 대신해서 죽임을 당한 희생제물이 어떠한 죄를 지어서 죽임을 당한 것입니까? 아닙니다. 그 희생 제물은 죄가 없습니다. 제사를 드린 자의 죄를 위해서 "대신" 죽임을 당한 것 뿐이죠. 그러면 우리의 죄를 위한 희생제물인 "하나님의 어린양"이신 예수 그리스도께서는 어떠한 죄가 있어서 죽임을 당했습니까?

> "그가 우리 죄를 없애려고 나타나신 것을 너희가 아나니 그에게는 죄가 없느니라."
> 요한일서 3장 5절

> "우리에게 있는 대제사장은 우리의 연약함을 동정하지 못하실 이가 아니요 모든 일에 우리와 똑같이 시험을 받으신 이로되 죄는 없으시니라."
>
> 히브리서 4장 15절

구약의 희생 제물들이 자신의 죄 때문에 죽임을 당한 것이 아닌 것처럼, 예수님도 자신의 죄 때문에 죽은 것이 아닙니다. 그러면 예수님께서는 왜 죽임을 당하신 것일까요? 사도 베드로의 설명을 읽어보겠습니다.

> "그리스도께서도 단번에 죄를 위하여 죽으사 의인으로서 불의한 자를 대신하셨으니 이는 우리를 하나님 앞으로 인도하려 하심이라 육체로는 죽임을 당하시고 영으로는 살리심을 받으셨으니."
>
> 베드로전서 3장 18절

구약 시대 때 성소로 나아가기 위해서는, 번제단에서 희생 제물을 드리고, 물두멍에서 정결하게 씻어야만 성소로 나아갈 수 있었습니다. 그것이 바로 죄인들이 거룩하신 하나님께 나아갈 수 있는 유일한 방법이었습니다. 그와 같이 하나님께서 준비하신 화목제물인 "예수 그리스도"께서 우리의 죄를 대신해서 죽으신 것입니다. 그리하여 우리의 죄를 깨끗하게 하시고 하나님 앞으로 나아갈 수 있게 해주신 것이죠. 그래서 성경은 예수님을 가리켜서 "하나님의 어린양"이라고 부르는 것입니다. 하나님께서 준비하신 희생제물이라는 것이죠. 그러면 여기에서 한 가지 더 생각해 보고 가겠습니다. 왜 성경은 예수님을 가리켜서 "하나님의" 어린양이라고 이야기할까요? 그냥 "희생제물"이라고도 할 수 있고, 우리를 위한 "대속제물"이라고도 할 수 있지 않을까요? 방금 전에, 희생제물에게 안수하고 그 희생제물을 죽이는 사람이 누구라고 했는지 기억 나십니까? 그 일은 죄를 지은 당사자가 하게 되어 있습니다. 그러면 묻겠습니다. 그 희생제물을 준비해서 가지고 오는 것은 누가 하는 것입니까? 제사장입니까? 대제사장인가요? 아닙니다. 희생제물은, "죄를 지은 당사자"가 준비해서 데리고 오는 것입니다. 자신의 죄를 대신해서 죽이기 위해서 데리고 오는 것이죠. 그런데 성경은 예수님을 가리켜서 "하나님의" 어린양이라고 이야기합니다. 다시 말해서, 예수님은 아무런 죄가 없는데, 우리의 죄 문제를 해결하기 위해서 하나님께서 직접 준비하신 "하나님의 어린양"이라는 것입니다. 창세기 22장을 보면, 이미 몇 천년도 전에 하나님께서 행하실 구속사의 일을 계시해 놓은 것을 볼 수 있습니다.

> "이삭이 그 아버지 아브라함에게 말하여 이르되 내 아버지여 하니 그가 이르되 내 아들아 내가 여기 있노라 이삭이 이르되 불과 나무는 있거니와 번제할 어린 양은 어디 있나이까. 아브라함이 이르되 내 아들아 번제할 어린 양은 하나님이 자기를 위하여 친히 준비하시리라 하고 두 사람이 함께 나아가서. 하나님이 그에게 일러 주신 곳에 이른지라 이에 아브라함이 그 곳에 제단을 쌓고 나무를 벌여 놓고 그의 아들 이삭을 결박하여 제단 나무 위에 놓고. 손을 내밀어 칼을 잡고 그 아들을 잡으려 하니. 여호와의 사자가 하늘에서부터 그를 불러 이르시되 아브라함아 아브라함아 하시는지라 아브라함이 이르되 내가 여기 있나이다 하매. 사자가 이르시되 그 아이에게 네 손을 대지 말라 그에게 아무 일도 하지 말라 네가 네 아들 네 독자까지도 내게 아끼지 아니하였으니 내가 이제야 네가 하나님을 경외하는 줄을 아노라. 아브라함이 눈을 들어 살펴본즉 한 숫양이 뒤에 있는데 뿔이 수풀에 걸려 있는지라 아브라함이 가서 그 숫양을 가져다가 아들을 대신하여 번제로 드렸더라. 아브라함이 그 땅 이름을 여호와 이레라 하였으므로 오늘날까지 사람들이 이르기를 여호와의 산에서 준비되리라 하더라."
>
> 창세기 22장 7-14절

"여호와의 어린양"은 여호와께서 친히 준비하신 제물입니다. "아들을 대신하여" 번제물로 드릴 그 희생제물은 여호와 하나님께서 직접 준비하신 것입니다. 다시 말해서, 죄를 지은 것은 우리인데 하나님께서 직접 희생 제물을 준비하셨다는 것입니다. 그러면 이 시간 묻겠습니다. 십자가 위에서 하나님의 어린양을 죽인 존재는 누구입니까? 대제사장입니까? 예수님을 부인하던 무리들인가요? 아닙니다. 하나님의 어린양을 죽인 분은, 하나님 자신입니다. 왜냐하면 구약의 제사법에 따르면 희생제물은 죄를 지은 당사자가, 제물을 준비해 온 죄인이 직접 죽이게 되어 있었기 때문입니다. 마태복음 8장을 보면 아주 놀라운 기록을 발견하게 됩니다.

> "한 나병환자가 나아와 절하며 이르되 주여 원하시면 저를 깨끗하게 하실 수 있나이다 하거늘. 예수께서 손을 내밀어 그에게 대시며 이르시되 내가 원하노니 깨끗함을 받으라 하시니 즉시 그의 나병이 깨끗하여진지라."
> 마태복음 8장 2-3절

성경에서 나병은 "죄"를 상징합니다. 그래서 다른 병과 다르게 나병은 "나았다"라고 하거나, "고침을 받았다"라고 하지 않고, "깨끗해졌다"라고 표현하는 것입니다. 그런데 지금 우리가 읽은 말씀을 보면, 예수님께서 그에게 손을 대셨다고 합니다. 그리고 지금 이 모습은 구약 시대 때 죄를 전가하는 모습을 보여주는 것입니다. 율법의 규례에 따르면 나병환자와 접촉한 사람은 부정해지고, 그가 앉았던 자리도 부정해지고, 그와 접촉한 사람도 부정해집니다. 그리고 나병에 걸린 사람은 이스라엘 진 바깥으로 추방되어서, 가족과 공동체 속으로 돌아오지 못하고 홀로 살아야 했습니다. 그런데 예수님께서는 일부러 나병환자에게 손을 대신 것입니다. 말만 하셔도 고칠 수 있고, 생각만 해도 나병을 깨끗하게 하실 수 있는 하나님께서 그의 몸에 직접 손을 대셨다는 거죠. 그 이유가 무엇 일까요? "너의 죄를 나에게 전가하라"는 것입니다. "내가 너의 죄를 지고 희생제물이 되어, 스스로 율법의 모든 죄를 지고 죽을 것이니, 너는 하나 님의 그늘 아래로 돌아와 다시 생명을 얻으라"는 것입니다.

> "그는 실로 우리의 질고를 지고 우리의 슬픔을 당하였거늘 우리는 생각하기를 그는 징벌을 받아 하나님께 맞으며 고난을 당한다 하였노라."
>
> 이사야 53장 4절

희생제물이 자신의 죄를 위해서 죽임을 당한 것이 아닌 것처럼, 하나님께서 준비하신 어린양도 자신의 죄 때문에 죽으신 것이 아닙니다. 예수님이 죽으신 것은 우리의 죄 때문입니다. 우리가 지은 죄 때문이고, 우리가 짓고 있는 죄 때문이고, 우리가 지을 죄 때문입니다. 우리가 해결하지 못하는 죄 때문에, 그리고 우리가 해결할 수 없는 죄 문제를 해결하기 위해서 예수님께서 대신 십자가 위에서 율법의 모든 저주를 지고 죽으신 것입니다. 하나님이 주신 율법에 따르면 죄를 지은 사람은 반드시 죽임을 당하게 되어 있습니다. 그래서 원래 죄를 지은 사람이 피를 쏟고, 자신의 죄 값대로 영원한 지옥불의 심판을 받게 되어 있습니다. 이것이 바로 하나님 나라에서 죄를 범한 자들이 받게 되는 심판입니다. 그런데 그런 우리에게 예수님께서 어떤 은혜를 베풀어 주셨습니까?

> "그리스도께서 우리를 위하여 저주를 받은 바 되사 율법의 저주에서 우리를 속량하셨으니 기록된 바 나무에 달린 자마다 저주 아래에 있는 자라 하였음이라."
> 갈라디아서 3장 13절

원래 율법이 죄인들에게 내리는 저주는, 영원한 죽음과 심판의 형벌입니다. 그런데 그 율법의 저주를 예수님께서 대신 지고, 우리의 죄를 대신 전가 받으시고 죽으셨다는 것입니다. 그래서 우리를 둘러싼 율법의 저주를 끊으시고, 우리로 하여금 다시 이스라엘 진으로, 하나님의 나라 안으로 들어올 수 있는 은혜를 베풀어 주셨다는 것입니다. 자 그러면 다시 묻겠습니다. 죄는 누가 지었습니까? 우리가 지었습니다. 그러면, 우리의 죄를 용서하기 위한 희생제물을 준비하신 분은 누구이십니까? 하나님 자신입니다. 그러면 하나님께서 준비하신 하나님의 어린양, 예수 그리스도를 십자가 위에서 직접 죽이신 분은 누구입니까? 하나님 자신입니다. 마치 죄를 지은 사람이 직접 희생제물을 죽였던 것처럼 우리의 죄를 자신의 것으로 돌리시고, 하나님이 주신 구원의 약속을 믿는 사람들을 위해서 자신의 생명을 직접 내어 놓으신 것입니다.

그러므로 우리가 분명하게 알아야 하는 것은 예수님을 죽인 것은 대제사장도, 예수님을 조롱하던 무리들도, 로마의 군인들도 아니라는 것입니다. 예수님을 죽인 것은 하나님 자신입니다. 하나님이 직접 제사의 집례자가 되셨고, 하나님이 직접 제사의 당사자가 되셨고, 하나님이 직접 제사장이 되셨고, 하나님이 직접 희생제물이 되셨습니다. 죄가 없는 그분이 우리의 죄를 대신해서 전가 받으시고, 우리를 살리기 위해서 십자가 위에서 죽임을 당한 것입니다. 이것이 바로 예수님이 "하나님의 어린양"이라는 말의 뜻입니다. 번제단을 지나지 않고서 성소로 나아갈 수 있는 방법은 없습니다. 이것은 진리의 말씀인 성경이 증언하는 내용이고, 하나님 나라의 법입니다. 그 누구도 번제단에서 희생제물을 드리지 않고서, 하나님의 어린양을 힘입지 않고서는 하나님께 나아갈 수 없습니다. 예수님만이 유일한 길입니다. 예수님만이 유일한 진리입니다. 예수님만이 유일한 생명입니다. 예수님 외에는 하나님께 나아올 수 있는 길이 없습니다. 구원 받을 수 있는 길은 "오직 한 길" 뿐입니다. 오직 예수 그리스도 뿐입니다.

예수님께서 대신 죽으신 이유

그러면, 예수 그리스도께서 우리를 위해서 죽으신 이유에 대해서 조금 더 생각해 보겠습니다. 방금 전에도 이야기했듯이, 하나님은 "사랑의 하나님"이지만 동시에 "공의의 하나님"이십니다. 그렇기 때문에 온 세상을 통치하시는 하나님께서는 우리의 범죄를 보면서 "내가 왕이니깐, 내가 사랑하니깐, 그냥 용서해 줄게~"라고 하실 수 없습니다. 그렇게 되면 하나님은 아무 원칙도, 공의도 세우지 못하는 분이 되는 것입니다. 하나님의 율법은 죄를 지으면 반드시 그 죄에 대해서 대가를 치러야 한다고 말합니다. 그래야만 공의가 세워질 수 있기 때문입니다. 하나님의 원칙과 공의가 세워지고, 사람의 죄 문제를 해결하려면 한 가지 방법만이 존재했습니다. 사람이 받아야 하는 죄의 형벌을 누군가가 대신 받아야 했다는 것입니다.

> "육체의 생명은 피에 있음이라 내가 이 피를 너희에게 주어 제단에 뿌려 너희의 생명을 위하여 속죄하게 하였나니 생명이 피에 있으므로 피가 죄를 속하느니라."
> 레위기 17장 11절

> "율법을 따라 거의 모든 물건이 피로써 정결하게 되나니 피흘림이 없은즉 사함이 없느니라."
> 히브리서 9장 22절

성경에서 "피흘림"이라고 말하는 것은 "죽음"을 상징하는 것입니다. 그리고 성경은 누군가가 죄를 지으면, 반드시 그 죄의 대가를 치르기 위해서 누군가가 피를 흘리고 죽어야 한다고 이야기합니다. 그래서 예수님이 우리 죄를 대신해서 죽으신 것입니다.

> "죄의 삯은 사망이요 하나님의 은사는 그리스도 예수 우리 주 안에 있는 영생이니라."
>
> 로마서 6장 23절

> "모든 사람이 죄를 범하였으매 하나님의 영광에 이르지 못하더니."
>
> 로마서 3장 23절

우리가 사는 이 사회에도 "법"이라는 것이 있습니다. 누군가가 죄를 지으면 "보석금"이라는 것을 대신 내고 그 사람을 풀어주는 법이 있죠. 그것도 어떤 범죄냐에 따라서 보석금의 금액이 달라지게 되어 있습니다. 그런데 하나님 나라의 법은 이 땅의 나라와 비교할 수 없을 정도로 거룩하고 완전합니다. 그렇기 때문에 하나님의 법에 따르면 "죄를 지은 사람"은 "사형"에 처하게 되어 있습니다. 이처럼 우리는 하나님의 율법에 의하면 "사형"에 해당하는 판결을 받은 사람들입니다. 그렇기 때문에 우리를 구원하기 위해서는 그에 걸맞는 보석금이 지불되어야 하는데, 이것을 성경에서는 "속전(贖錢)"이라고 표현합니다. "속죄할 속(贖), 돈 전(錢):

죄를 속죄하기 위해서 내는 돈"이라는 뜻이죠. 그런데, 우리가 지은 죄는 돈으로 해결할 수 있는 정도의 죄가 아닙니다. 우리는 율법에 따르면 "사형" 판결을 받았습니다. 그래서 우리의 죄는 다른 사람들의 피로 해결할 수 있는 것이 아니었습니다. 모두가 죄인인데 어떻게 서로의 죄를 속죄할 수 있겠습니까? 그러한 이유로 우리의 죄를 속죄하기 위해서는 죄 없는 존재가 대신 피를 흘려야 했습니다. 그러면, 이 세상에 죄가 없는 분이 누가 있습니까? 하나님 한 분 밖에 없습니다. 그래서 하나님이신 그리스도께서, 또 하나님의 아들이신 그리스도께서 이 땅에 내려오셔서, 직접 우리의 죄를 대신해서 피를 흘리시고 우리를 위한 "속전"이 되신 것입니다. 사도 요한은 이렇게 이야기합니다.

> "사랑은 여기 있으니 우리가 하나님을 사랑한 것이 아니요 하나님이 우리를 사랑하사 우리 죄를 속하기 위하여 화목 제물로 그 아들을 보내셨음이라."
> 요한일서 4장 10절

"화목제"라고 하는 것은 "하나님과 우리 사이를 화목하게 하는 제사"를 말합니다. 예수 그리스도께서 우리를 대신해서 죽으심으로, 하나님과 우리 사이에 있는 죄가 해결되고, 우리가 다시 하나님과 화목하게 될 수 있었다는 거죠. 그러면, 예수님께서 우리를 영원한 죽음과 심판으로부터 구원하기 위해서 어떤 일을 행하셨는지 사도들의 증언을 살펴 보겠습니다.

> "친히 나무에 달려 그 몸으로 우리 죄를 담당하셨으니 이는 우리로 죄에 대하여 죽고 의에 대하여 살게 하려 하심이라 그가 채찍에 맞음으로 너희는 나음을 얻었나니. 너희가 전에는 양과 같이 길을 잃었더니 이제는 너희 영혼의 목자와 감독 되신 이에게 돌아왔느니라."
>
> 베드로전서 2장 24-25절

> "그리스도께서 하나님 곧 우리 아버지의 뜻을 따라 이 악한 세대에서 우리를 건지시려고 우리 죄를 대속하기 위하여 자기 몸을 주셨으니."
>
> 갈라디아서 1장 4절

예수님께서 우리를 건지시기 위해서, 그리고 구원하기 위해서 자기 몸을 드렸습니다. 아무런 죄가 없으신 분이 우리 대신 십자가의 형벌을 받으셨습니다. 주님의 십자가 죽음을 통해서 우리의 죄를 해결하셨습니다. 십자가는 예수님 당시에 가장 극악한 죄인들을 처형하는 도구였습니다. 특별히 반역죄나, 민란을 일으킨, 황제의 권세에 반역을 일으킨 자들을 처형하는 도구였습니다. 사실 왕이신 하나님의 권세에 반역을 일으킨 것은 인간입니다. 하나님과 같이 되겠다며 하나님을 보좌에서 끌어 내리려 한 것은 인간입니다. 그런데 하나님의 아들이, 아무런 죄가 없으신 그 분이 십자가에서 대신 죽으셨다는 것입니다. 이런 장면을 상상해 보시기 바랍니다. 하늘 법정에서 재판이 열렸습니다. 재판장은 하나님이시고, 피고석에는 우리가 앉아 있습니다. 그리고 마귀가 검사 위치에 서서 하나님의 율법을 가지고 우리의 죄를 낱낱이 하나님께 고발하고 있습니다. 그리고 우리의 죄를 근거로 마귀는 사형을 내려달라고 요청을 하고 있습니다. 그런데 그 때, 우리를 변호하는 변호사가 나섰습니다. 그 분은 바로 예수님입니다. 예수님께서 말씀하시기를, 이 사람의 죄가 다 사실이고 마땅한 형벌을 받아야 하지만, 피고가 받아야 하는 죽음의 형벌을 자신이 대신 받았다고 이야기하십니다. 그리고는 자신의 못 박힌 자국이 있는 손과 발을 보여주시고, 옆구리에 있는 창자국을 보여주시며, 우리를 대신할 속전을 다 지불하셨다고 이야기를 하십니다. 그래서 재판장이신 하나님께서는 우리에게 무죄를 선고하십니다. 이것이 바로 예수님께서 우리를 위해서 행하신 일이며, 장래에 하나님의 법정에서 우리를 보증하시고 보호해 주실 일입니다.

예수님의 죽음으로 우리가 받게 된 은혜

그러면, 예수님께서 십자가에 죽으심으로 우리가 받게 된 은혜는 무엇입니까?

> "그리스도께서도 단번에 죄를 위하여 죽으사 의인으로서 불의한 자를 대신하셨으니 이는 우리를 하나님 앞으로 인도하려 하심이라 육체로는 죽임을 당하시고 영으로는 살리심을 받으셨으니."
>
> 베드로전서 3장 18절

예수님께서 우리 죄를 대신해서 죽으심으로 우리가 하나님 앞으로 인도함을 받게 되었습니다. 전에는 죄를 지어서 하나님 앞에서 쫓겨났던 우리가 예수님 때문에 하나님과 다시 교제할 수 있게 되었습니다.

"그러면 이제 우리가 그의 피로 말미암아 의롭다 하심을 받았으니 더욱 그로 말미암아 진노하심에서 구원을 받을 것이니. 곧 우리가 원수 되었을 때에 그의 아들의 죽으심으로 말미암아 하나님과 화목하게 되었은즉 화목하게 된 자로서는 더욱 그의 살아나심으로 말미암아 구원을 받을 것이니라."
로마서 5장 9-10절

예수님 때문에 우리는 하나님의 진노로부터 구원을 얻었습니다. 이제 하나님께서는 예수님을 통해서 우리를 의롭다고 보시고, 사랑스러운 눈길로 우리를 바라보십니다.

"그런즉 누구든지 그리스도 안에 있으면 새로운 피조물이라 이전 것은 지나갔으니 보라 새 것이 되었도다."
고린도후서 5장 17절

성경은 구원받은 성도들을 "거듭난 존재"라고 이야기합니다. "거듭났다"라는 것을 쉽게 이야기하면, "예수 그리스도의 은혜로, 성령의 능력으로 다시 태어났다"라는 뜻입니다. 예수님을 믿는 자들은 다시 태어난 존재들입니다. 그러므로, 이제는 예수님을 믿기 전의 삶과 다른 삶을 살아야 하는 것입니다.

하나님이 우리를 구원하신 이유

그러면, 이제 이런 질문을 해보겠습니다. 하나님께서 우리를 구원하신 이유는 무엇일까요? 하나님의 아들이신 예수 그리스도께서 이 땅에 내려와 하나님의 모든 진노와 심판을 받으시고 십자가에 대신 죽으신 이유는 무엇일까요?

> "그가 우리를 대신하여 자신을 주심은 모든 불법에서 우리를 속량하시고 우리를 깨끗하게 하사 선한 일을 열심히 하는 자기 백성이 되게 하려 하심이라."
> 디도서 2장 14절

하나님은 우리를 구원하시고, "이제 천국행 티켓을 얻었으니, 이 땅에서는 자유이용권을 가지고 더욱더 담대히 네 멋대로 살라~"고 이야기하지 않으십니다. 오히려 거듭난 백성 답게, 구원 받은 백성 답게 살라고 하십니다. 그런데, 입술로는 구원 받았다고 말하고, 은혜를 받았다고 이야기하지만, 정작 삶은 변하지 않은 사람들이 얼마나 많은지 모릅니다. 하지만 여러분, 육신의 키가 자라고, 몸이 성장하는 것처럼, 거듭난 사람의 영혼도 성장하게 되어 있습니다. 그러므로, 교회를 오래 다녔고, 예수님을 믿는다고 하면서도, 이전의 예수 믿기 전의 삶과 전혀 다른 것 도 없고, 영적으로 성숙하지도 못하고, 성령의 열매들을 맺지 못하고 있 다면, 어쩌면 여러분은 구원 받지 못했을 수도 있다는 것을 고민해 보셔야 합니다. 사도 바울의 증언을 들어 보십시오.

> "너희는 믿음 안에 있는가 너희 자신을 시험하고 너희 자신을 확증하라 예수 그리스도께서 너희 안에 계신 줄을 너희가 스스로 알지 못하느냐 그렇지 않으면 너희는 버림 받은 자니라."
>
> 고린도후서 13장 5절

그러므로 여러분의 믿음을 점검 하십시오. 여러분은 정말 구원 받으셨습니까? 여러분은 정말 예수님을 믿고, 그 분의 진리의 말씀에 순종하며 살고 있습니까? 구원은 자기 암시나 자기 설득으로 확보할 수 있는 것이 아닙니다. 사실은 예수님을 믿지 않는데, 자기가 만들어낸 예수님을 믿고 있을 뿐인데, "나는 구원 받았어, 틀림없어~"라고 자기 확신을 심어 준다고 해서 구원을 받는 것이 아닙니다. 구원 받은 사람은, 예수 믿는 사람은 선한 일에 열심하는 하나님의 백성답게 살게 되어 있습니다. 예수님을 닮아서 성장하게 되어 있고, 거룩하게 삶의 경향성과 방향이 달라지게 되어 있습니다. 그러므로 여러분의 믿음을 점검하시기를 부탁드립니다. 내가 믿고 싶은대로가 아니라, 성경에 기록된 예수를 제대로 믿어서 분명한 구원의 자리에서 우리 주님을 만나게 될 수 있기를 우리 주님의 이름으로 축복합니다.

강의 내용 다시 되새겨 보기 & 함께 다시 공부해 보기

1. 우리 주변을 보면 많은 사람들이 성경과 동 떨어진 신앙생활을 하고 있는 것을 볼 수 있습니다. 여러분 주변에서 찾을 수 있는 예를 떠올려 보시기 바랍니다.

2. 우리의 죄로 인해서 받게 되는 하나님의 진노는 무엇입니까?

3. 성경은 분명히 불과 유황으로 타는 못에 던져질 심판이 있다고 이야기합니다. 여러분은 성경이 말하는 심판에 대해서 어떻게 생각하십니까?

4. 성경은 어떤 사람들에게 심판이 임한다고 이야기합니까?

5. "믿는자는 순종하는 자"라는 성경의 증언에 동의하십니까? 만약 그렇다면 / 그렇지 않다면 그 이유를 소그룹원들과 나누어 보시기를 바랍니다.

6. 하나님의 아들이신 예수 그리스도께서 이 땅에 오신 이유는 무엇입니까?

7. "진리에는 배타성이 있다"는 말은 어떤 뜻입니까?

8. "구세주"라는 단어의 뜻은 무엇입니까?

9. 예수님이 "하나님의 어린양"이라는 말에는 어떤 뜻이 담겨 있습니까?

10. 예수님이 우리를 위한 "속전"이 되신 이유는 무엇입니까?

11. 예수님의 죽음으로 우리가 받게 된 은혜는 무엇입니까?

12. 하나님께서 우리를 구원하신 이유는 무엇입니까?

크리스쳔 리스타트

(4강)

교회가 무엇인지 올바르게 알아야 합니다

크리스천 리스타트

교회가 무엇인지 올바르게 알아야 합니다

크리스천들이 성경적인 신앙생활을 다시 시작하기 위해서는 성경적인 교회에 대한 이해가 필요합니다. 교회가 무엇인지, 교회는 무엇을 하는 곳인지, 교회는 무엇을 위해서 존재하는지 올바르게 이해하는 것이 필수적이라 할 수 있죠. 보통 성경적인 교회의 모델을 찾기 위해서 초대 교회의 모습을 살펴 보는데, 초대 교회의 성도들은 교회 건물을 갖기 전에 자신들의 집을 오픈해서 예배를 드렸습니다. 그런데 그 모임을 가리켜서 성경은 "교회"라고 표현합니다. 왜냐하면 교회는 건물을 가리켜서 부르는 것이 아니라, 예수 그리스도를 주로 고백하는 성도들의 모임이기 때문입니다.

교회라는 단어의 의미

사전적 의미에서 "교회(敎會)"라는 단어는 "가르치는 모임"이라는 뜻을 가지고 있습니다. 하지만, 사실 이 단어는 교회의 의미를 잘 담아내지 못한 표현입니다.

오히려 "Church(주님께 속한 것)"라는 영어 단어가 성경적인 교회의 뜻과 조금 더 가깝다고 볼 수 있죠. 그런데 "교회"라는 단어에 대해서 우리가 생각할 때 가장 주의해야 하는 것은 "교회"는 어떤 건물이나 빌딩이나 조직을 이야기하는 것이 아니라는 사실입니다.

교회를 세우신 예수 그리스도

그러면, 교회를 세우신 분은 누구일까요?

> "그는 몸인 교회의 머리시라 그가 근본이시요 죽은 자들 가운데서 먼저 나신 이시니 이는 친히 만물의 으뜸이 되려 하심이요."
> 골로새서 1장 18절

> "교회는 그의 몸이니 만물 안에서 만물을 충만하게 하시는 이의 충만함이니라."
> 에베소서 1장 23절

성경은 예수님이 교회의 머리가 되시고, 교회는 예수님의 몸이라고 이야기합니다. 이 말은 Ownership을 이야기하는 것입니다. 몸이 머리의 지시를 받는 것처럼 교회의 주인은 예수 그리스도라는 것이죠. 이 사실을 조금 더 자세히 살펴 보기 위해서 예수님이 베드로에게 하신 말씀을 살펴 보겠습니다.

> "시몬 베드로가 대답하여 이르되 주는 그리스도시요 살아 계신 하나님의 아들이시니이다. 예수께서 대답하여 이르시되 바요나 시몬아 네가 복이 있도다 이를 네게 알게 한 이는 혈육이 아니요 하늘에 계신 내 아버지시니라. 또 내가 네게 이르노니 너는 베드로라 내가 이 반석 위에 내 교회를 세우리니 음부의 권세가 이기지 못하리라. 내가 천국 열쇠를 네게 주리니 네가 땅에서 무엇이든지 매면 하늘에서도 매일 것이요 네가 땅에서 무엇이든지 풀면 하늘에서도 풀리리라 하시고."
> 마태복음 16장 16-19절

성경은 교회를 세우신 분이 예수님이라고 이야기합니다. 그렇기 때문에 비록 각 지역교회에 담임목사님들이 존재하고 있지만, 그 교회의 진짜 주인은 예수님이라는 것입니다. 그래서 우리는 항상 이 사실을 잊어서는 안됩니다. 담임목사님이나 교회의 장로님들도 자신들이 교회의 주인이 아니라, 예수 그리스도께서 교회의 주인이라는 것을 잊지 않고 항상 예수 그리스도의 주권에 순종해서 겸손과 두려움으로 교회를 이끌어 가야 한다는 것입니다. 또한 성도들도 교회를 어지럽히고 질서를 무너뜨리는 것이 교회의 진짜 주인이신 예수 그리스도의 리더십에 대항하는 것이라는 사실을 알고, 항상 경계해야 하는 것입니다. 방금 전에 읽은 마태복음 16장 18절에는 우리가 주의를 기울여서 살펴봐야 하는 내용이 있는데, 예수님께서 "이 반석 위에 내 교회를 세우겠다"고 말씀하신 것에 주목해야 합니다. 원래 "베드로"라는 이름은 "반석" 이라는 뜻인데, 마태복음 16장 18절의 "베드로"와 "반석"은 같은 의미와 같은 어원을 가지고 있습니다. 그런데 헬라어 원문 성경을 보면, 바로 이 부분에 아주 중요한 문법적인 의미가 담겨져 있는 것을 볼 수 있습니다.

헬라어에는 "성,수,격"이라는 것이 있습니다. 남성 명사냐 여성 명사냐, 단수냐 복수냐, 소유격이냐 목적격이냐, 이러한 법칙들이 있다는 것이죠. 그런데 우리가 살펴본 한글 성경에는 드러나 있지 않지만, 헬라어 원문 성경에는 "베드로"와 "반석"이라는 단어가 문법적으로 "남성 명사"와 "여성 명사"로 서로 다르게 기록되어 있습니다. 다시 말해서, 예수님께서는 "교회"를 "반석"위에 세우실 것인데 그 반석은 남성 명사로 기록된 "베드로"를 가리키고 있지 않다는 것입니다. 이 말은 교회가 세워지는 토대가 로마 카톨릭이 이야기하는 것처럼 베드로라는 초대 교황에게 주어지지 않았음을 의미합니다. 예수님께서 어떤 특정한 사람에게 권세를 주시고, 그 권세 위에 교회를 세우신 것이 아니라는 말이죠. 지금 예수님께서 말씀하신 "반석"이라는 단어는 베드로의 신앙고백을 받는 단어입니다. 다시 말해서 예수님께서는 "주는 그리스도시요 살아 계신 하나님의 아들이시니이다"라는 베드로의 신앙고백 위에 교회를 세우시겠다고 약속하신 것입니다.

또 한 가지 생각해 봐야 하는 것은, 예수님은 "내 교회"를 세우시겠다고 선언하셨다는 것입니다. 교회는 "예수님의 교회"라고 소유권과 소속을 정확하게 밝히신 것이죠. 그래서 교회는 담임 목사님의 것도 아니고, 장로님들의 것도 아니며, 개척 멤버들의 것도 아닙니다. 오직 교회의 주인은 예수 그리스도라는 것을 알아야 합니다. "교회"는 예수 그리스도를 주님으로 고백하는 자들의 모임이자 공동체를 가리키는 것이고, 예수를 "주"와 "그리스도"로 고백하는 성도들의 믿음 위에 세워지는 것입니다. 그렇기 때문에, 예수를 믿는 우리 각 사람이 "교회"인 것이고, 예수를 믿는 사람들이 모인 공동체를 가리켜서 "교회"라고 하는 것입니다.

2020년 1월 제가 섬기는 달라스 리스타트 교회가 개척되었습니다. 그 당시 저희 교회는 텍사스에 있는 코펠이라는 작은 도시에 있는 레크레이션 센터에서 예배를 드렸는데, 그곳은 정부의 소유라 헌금 활동을 할 수 없었습니다. 그래서 예배 전에 저희 아파트에 와서 헌금을 드리고 예배를 드리러 갔습니다. 처음 예배를 드렸던 장소는 Recreation Center 안에 있었던 작은 강의실이었는데, 그 당시 센터 내부가 공사중이라 예배 장소에 가려면 헬스장을 지나가야 했습니다. 정장을 입고, 성경책을 들고, 작은 수레를 끌고 성도들과 예배 장소로 지나가야 했습니다. 간판을 찾을 수도 없었고, 예배를 드리려면 어디로 가야 하는지 표지판 하나 세울 수가 없었습니다. 개척한지 세번째 주, 새로운 사람이 찾아온 것 같아서 반가움에 주보를 들고 다가갔더니 중국 사람이라 당황했던 기억도 있습니다. 비가 오는 날은 더 힘들었습니다. 차에서부터 짐을 다 내려서, 젖은 수레를 끌고 헬스장에 들어가면 사람들의 따가운 눈총이 느껴졌습니다. 하지만 성도들과 서로를 격려하며 그러한 시간들을 지나왔습니다. 그러한 시간을 지나왔으니 당연히 개척멤버들의 관계가 돈독하지 않겠습니까? 개척멤버들과 개척한 목사의 관계는 더욱 뜨겁지 않을까요? 하지만 교회를 개척한 후부터 지금까지 수시로 제가 강조한 내용이 있습니다. 그것은 앞에서 이야기했던 "교회의 주권"에 관한 내용입니다. 비록 제가 개척을 했고 개척 멤버들과 함께 고생을 했을지라도, 우리의 수고와 헌신으로 리스타트 교회가 세워졌을지라도, 리스타트 교회의 주인은 예수 그리스도라는 것입니다.

교회는 건물이나 조직이 아닙니다

그런데 의외로 많은 사람들이 교회를 "건물"을 가리키는 것으로 알고 있습니다. 그래서 많은 교회 건물 자체를 "거룩한 건물", 즉 "성전"이라고 여기면서 살아가고 있습니다. 물론 우리가 예배를 준비함에 있어서 구별된 마음가짐을 가지는 것은 중요한 것입니다. 하지만, 그 건물 자체가 거룩한 것은 아닙니다. 예배를 드리기 위해서 구별된 장소이기 때문에 거룩한 것이죠. 성경은 "성전"이 무엇인지에 대해서 이렇게 이야기하고 있습니다.

> "너희는 너희가 하나님의 성전인 것과 하나님의 성령이 너희 안에 계시는 것을 알지 못하느냐."
>
> 고린도전서 3장 16절

> "하나님의 성전과 우상이 어찌 일치가 되리요 우리는 살아 계신 하나님의 성전이라 이와 같이 하나님께서 이르시되 내가 그들 가운데 거하며 두루 행하여 나는 그들의 하나님이 되고 그들은 나의 백성이 되리라."
>
> 고린도후서 6장 16절

성경이 무엇을 가리켜서 하나님의 성전이라고 부르는지 보십시오. 성경은 예수 그리스도를 주로 고백하는 성도들이 교회이고, 그 성도들의 공동체가 교회라고 이야기합니다. 그러므로, 우리가 공원에서 예배를 드리던, 레크레이션 센터에서 예배를 드리던, 호텔에서 예배를 드리던, 길가에서 예배를 드리던, 그 성도들의 모임이 교회이고, 그 예배를 하나님께서 받으신다는 것을 우리는 알아야 합니다.

처음 교회를 개척할 당시 저희 교회는 아무것도 가진 것 없이 어떤 사람이 예배 자리에 나올지도 모른채로 예배를 시작했습니다. 처음 예배를 드렸던 코펠 레크레이션 센터는 한 그룹 당 3시간까지 150불의 요금을 내고 장소를 대여할 수 있었습니다. 그래서 비용을 지불하고 예배를 드렸는데, 문제는 3주 이상 같은 그룹에서 장소를 대관할 수 없다는 것이었습니다. 그래서 3주가 지난 뒤에는 근처에 있었던 YMCA 소그룹실을 대여하여 예배를 드리고, 또 다시 예약이 가능할 때는 레크레이션 센터에서 예배를 드렸습니다. 그리고 계속해서 같은 장소를 예약할 수 없어서, 온 동네 호텔을 다 돌아다니며 컨퍼런스 룸을 예약해서 예배를 드렸습니다. 당장 매 주마다 어디에서 예배를 드릴 것인지는 그 주에 예약이 된 시점에 공개가 되었기 때문에 마치 플래시몹처럼 모여서 예배를 드렸습니다. 피아노도 없었고, 드럼도 없었습니다. 지하철에서 물건을 파시는 분들이 사용하는 작은 스피커 하나를 끌고 다니며 예배를 드렸고, 보면대 하나와 기타 하나가 전부였습니다. 간혹 저와 함께 예배드리기를 원하는 성도들이 교회에 찾아왔다가 장소가 초라하고 협소한 것을 보고 그 날 이후로 두번 다시 예배자리에 오지 않는 모습도 많이 보았습니다.

그것이 전부가 아니었습니다. Covid-19의 여파로 인하여 많은 사람들이 두려워했고, 교회의 모임은 사회에 위협이 되기 시작했습니다. 그러한 이유로 이웃에게 불안감을 주지 않고 전염병을 퍼뜨리지 않기 위해서 리스타트 교회는 2020년 3월부터 14개월간의 온라인 예배 체세로 들어갔습니다. 그 시간은 저와 성도들 모두에게 정말 힘든 시간이었습니다. 도와줄 인력도, 상황도 여의치 않아서, 집에 있는 스탠드들을 모아서 조명을 만들고, 어설픈 스트리밍 실력으로 예배를 드렸습니다. 그리고 예배 후에는 무료 화상 앱을 통해서 화상으로 소그룹 나눔을 했습니다. 결국 그러한 과정에서 몇몇의 성도들이 교회를 떠났습니다.

물론 지금은 그때와는 비교할 수 없을 정도의 편안한 환경에서 예배를 드리고 있습니다. 하지만 지금도 저는 이러한 질문을 종종 하고는 합니다. "하나님께서 우리에게 다시 호텔 컨퍼런스 룸으로 들어가라고 하셔도, 레크레이션 센터에 가서 예배하라고 하셔도, 예배할 장소가 없어서 뜨거운 여름과 추운 겨울에 공원에 가서 캠핑 의자를 깔고 예배를 드려야 한다고 해도, 여전히 함께 하나님을 예배하시겠습니까? 좋은 건물이 없고, 시설이 없고, 환경이 열악하다고 해도, 온전히 하나님께만 예배하는 교회가 되겠습니까?" 이러한 질문에 우리 성도들은 하나같이 "아멘"으로 화답하고 있으니 감사의 눈물이 마를 새가 없습니다.

교회는 예수 그리스도를 주님으로 고백하는 성도들의 공동체를 말합니다. 건물은 건물일 뿐이며, 예배를 위해서 필요한 예배 장소일 뿐입니다. 그러므로 성도들은 건물 자체에 많은 의미를 두어서는 안됩니다. 물론 형식도 중요합니다. 하지만 더욱 중요한 것은 내용입니다. 질그릇이라도 예수 그리스도라는 보화를 담고 있는 것이 중요한 것입니다. 교회가 무엇을 가르치고 무엇을 믿고 무엇을 예배하는지가 중요한 것이지, 얼마나 큰 건물에, 얼마나 많은 사람들이 소속되어 있는지가 그 교회의 성경적인 토대와 건강함을 드러내는 것은 아닙니다. 사도 바울은 고린도 교회에게 보낸 편지 속에서 교회가 무엇인지 답을 주고 있습니다.

> "하나님의 뜻을 따라 그리스도 예수의 사도로 부르심을 받은 바울과 형제 소스데네는. 고린도에 있는 하나님의 교회 곧 그리스도 예수 안에서 거룩하여지고 성도라 부르심을 받은 자들과 또 각처에서 우리의 주 곧 그들과 우리의 주 되신 예수 그리스도의 이름을 부르는 모든 자들에게. 하나님 우리 아버지와 주 예수 그리스도로부터 은혜와 평강이 있기를 원하노라."
>
> 고린도전서 1장 1-3절

첫번째로 바울은 고린도 교회가 "고린도"라는 지역에 있는 "하나님의 교회"라는 것을 밝히고 있습니다. 고린도 교회의 주인은 하나님이라는 것이고, 자신의 주인을 하나님으로 고백하고 사는 사람들이 "교회"라는 것이죠. 두번째로 교회는 "그리스도 예수 안에서 거룩해지고 성도라 부르심을 받은 자들"이라고 합니다. 그래서 성도가 추구해야 하는 필수조건은 "거룩함"입니다. 성령으로 거듭난 성도는 세상과 구별되는 거룩함을 가지고, 새로운 삶을 살아가는 사람입니다. 절에 다니던 사람이 단순히 기도하던 장소를 교회로 바꾸었다고 해서 자동으로 "불자"에서 "성도"가 되는 것이 아닙니다. 예수 그리스도를 주로 삼고, 회개하고 거듭난 사람만이 성도이자 교회가 되는 것이죠. 세번째로 "각처에서 우리의 주 곧 그들과 우리의 주 되신 예수 그리스도의 이름을 부르는 모든 자들"이 교회라고 합니다. 교회는 예수님을 "주님"으로, 그리고 "그리스도"로 부르는 자들을 이야기하는 것이지, 특정한 건물을 가리키는 말이 아닙니다. 단순히 조직을 이야기하는 것도 아닙니다. 예수님을 주님으로, 그리고 그리스도로 믿는 한 사람 한 사람이 교회이고, 그 신앙고백을 한 성도들의 모임을 "교회"라고 부르는 것입니다.

그래서 저희 교회는 사도신경을 통해서 성경이 가르치는 "신앙의 내용"을 가르치고, 그 신앙고백 을 진정으로 믿고 고백하는 사람들만 서약식을 통해서 멤버로 받아들이고 있습니다. 사실 이 일은 굉장히 불편하고 번거로운 일입니다. 성도들도 사도신경 강의를 듣는게 어렵겠지만, 강의를 하는 저에게도 이 일은 굉장히 힘든 일입니다. 하지만 이 일은 교회가 반드시 해야 하는 일입니다, 왜냐하면 교회는 성도들의 올바른 신앙고백 위에 세워 지는 것이기 때문입니다. 만약에 그렇게 하지 않고, 아무나 교회의 멤버로 받아 들이고 아무나 교회의 봉사자리에 두게 되면, 자기도 모르게 구원 받았다는 오해를 가지고 신앙생활을 하게 만들 수도 있기 때문입니다. 그리고 그러다 보면, 사실 예수 그리스도를 주로 고백하지 않고 있는데, 주변 사람들의 분위기에 휩싸여서 자신이 구원받은 성도라고 착각하며 멸망의 길을 걸어가게 될 수도 있습니다. 그렇기 때문에 교회는 더디 가고, 힘든 길을 가더라도 올바른 방향으로 성도들을 지도해야 하는 것입니다.

성경이 이야기하는 교회

계속해서 에베소서가 이야기하는 "교회"에 대해서 살펴 보겠습니다.

> "그러므로 이제부터 너희는 외인도 아니요 나그네도 아니요 오직 성도들과 동일한 시민이요 하나님의 권속이라. 너희는 사도들과 선지자들의 터 위에 세우심을 입은 자라 그리스도 예수께서 친히 모퉁잇돌이 되셨느니라. 그의 안에서 건물마다 서로 연결하여 주 안에서 성전이 되어 가고. 너희도 성령 안에서 하나님이 거하실 처소가 되기 위하여 그리스도 예수 안에서 함께 지어져 가느니라."
> 에베소서 2장 19-22절

첫번째로 교회는 "성도들과 동일한 시민"이라는 표현을 사용하고 있습니다. 이러한 표현은 구원 받은 하나님의 성도들은 더이상 이 세상에 속한 사람들이 아니라, "하나님 나라의 백성"이라는 뜻입니다. 그러므로 지금부터는, 영원하신 하나님 나라에 소망을 두고 살아야 한다는 것입니다. 두번째로 교회는, "하나님의 권속"이라고 이야기합니다. "권속"이라는 단어를 쉽게 표현하면 "가족"이라는 뜻입니다. 즉, 구원 받은 성도들은 하나님의 가족이라는 거죠. 우리는 예수 그리스도의 피로 하나님의 가족이 된, 영적인 혈연 공동체입니다. 우리의 아버지는 한 분 하나님이시고, 그래서 우리는 하나님을 아버지라 부르는 것입니다. 그래서 우리가 서로를 부를 때 "형제 자매"라고 부르는 것입니다. 물론 사람들이 처음 교회에 오게 되면, "누구누구 형제님~ 누구누구 자매님~" 이렇게 부르는 게 어색할 수도 있습니다. 하지만, 그리스도의 가족이라는 의미를 강조하기 위해서 교회에서는 "형제 자매"라는 표현을 사용하는 것입니다. 세번째로 교회는, "사도들과 선지자들의 터 위에 세움을 받은 자들"을 말합니다. 사실 이 부분이 굉장히 중요한 내용입니다. 우리 주변을 보면 수많은 교회 간판들을 볼 수 있는데, 심지어 "신천지" 같은 이단들도 "교회"라는 간판을 쓰고 있는 것을 볼 수 있습니다. 그리고 심지어 저희 교회와 같은 "장로교회"라는 간판을 다는 경우도 있기 때문에 성도들이 혼란스러워할 때가 있습니다. 그래서 성경은 어떤 곳이 진짜 교회인지, 어떤 교회가 성경적으로 올바른 교회인지 그 기준을 이야기해 준 것입니다. 교회가 "사도들과 선지자들의 터 위에 세움을 받은 자들"이라는 말은 교회의 기준이 사도들과 선지자들이 기록한 66권 성경에 있느냐, 그렇지 않느냐에 따라 그곳이 교회인지 아닌지가 판가름 난다는 뜻입니다. 저희 리스타트 교회는 9주일간의 사도신경을 마치고 나면 "멤버 서약식"이라는 것을 합니다. 그런데 그 서약문중에 가장 첫번째로 고백하는 서약 조항이 무엇이냐면, '리스타트 교회의 최고의 법은 성경 66권이며, 성경에 기록된 대로 운영하고 사역한다"는 것입니다. 왜냐하면 저희 교회는 사도들과 선지자들의 터 위에 세움을 받은 교회이기 때문입니다. 그러면 교회가 사도들과 선지자들의 터 위에 세움을 받았다는 말은 무슨 뜻일까요?

건강한 교회

종종 우리는 "건강한 교회"라는 표현을 자주 사용합니다. 그러면, 여러분이 생각하는 건강한 교회의 기준은 무엇입니까? 어떤 교회가 건강한 교회일까요? 신앙생활을 오래 하신 분들은 "초대 교회의 정신을 본받자" 혹은 "초대 교회의 정신으로 돌아가자"라는 말을 들어 보신적이 있을 것입니다. 그러면 도대체 초대 교회의 모습이 어떠했길래 그런 이야기를 계속해서 하는 걸까요?

> "그들이 사도의 가르침을 받아 서로 교제하고 떡을 떼며 오로지 기도하기를 힘쓰니라."
>
> 사도행전 2장 42절

가장 먼저 나타나는 초대 교회의 특징은 그들이 "사도의 가르침을 받았다"는 사실입니다. 그런데 헬라어 성경을 보면, 가르치는 사람인 사도는 "복수(Plural)"인데, 가르침이라는 단어는 "단수(Singular)"라는 것을 발견하게 됩니다. 사도들은 열 두명입니다. 그러니 가르침이라는 단어를 쓸 때도 "복수"로 사용해도 될 것 같은데, 성경은 "단수"로 표현을 했습니다. 이러한 문법적인 표현은 사실 굉장히 중요한 가르침을 담고 있습니다. 초대 교회에서는 아무리 많은 사람이 가르치더라도 가르치는 내용이 하나였다는 것입니다. 그리고 그 내용은 바로 그리스도의 복음이었습니다. 이것이 바로 초대 교회의 가르침에서 우리가 배워야 하는 내용입니다. 비록 오늘날 이 땅에 많은 교회가 있지만 전파되는 내용은 오직 그리스도의 복음이어야만 한다는 것입니다. 그래서 교회는 예수 그리스도의 십자가의 복음만 선포하고 전해야하는 것입니다.

종종 우리는 사이비와 이단이라는 말을 사용하고는 합니다. 그런데 많은 사람들이 사이비와 이단을 구분하는 방법을 알지 못합니다. "사이비(似而非)"라는 한자는 "닮을 사(似) + 말 이을 이(而) + 아닐 비(非)"라는 한자 단어를 씁니다. 그러니까 이 말을 직역해서 이야기하면, "비슷한 것 같지만 말로 꾸며서 아닌 것을 이야기하는 종교"가 사이비 종교입니다. 진짜 같이 교묘하게 꾸며서 가짜를 만들어낸 것이 "사이비" 라는 거죠. 그런데 "이단(異端)"은 "사이비"보다 조금 더 교묘하게 닮았고, 교묘하게 다르다고 생각하시면 됩니다. 이단은 처음 시작과 중간에 이야기하는 내용들은 거의 비슷한 것 같은데 꼭 그 마지막에 끝이 다릅니다. 그래서 이단은 한자로, "다를 이(異) + 끝 단(端)"이라는 한자를 씁니다. 이단은 그 끝이 다릅니다. 주 예수로만 구원을 받는 것이 아니라 꼭 마지막에 교주가 구원을 얻는 길에 포함되어 있다던지, 교주나 교주의 아내가 성령이라고 한다던지, 자신이 하나님께 신탁을 받은 특별한 존재라고 해서 자기를 통해서 어떤 일을 해야만 구원이 완성된다고 하던지 그 끝이 다릅니다. 다시 말해서 그들도 기본적으로 우리 성경이 가지고 있는 내용을 가지고 있는 것처럼 이야기하지만, 그 구원이 완성되는 방법에 있어서 끝에 교주와 관련된 무엇인가를 첨가한다는 것입니다. 그래서 이단들의 특징은 자기들 교회에만 구원이 있다고 이야기하는 것입니다. 왜냐하면 이단들의 교주나 자기들이 정한 구원의 방법은 자기들 교회에만 있기 때문이죠. 물론, 이단들을 교회라고 할 수도 없고, 그런 자들을 목사라고 할 수도 없지만, 결국 그렇게 한다는 것입니다.

그래서 "이단"과 "사이비"를 건강한 교회들과 구별하는 가장 중요한 표지는 이것입니다. 성경이 말하는 대로 복음을 가르치고 있느냐? 특히, 오직 예수만으로 구원을 받는다고 가르치고 있느냐? 아니면 그 외에 다른 것을 덧붙여 놓았느냐? 이것이 바로 건강한 교회와 이단을 구별해 주는 가장 중요한 표지라는 것입니다. 예를 들어서 몰몬교나 여호와의 증인은 예수님을 삼위 일체 하나님과 동등한 하나님으로 보지 않습니다. 피조물 중에 뛰어난 존재 정도로 이야기하죠. 이것은 간단한 차이가 아닙니다. 예수님이 하나님이 아니게되면, 우리의 대속 교리에 있어서 치명적인 오류가 있게 되는 것이니까요.

교회 역사를 보면, "루터"라는 사람이 종교개혁을 일으키던 당시에, 로마 카톨릭 교회가 루터를 이단으로 정죄하고 루터를 없애려고 했습니다. 그런데 왜 루터가 이단으로 공격을 받았냐면, 루터가 종교 개혁의 구호로 외쳤던 "오직 믿음, 오직 은혜, 오직 성경" 이라고 하는 말의 "오직"이라는 말 때문이었습니다. 로마 카톨릭에 따르면 고해성사도 있고,

면죄부도 있고, 죽은 자들을 위한 기도도 있고, 연옥도 있고, 여러가지 구원을 위한 방편들을 마련해 놓았는데, "오직"이라고 한정을 지어 버렸기 때문에 로마 카톨릭의 교리가 공격 받게 된 것입니다. 그래서 그들은 루터를 이단으로 몰아서 죽이려고 했던 것입니다. 하지만 성경은 오직 하나님의 은혜로, 오직 믿음으로, 오직 예수 그리스도로만 구원을 받는다고 말합니다. 그렇기 때문에 성경이 말하는 내용에 무엇인가를 더하거나 빼는 것은 "이단"이거나 "사이비"라는 것을 알고 유의해야 합니다.

완전하지 않은 사람들이 모인 교회

그러면 성경적인 교회의 특징 한가지를 더 살펴 보도록 하겠습니다. 성경적인 교회의 가장 중요한 특징은 "예수 안에서 함께 지어져 간다"는 것인데, 이 말은 우리는 아직 완성되지 않은 사람들이라는 것을 의미합니다. 신학적인 용어를 사용해서 표현하면, 거듭난 모든 성도들은 "성화의 과정"에 들어와 있다고 이야기합니다. "성화의 과정"이 무엇입니까? 거룩하게 변화되어 간다는 것입니다. 이 말의 참된 의미는 "아직은 거룩하지 않다"는 것이고, "완전하지 않다"는 것을 이야기하는 것입니다.

> "너희도 성령 안에서 하나님이 거하실 처소가 되기 위하여 그리스도 예수 안에서 함께 지어져 가느니라."
>
> 에베소서 2장 22절

우리는 완전해서 교회로 부름 받은 자들이 아닙니다. 거룩해서 부름을 받은 자가 아니고, 거룩해지기 위해서 부름을 받은 자들입니다. 그러므로 이 사실을 꼭 이해해 주셔야 합니다. 이 땅에 완전한 교회는 없습니다. 다만 거룩하게 변해가고, 자라가고, 성장해 가고, 완전해져 가고 있는, "과정 속에 있는 교회"만 있을 뿐입니다. 그래서 완전하지 못한 성도들이 모인 교회에는 언제나 문제가 있을 수밖에 없는 것입니다. 그러면 질문을 하나 드리겠습니다. 가장 많은 병균이 있는 곳은 어디일까요? 정답은 병원입니다. 아이러니 하지 않습니까? 병원은 병을 치료하는 곳인데, 그곳에는 가장 많은 바이러스, 병균들이 가득합니다. 왜냐하면 병원에는 건강한 사람들이 아니라, 병든 사람들이 오기 때문입니다. 방금 전에 교회는 "부르심을 입은 자들의 모임"이라고 이야기했습니다. 그러면 성경은 예수님께서 어떠한 사람들을 교회로 부르셨다고 이야기하고 있을까요?

> "예수께서 대답하여 이르시되 건강한 자에게는 의사가 쓸 데 없고 병든 자에게라야 쓸 데 있나니. 내가 의인을 부르러 온 것이 아니요 죄인을 불러 회개시키러 왔노라."
>
> 누가복음 5장 31-32절

이것이 교회입니다. 병든 자들이 오는 곳, 거룩하게 되는 과정중에 있는 곳, 그곳이 바로 교회입니다. 그래서 이 땅에 있는 교회 안에는 문제 있는 사람들이 모여, 거룩하게 변화되는 과정을 겪어내며 함께 지어져 가는 것입니다. 그런데 어떤 사람들은 교회에서 상처를 받았다는 이유로 교회를 쉽게 떠나는 사람들이 있습니다. 이럴거면 차라리 혼자서 신앙생활을 하겠다는 것이죠. 하지만 모든 성도들은 교회에 속해야 하는 책임과 의무가 있습니다. 왜냐하면 그것은 교회의 머리가 되시는 예수님의 명령이기 때문입니다. 그래서 우리는 "함께 지어져 가라"라고 말씀하신 예수님의 명령 아래에서, 모두가 다 교회 안에 소속되어 함께 지어져 가야 하는 것입니다. 몸에 달린 팔이나 다리가 주인의 얼굴이 맘에 들지 않는다고 해서 혼자서 떨어져 나갈 수 있을까요? 발가락이 입술을 보고, 어떻게 저렇게 저급한 말을 내뱉을 수 있냐고 하면서 혼자서 떨어져 나가서 살 수 있을까요? 교회의 머리가 예수 그리스도라는 것을 알고, 교회의 주인이 예수 그리스도라는 것을 알고, 성도들의 주인이 예수 그리스도라는 것을 알면, 교회의 머리이신 예수 그리스도의 명령에 순종하게 되어 있습니다. 그리고 그 분이 성도들에게 주신 명령은, "함께 지어져 가라"는 것입니다.

> "우리가 유대인이나 헬라인이나 종이나 자유인이나 다 한 성령으로 세례를 받아 한 몸이 되었고 또 다 한 성령을 마시게 하셨느니라. 몸은 한 지체뿐만 아니요 여럿이니. 만일 발이 이르되 나는 손이 아니니 몸에 붙지 아니하였다 할지라도 이로써 몸에 붙지 아니한 것이 아니요. 또 귀가 이르되 나는 눈이 아니니 몸에 붙지 아니하였다 할지라도 이로써 몸에 붙지 아니한 것이 아니니. 만일 온 몸이 눈이면 듣는 곳은 어디며 온 몸이 듣는 곳이면 냄새 맡는 곳은 어디냐. 그러나 이제 하나님이 그 원하시는 대로 지체를 각각 몸에 두셨으니. 만일 다 한 지체뿐이면 몸은 어디냐. 이제 지체는 많으나 몸은 하나라. 눈이 손더러 내가 너를 쓸 데가 없다

> 하거나 또한 머리가 발더러 내가 너를 쓸 데가 없다 하지 못하리라. 그뿐 아니라 더 약하게 보이는 몸의 지체가 도리어 요긴하고, 우리가 몸의 덜 귀히 여기는 그것들을 더욱 귀한 것들로 입혀 주며 우리의 아름답지 못한 지체는 더욱 아름다운 것을 얻느니라 그런즉. 우리의 아름다운 지체는 그럴 필요가 없느니라 오직 하나님이 몸을 고르게 하여 부족한 지체에게 귀중함을 더하사. 몸 가운데서 분쟁이 없고 오직 여러 지체가 서로 같이 돌보게 하셨느니라. 만일 한 지체가 고통을 받으면 모든 지체가 함께 고통을 받고 한 지체가 영광을 얻으면 모든 지체가 함께 즐거워하느니라. 너희는 그리스도의 몸이요 지체의 각 부분이라."
>
> 고린도전서 12장 13-27절

우리는 그리스도의 몸이요, 지체의 각 부분입니다. 그래서 서로를 돌아봐야 하는 책임을 교회의 머리이신 예수 그리스도로부터 받았다는 것을 명심해야 합니다. 그렇기 때문에 교회를 쉽게 떠나서도 안되는 것이고, "개인주의"와 "이기주의"가 자리잡아서도 안되는 것입니다. 또 한가지 강조하고 싶은 것은, 교회 안에 소속된 몸된 지체들은 섬기는 사람들이 되어야 한다는 것입니다. 예를 들어서 저희 집에서는 아이들도 식사를 준비하는 일을 돕고, 식사를 마치고 나면 항상 같이 정리를 합니다. 또한, 집안에 있는 모든 일을 할 때도 아이들이 어렸을 때부터 항상 같이 일을 했습니다. 쓰레기도 비우고, 설거지도 하고, 청소기도 돌리고, 걸레질도 합니다. 아빠 엄마, 딸 아들 할 것 없이 저희 가족은 모두가 다 함께 집안 일을 합니다. 왜 그렇게 할까요? 그 아이들도 가족의 구성원이기 때문입니다. 그래서 나이가 한 살 한 살 들어 갈수록, 할 수 있는 일이 많아질수록, 아빠와 엄마의 일을 함께 나누어 갖는 것입니다. 왜냐하면 우리는 "가족"이기 때문입니다. 교회도 마찬가지입니다. 아직 복음을 받아들이지 않은 사람들, 또는 믿음이 연약한 어린아이와도 같은 성도들은 연약한 모습을 보일 수 있습니다. 섬기는데 익숙하지 않을 수 있고, 헌신하는데 익숙하지 않을 수도 있습니다. 하지만 교회의 등록멤버들은 날마다 자라나며 서로를 섬기는 자들이 되어야 합니다.

> "때가 오래 되었으므로 너희가 마땅히 선생이 되었을 터인데 너희가 다시 하나님의 말씀의 초보에 대하여 누구에게서 가르침을 받아야 할 처지이니 단단한 음식은 못 먹고 젖이나 먹어야 할 자가 되었도다. 이는 젖을 먹는 자마다 어린 아이니 의의 말씀을 경험하지 못한 자요. 단단한 음식은 장성한 자의 것이니 그들은 지각을 사용함으로 연단을 받아 선악을 분별하는 자들이니라."
> 히브리서 5장 12-14절

저희 둘째는 아직 변성기가 오지 않아서 아직도 어린 아이의 목소리를 가지고 있습니다. 이제 내년에 중학교에 가게 되면 목소리가 변하게 될 것을 생각한 주일학교 선생님들이 이런 이야기를 했습니다. "하람이도 변성기가 곧 올텐데, 정말 상상이 안돼요~ 하람이는 목소리가 어떻게 변할까요?" 그랬더니 저희 아들이 이렇게 이야기했습니다. "저는 변해도 아빠처럼 변할테니 멋있을거에요~" 아이가 태어나면 자라고 성장하는 것이 당연하듯이 성령으로 거듭난 성도들도 영적으로 자라고 성장해 가야 하는 것입니다. 아이가 자라면 아빠를 닮아가고 아빠의 모습이 드러나듯이, 성도들도 성장하면서 예수 그리스도의 모습을 닮아가야 합니다. 함께 교회로서 지어져 가는 동시에, 개개인 스스로도 예수 그리스도를 닮아 가는 것이 성도들의 의무요 책임이라는 것을 우리는 알아야 합니다. 예수님께서 성도들에게 요구하신 내용에 주목해 보겠습니다.

> "그들의 발을 씻으신 후에 옷을 입으시고 다시 앉아 그들에게 이르시되 내가 너희에게 행한 것을 너희가 아느냐. 너희가 나를 선생이라 또는 주라 하니 너희 말이 옳도다 내가 그러하다. 내가 주와 또는 선생이 되어 너희 발을 씻었으니 너희도 서로 발을 씻어 주는 것이 옳으니라. 내가 너희에게 행한 것 같이 너희도 행하게 하려 하여 본을 보였노라. 내가 진실로 진실로 너희에게 이르노니 종이 주인보다 크지 못하고 보냄을 받은 자가 보낸 자보다 크지 못하나니. 너희가 이것을 알고 행하면 복이 있으리라."
>
> 요한복음 13장 12-17절

예수님 당시에 발을 씻기는 일은 종들 중에서도 가장 낮은 계급의 종들이 담당하던 일이었습니다. 그런데 예수님은 직접 그 일을 감당하시고 제자들의 발을 닦아주시고, 자신을 따르는 제자들에게 동일한 것을 부탁하셨습니다. 그런데 이러한 가르침을 받은 성도들이 매일 발만 내밀고 있으면 되겠습니까? 발을 닦아주지는 못할 망정, 발을 닦아주고 있는 사람들이 기운 빠지게 비난과 훈수만 두고 있으면 되겠습니까? 그것은 절대로 성숙한 성도의 모습이 아닙니다. 그래서 저는 주일에 교회에서 함께 식사를 할 때마다 가장 마지막 순서에 먹으려고 신경을 씁니다. 물론 담임목사가 밥을 빨리 먹고 예배를 준비해야 하는 일도 있고, 새가족들과 식사하는 것도 중요하겠지만, 혹시라도 음식이 부족해서 식사 준비하는 사람들이 먹지 못하게 되는 일이 없어야 하기 때문입니다. 그래서 저희 교회에서는 사역 초반부터 늘 같은 것을 강조해 왔습니다. 만약에 사람이 100명인데, 빵이 99개가 있으면 제가 먹지 않고, 더 모자라면 장로님들과 부목사님들이 먹지 않아야 한다는 것입니다. 음식이 부족한데 어린 아이들이 배고파 하고 있으면, 약하고 여린 아이들을 먼저 챙겨줘 야 되지 않겠습니까? 같은 선상에서 저희 교회 또한 그러한 섬김의 자세를 가지려 하는 것입니다. 왜냐하면 그것이 예수님을 닮아가는 성숙한 모습이기 때문입니다.

우리 모두가 영적으로 성숙해지기를 바랍니다. 그리스도 예수 안에서 장성한 분량의 성도로 자라기를 원합니다. 리스타트 교회의 주일 풍경을 보면 다른 성도들에게 먼저 음식을 나누어 주고, 뒷정리까지 다 마치고 마지막에 음식을 먹는 성도들이 있습니다. 그 분들이 저를 미소짓게 하는 성숙한 성도들입니다. 청소를 해도 더러운 쓰레기통에 직접 손을 넣어서 쓰레기 봉지의 공간을 만들어 내고, 더운 여름에 쓰레기통을 비우러 나가고, 기꺼이 수채 구멍을 비우는 분들이 있습니다. 누가 예수님을 닮은 사람일까요? 음식이 부족해도 자기만 먹고 보는 사람일까요, 아니면 다른 사람을 먼저 배려해서 자신이 먹을 것을 포기하며 섬기는 사람일까요? 더러운 것은 손끝에도 묻히기 싫어하는 사람일까요, 아니면 기꺼이 다른 사람들을 섬기기 위해서 손에 오물을 묻히는 사람일까요? 섬기는 자가 되시기 바랍니다. 그것이 예수님을 따르는 몸된 교회의 모습입니다.

하나님께서 교회에게 원하시는 모습

계속해서 하나님께서 교회에게 원하는 모습에 대해서 조금더 생각해 보겠습니다. 첫번째, 교회는 분쟁이 없이 하나가 되어야 한다는 것입니다.

> "형제들아 내가 우리 주 예수 그리스도의 이름으로 너희를 권하노니 모두가 같은 말을 하고 너희 가운데 분쟁이 없이 같은 마음과 같은 뜻으로 온전히 합하라."
> 고린도전서 1장 10절

두번째로, 하나님의 교회는 하나님이 영광 받으실 수 있도록 행해야 합니다.

> "서로 대접하기를 원망 없이 하고. 각각 은사를 받은 대로 하나님의 여러 가지 은혜를 맡은 선한 청지기 같이 서로 봉사하라. 만일 누가 말하려면 하나님의 말씀을 하는 것 같이 하고 누가 봉사하려면 하나님이 공급하시는 힘으로 하는 것 같이 하라 이는 범사에 예수 그리스도로 말미암아 하나님이 영광을 받으시게 하려 함이니 그에게 영광과 권능이 세세에 무궁하도록 있느니라 아멘."
> 베드로전서 4장 9-11절

교회에서 하는 모든 봉사와 섬김의 목적은 하나님이 되어야 합니다. 성가대를 하던, 찬양팀을 하던, 하나님이 영광을 받으실 수 있도록 하나님께만 존귀와 찬송을 올려 드려야 한다는 것입니다.

세번째로, 하나님의 교회는 함께 모여서 서로 사랑하고 격려해야 합니다.

> "서로 돌아보아 사랑과 선행을 격려하며, 모이기를 폐하는 어떤 사람들의 습관과 같이 하지 말고 오직 권하여 그 날이 가까움을 볼수록 더욱 그리하자."
>
> 히브리서 10장 24-25절

교회는 함께 지어져 가는 공동체이기 때문에 열심히 자꾸 모여야 합니다. 상황이 어려울수록 온라인이든, 오프라인이든 모여야 합니다. 가족이 서로 보지 않고, 만나지 않고 사는 것이 정상적인 가족의 모습일까요? 가족은 가깝게 지내며, 함께 식사하고 모이고, 축하하고 위로하는 공동체입니다. 그러므로 가족식사나 모임이 있으면 화목하게 모이는 것이 정상적인 가정인 것처럼, 교회 내의 모임과 만남에 적극적으로 참여하는 것이 교회의 가족 구성원인 성도들의 책임입니다. 그러므로, 축하할 일이 있으면 같이 축하하고, 위로할 일이 있으면 같이 위로해야 하는 것입니다.

> "즐거워하는 자들과 함께 즐거워하고 우는 자들과 함께 울라."
>
> 로마서 12장 15절

Covid-19 펜데믹 이후로 교회를 떠난 사람들이 얼마나 많은지 모릅니다. 언제부터인가 예배는 "보는 것"이 되어서 여행가는 차 안에서 온라인으로 "예배를 보면" 된다고 생각하는 사람이 많아졌고, 여행 일정에서 자유를 누리기 위해서 미리 예배를 드린 다른 교회들의 온라인 예배를 사전에 "보고 나서" 자유롭게 여행을 즐기려는 사람들이 늘고 있습니다. 하지만, 함께 모여 함께 지어져 가는 것이 성도들의 중요한 의무입니다. 그러므로 교회로 돌아가십시오. 교회를 소중하게 여기시고, 공동체를 귀하게 여길 수 있기를 바랍니다.

교회가 해야 하는 일

다음으로, 교회가 해야 하는 일은 무엇인지 생각해 보기 위해서 초대 교회의 모습을 살펴 보도록 하겠습니다.

> "그들이 사도의 가르침을 받아 서로 교제하고 떡을 떼며 오로지 기도하기를 힘쓰니라."
>
> 사도행전 2장 42절

첫번째로, 초대 교회의 성도들은 "사도의 가르침을 받아서" 말씀을 배웠다고 합니다. 교회는 하나님의 말씀을 배우는 곳인데, 주변을 보면 그저 시설이 좋고 사람이 많은 교회에 아이들을 "맡기려고만 하는" 부모님들을 종종 보게 됩니다. 그 교회가 하나님의 말씀을 가르치고 있는지, 올바른 성경 진리를 가르치고 있는지는 살펴보지 않은채로, 크고 시설이 좋은 교회만을 찾아다니는 부모님들이 있습니다. 하지만 교회가 교회되게 하는 가장 중요한 표지는 "하나님의 말씀이 선포 되는지"의 여부입니다. 그러므로 교회는 사람들을 기쁘게 하기 위해서 애를 쓰지 말고 하나님을 기쁘게 하며, 하나님의 말씀을 올바르게 전하는 일에 초점을 맞추어야 합니다. 두번째로, 초대 교회의 성도들은 서로 교제 했습니다. 이처럼 교회는 서로 교제해야 합니다. 교회는 함께 지어져 가는 곳이기 때문에 혼자서 외딴 섬처럼 떨어져서 폐쇄적으로 신앙생활을 해서는 안되는 것입니다. 세번째로, 초대 교회의 성도들은 함께 모여서 떡을 뗐다고 합니다. 이 말은 서로 교제하고 성찬식을 했다는 말입니다. 그러므로 예배를 마치고 황급히 자리를 떠나기 보다, 성도들과 함께 교제하고, 식사하는 기회를 가지시기를 바랍니다. 함께 대화하고, 교제하며, 함께 지어져 가야 하는 것입니다. 네번째로, 초대 교회는 함께 모여서 기도했습니다. 교회는 함께 지어져 가는 공동체이기 때문에 서로의 연약함과 필요를 가지고, 함께 기도하며 서로를 도와 주어야 하는 것입니다. 에베소서 4장 말씀을 보면, 성도들에게 하나님께서 원하시는 것이 무엇인지를 분명하게 밝혀 두었습니다.

> "우리가 다 하나님의 아들을 믿는 것과 아는 일에 하나가 되어 온전한 사람을 이루어 그리스도의 장성한 분량이 충만한 데까지 이르리니. 이는 우리가 이제부터 어린 아이가 되지 아니하여 사람의 속임수와 간사한 유혹에 빠져 온갖 교훈의 풍조에 밀려 요동하지 않게 하려 함이라. 오직 사랑 안에서 참된 것을 하여 범사에 그에게까지 자랄지라 그는 머리니 곧 그리스도라. 그에게서 온 몸이 각 마디를 통하여 도움을 받음으로 연결되고 결합되어 각 지체의 분량대로 역사하여 그 몸을 자라게 하며 사랑 안에서 스스로 세우느니라."
>
> 에베소서 4장 13-16절

아이를 키울 때 가장 속상한 순간중의 하나는, 다른 아이들은 쑥쑥 자라는데, 우리 아이는 자라지 않고 여전히 작은 것을 볼 때입니다. 예전에 제가 어렸을 때 마르고 작았기 때문에, 저희 어머니가 굉장히 속상해 하셨던 기억이 있습니다. 이처럼 부모는 아이가 잘 먹지 않고 자라지 않으면 속상한 것입니다. 우리 하늘 아버지도 마찬가지입니다. 하나님은 우리가 영적으로 성장하기를 바라십니다. 매일매일 생명의 떡이신 예수 그리스도의 말씀을 먹고, 예수 그리스도를 닮아서 쑥쑥 자라가기를 원하십니다. 그런데 교회를 20년을 다니고 30년을 다녀도 어린아이와 같은 성도들이 있습니다. 말하는 것도 어린아이 같고, 행동하는 것도 어린아이 같고, 영적으로 도무지 자라지 않는 사람들이 있습니다. 하지만, 아이들이 자라기 위해서는 밥을 잘 먹어야 하는 것처럼 성도들도 믿음으로 성장하려면 말씀을 잘 먹어야 하는 것입니다. 그리고 건강하게 자라려면 운동도 열심히 해야 하는 것처럼 그 말씀을 실천하는 영적인 훈련도 열심히 해야 하는 것입니다. 그러므로, 영적으로 성장하게 될 꿈을 품으시기를 바랍니다. 이렇게 하면 내가 더 성장하고, 예수님을 닮을 수 있을시 고민하실 수 있기를 바랍니다.

교회의 사명

마지막으로, 교회의 사명에 대해서 생각해 보겠습니다.

> "그러므로 너희는 가서 모든 민족을 제자로 삼아 아버지와 아들과 성령의 이름으로 세례를 베풀고. 내가 너희에게 분부한 모든 것을 가르쳐 지키게 하라 볼지어다 내가 세상 끝날까지 너희와 항상 함께 있으리라 하시니라."
>
> 마태복음 28장 19-20절

교회의 사명은 예수님을 믿지 않는 사람들에게 복음을 전하고, 그들이 예수님의 제자로 살 수 있도록 "예수님이 가르치신 모든 것"을 가르치는데 있습니다. 교회에 등록 시키고, 교회 내에 있는 수많은 일들에 봉사 인원으로 참여하게 하고, "이제 당신은 구원 받았으니 일합시다~"가 아니라, 제자를 삼고, 제자로서 살아가는 일에 최선을 다해야 한다는 것입니다. 지금 이 말씀의 포인트는, "예수님께서 분부하신 모든 것을 가르쳐 지키게 해야 한다"는 데 있습니다. 그래서 교회에서는 예수님의 모든 말씀을 들어야 하는 것이고, 예수님이 말씀하신 모든 것을 가르치고 지키게 하는 훈련이 이루어져야 하는 것입니다.

이것이 바로, 교회에게 주신 가장 중요한 사명입니다. 사람들에게 먹일 생명의 떡인 하나님의 말씀을 가르치고, 진리의 말씀대로 살 수 있도록 훈련하는 곳이 교회입니다. 그래서 교회의 사역자들의 가장 중요한 사명도 그 훈련을 시키는 것이고, 훈련을 시킬 수 있도록 하나님의 말씀을 연구하는 일인 것입니다. 이러한 사실을 올바르게 이해하고 교회를 세워간다면, 각각의 지역교회들이 진리 위에서 건강하게 세워져 갈 수 있을 것입니다.

강의 내용 다시 되새겨 보기 & 함께 다시 공부해 보기

1. 교회가 건물이나 조직이 아니라는 말은 무슨 뜻입니까?

2. 교회를 세우신 분은 누구입니까?

3. 우리가 교회 안에서 서로를 "형제, 자매"로 부르는 이유는 무엇입니까?

4. 교회가 "사도들과 선지자들의 터 위에 세움을 받았다"는 말의 뜻은 무엇입니까?

5. 성경적이고 건강한 교회의 특징은 무엇입니까?

6. 우리는 완전해서 교회로 부름 받은 것이 아닙니다. 누가복음 5장 31-32절을 다시 읽으시고, 소그룹원들과 이 말씀의 뜻에 대해서 나누어 보시기 바랍니다.

7. 성도들은 예수 그리스도를 닮아가야 합니다.
여러분은 예수님을 닮아가기 위해서 어떤 삶을 살고 있습니까?

8. 예수님은 가장 낮은 자의 모습으로 우리를 섬기시고, 서로 섬길 것을 부탁하셨습니다. 여러분은 어떻게 여러분의 공동체를 섬기고 있습니까?

9. 하나님께서 교회에게 원하시는 모습에는 어떤 모습이 있을까요?

10. 어떻게 하면 우리의 신앙이 건강하게 자랄 수 있을까요?

크리스천 리스타트

(5강)

예배를 드려야 하는 이유를 알아야 합니다

크리스천 리스타트

예배를 드려야 하는 이유를 알아야 합니다

모든 종교에는 각각의 종교들이 섬기는 신을 숭배하는 예배 의식이 있습니다. 예배(禮拜)라는 단어는 "예를 갖추어 절한다" 라는 뜻을 가지고 있는데, 신앙의 대상에게 존경과 숭앙하는 마음을 표현하는 예식을 뜻합니다. 그러면, 크리스천들이 이야기 하는 예배와, 다른 종교가 이야기 하는 예배에는 어떤 차이가 있을까요? 가장 중요한 차이점은 "신앙의 대상, 예배의 대상"이 다르다는 것입니다. 그러면, 크리스천들이 예배해야 하는 대상은 누구일까요?

누구에게 예배를 드려야 할까요

3강에서 우리는 "진리에는 배타성이 있다"는 사실에 대해서 배웠습니다. 하나님께서는 구원을 얻을 만한 다른 길을 주신 적이 없다는 것을 배웠고, 오직 예수님만이 진리이고 하나님의 말씀만이 진리라는 것을 배웠습니다. 십계명의 서론 말씀을 보면, 하나님께서 이렇게 말씀하신 것을 보게 됩니다.

> "하나님이 이 모든 말씀으로 말씀하여 이르시되. 나는 너를 애굽 땅, 종 되었던 집에서 인도하여 낸 네 하나님 여호와니라. 너는 나 외에는 다른 신들을 네게 두지 말라."
>
> 출애굽기 20장 1-3절

성경은 반복해서 우리가 하나님만을 예배해야 한다고 가르치고 있습니다. 이 세상을 창조하신, 그리고 온 땅의 왕이신 하나님께만 예배를 해야 한다고 이야기를 하고 있죠. 그러면, 왜 우리가 하나님만을 예배해야 할까요? 첫번째 이유는, 하나님만이 창조주이시고, 다른 모든 것들은 피조물에 불과한 것이기 때문입니다.

> "네가 호렙 산에서 네 하나님 여호와 앞에 섰던 날에 여호와께서 내게 이르시기를 나에게 백성을 모으라 내가 그들에게 내 말을 들려주어 그들이 세상에 사는 날 동안 나를 경외함을 배우게 하며 그 자녀에게 가르치게 하리라 하시매. 너희가 가까이 나아와서 산 아래에 서니 그 산에 불이 붙어 불길이 충천하고 어둠과 구름과 흑암이 덮였는데. 여호와께서 불길 중에서 너희에게 말씀하시되 음성뿐

> 이므로 너희가 그 말소리만 듣고 형상은 보지 못하였느니라. 여호와께서 그의 언약을 너희에게 반포하시고 너희에게 지키라 명령하셨으니 곧 십계명이며 두 돌판에 친히 쓰신 것이라. 그 때에 여호와께서 내게 명령하사 너희에게 규례와 법도를 교훈하게 하셨나니 이는 너희가 거기로 건너가 받을 땅에서 행하게 하려 하심이니라. 여호와께서 호렙 산 불길 중에서 너희에게 말씀하시던 날에 너희가 어떤 형상도 보지 못하였은즉 너희는 깊이 삼가라. 그리하여 스스로 부패하여 자기를 위해 어떤 형상대로든지 우상을 새겨 만들지 말라 남자의 형상이든지, 여자의 형상이든지, 땅 위에 있는 어떤 짐승의 형상이든지, 하늘을 나는 날개 가진 어떤 새의 형상이든지, 땅 위에 기는 어떤 곤충의 형상이든지, 땅 아래 물 속에 있는 어떤 어족의 형상이든지 만들지 말라. 또 그리하여 네가 하늘을 향하여 눈을 들어 해와 달과 별들, 하늘 위의 모든 천체 곧 너희의 하나님 여호와께서 천하 만민을 위하여 배정하신 것을 보고 미혹하여 그것에 경배하며 섬기지 말라."
>
> 신명기 4장 10-19절

성경은 하나님께서 모세와 이스라엘에게 나타나실 때, 어떠한 "형상"을 가지고 나타나지 않았다는 것을 강조하고 있습니다. 왜냐하면 하나님은 세상의 있는 어떤 피조물의 형상으로 한정 지을 수 없는 분이기 때문이죠. 하나님은 우리 인간의 연약함을 아셨기 때문에, 어떤 형상을 보여주게 되면 그것을 우상으로 만들어서 하나님을 그 형상에 한정지어서 예배하려 할 것을 아셨습니다. 그래서 하나님은 그 어떤 형상과 우상의 형태도 허락하지 않으신 것입니다. 하나님은 영이시기 때문에, 피조물의 존재와 능력에 한정되지 않는 분이기 때문에, "창조주 하나님은 피조물과 다르다"는 것을 가르쳐 주시기 위해서 우리에게 형상을 보여주지 않으신 것입니다. 그럼에도 불구하고 이스라엘은 성경에 나타난 하나님을 예배하기 보다, 피조물의 형상대로 하나님을 만들고, 섬기고, 예배했다는 것입니다. 로마서의 말씀을 살펴 보겠습니다.

> "창세로부터 그의 보이지 아니하는 것들 곧 그의 영원하신 능력과 신성이 그가 만드신 만물에 분명히 보여 알려졌나니 그러므로 그들이 핑계하지 못할지니라. 하나님을 알되 하나님을 영화롭게도 아니하며 감사하지도 아니하고 오히려 그 생각이 허망하여지며 미련한 마음이 어두워졌나니. 스스로 지혜 있다 하나 어리석게 되어. 썩어지지 아니하는 하나님의 영광을 썩어질 사람과 새와 짐승과 기어 다니는 동물 모양의 우상으로 바꾸었느니라."
>
> 로마서 1장 20-23절

모든 피조물들은 사람을 위해서 존재하는 것입니다. 사람에게 유익이 되기 위해서, 이 땅에 사람을 거주하게 하기 위해서 하나님이 지으신 것들이죠. 그런데 사람이 오히려 그 피조물들을 섬기기 시작했다는 것입니다. 왜 사람에게 이런 마음이 생겼을까요? 타락한 이후로 인간에게는 하나님을 대적하고, 하나님을 섬기지 않겠다는 마음이 찾아 왔기 때문입니다. 하나님과 같이 되기 위해서 선악과를 따먹은 인간은 하나님이 자신의 하나님이 되는 것을 용납하려는 마음이 존재하지 않게 되었습니다. 그래서 끊임없이 허탄한 우상의 형상을 만들어 섬기게 되었습니다.

예를 들어서, 제주도에 가면 어떤 돌하르방의 코가 닳아 있는 것을 보게됩니다. 왜 그렇게 되었을까요? 사람들이 그 돌하르방의 코를 만지면 아들을 낳는다는 신앙을 가지고 있기 때문입니다. 또 미국 하버드 대학교에 가면, 하버드 대학의 창립자인 존 하버드 동상의 왼쪽 발을 만지면, 3대 안의 자손이 하버드 대학에 입학하게 된다는 미신이 있습니다. 그래서 그 동상의 왼쪽 발이 닳아서 반질반질한 것을 보게 됩니다.

사진출처: KBS2, 슈퍼맨이 돌아왔다.
https://www.insight.co.kr/news/249672

사진출처: Tripadvisor

옛적부터 오늘날까지 사람들은 금으로 불상을 만들고 그것을 예배해 왔습니다. 나무에 치렁치렁 장식을 해놓고 그것을 예배해 왔고, 하나님이 지으신 모든 피조물들을 예배할 대상으로 만들어 왔습니다. 하지만 성경은 그것이 어떤 피조물이든, 어떤 형상이든 예배의 대상이 될 수 없다고 이야기하며, 오직 하나님만이 예배의 대상이라고 말합니다. 성경의 첫번째 책인 창세기는 이렇게 시작 합니다.

> "태초에 하나님이 천지를 창조하시니라."
>
> 창세기 1장 1절

성경은 모든 피조물이 존재하기 전에 하나님이 존재하셨다고 이야기 합니다. 지금 여기에서 이야기하는 "태초"라는 개념은 "시간 밖에서"라는 개념입니다. 모든 시간 개념이 존재하기 전에 이미 창조주 하나님께서 계셨다는 뜻이죠. 또한, "천지를 창조하셨다"는 개념은 하나님께서 "공간 밖에" 계신 존재라는 것을 의미합니다. 이 말은, 시간과 공간에 제한 받지 않는 하나님께서 시간과 공간 모두를 창조하셨다는 뜻입니다. 다시 말해서, 하나님이 창조하신 시간과 공간 속에서 살아가는 모든 피조물들은 예배와 경배의 대상이 아니라 피조물에 불과한 존재라는 것이죠.

성경의 첫번째 구절은 "태초에 하나님이 천지를 창조하셨다"는 선언으로 시작됩니다. 그래서 우리의 예배의 대상은 이 말씀을 믿느냐, 아니면 믿지 않느냐에 따라서 달라지게 됩니다. 천지에 있는 모든 피조물들은 하나님이 지으신 피조물일 뿐이고, 그 모든 것을 창조하시고 다스리시는 분은 하나님이라는 사실을 믿느냐? 그리고 그 분이 그 모든 피조물들을 사람을 위해서 지으셨다는 것을 믿느냐? 그리고 하나님께서 우리를 하나님을 예배하기 위해서 창조하셨다는 것을 믿느냐? 이처럼 하나님의 말씀을 믿느냐, 아니면 믿지 않느냐에 따라서 우리가 예배하는 대상이 달라진다는 것입니다. 크리스천들이 예배해야 하는 대상은 하나님 한 분 뿐입니다. 왜냐하면 성경이 하나님 외에 다른 모든 것들은 피조물일 뿐이라고 증거하고 있기 때문입니다. 그러므로 우리 크리스천들은 이러한 사실을 확실히 이해하고, 우리의 예배의 대상과 방향을 올바르게 정해야 하는 것입니다.

하나님을 위한 예배

또 한가지 우리가 생각해야 하는 것은, 예배가 사람을 위해서가 아니라 하나님을 위해서 드려져야 한다는 것입니다. 출애굽기의 말씀을 살펴보겠습니다.

> "여호와께서 모세에게 이르시되 너는 소합향과 나감향과 풍자향의 향품을 가져다가 그 향품을 유향에 섞되 각기 같은 분량으로 하고, 그것으로 향을 만들되 향 만드는 법대로 만들고 그것에 소금을 쳐서 성결하게 하고, 그 향 얼마를 곱게 찧어 내가 너와 만날 회막 안 증거궤 앞에 두라 이 향은 너희에게 지극히 거룩하니라. 네가 여호와를 위하여 만들 향은 거룩한 것이니 너희를 위하여는 그 방법대로 만들지 말라. 냄새를 맡으려고 이같은 것을 만드는 모든 자는 그 백성 중에서 끊어지리라."
>
> 출애굽기 30장 34-38절

구약 성경에서 "향"이라고 하는 것은 하나님께 올려드리는 기도와 우리의 예배를 상징하는 단어입니다. 향기가 하늘로 올라가듯, 참된 예배는 하나님께 올라가야 한다는 상징으로 주어진 것이죠. 그런데, 방금 전에 읽은 37절과 38절을 보면 "향"에 대한 경고가 기록되어 있습니다. "여호와를 위하여"라는 말과 "너희를 위하여"라는 말이 대조되어 주어지고 있죠. 단도직입적으로 말하면, 예배는 "여호와 하나님만을 위하여" 거룩하게 드려져야 하는 것입니다. 그리고 이 말을 반대로 이야기하면 예배는 사람들을 위한 것이 아니라는 뜻입니다. 그런데 오늘날 수많은 교회들이 "사람들을 위한 예배"를 기획하고 있습니다. 사람들을 기쁘게 하고, 사람들의 입맛에 맞춘 예배를 설계하고 있습니다. 도대체 왜 하나님을 예배하는 자리에서 사람들을 기쁘게 하기 위한 엔터테인먼트의 길을 추구하게 된 것일까요? 도대체 왜 하나님의 말씀이 선포되는 설교가 사람들을 기쁘게 하기 위한 만담이나 연극, 그리고 콘서트 등에 자리를 내어주게 된 것일까요?

많은 교회들이 그렇게 예배를 기획하게 된 목적에 대해서 이야기하기를, 불신자를 전도하기 위한 목적이라고 이야기합니다. 불신자들에게 더 친숙하게 다가갈 수 있는 편안한 분위기를 조성한 것 뿐이라고 하죠. 하지만 그렇게 조성된 예배의 목적은 하나님을 경외하는 것보다는 사람들을 모으기 위한 것이고, 하나님을 기쁘시게 하기 보다는 사람들을 기쁘게 하는데 있습니다. 예배를 드리러 모인 성도들에게 성경이 말하는 예배에 대해서 가르치기 보다는, 교회에 다니지 않는 불신자들의 취향과 입맛에 맞도록 예배를 콘서트로 대체하게 된 것입니다. 하지만 성경은 우리의 예배를 받으실 분은 하나님이시며, 예배는 하나님께서 명하신 방법대로 거룩하고 구별되게 드려져야 한다고 가르치고 있습니다. 하나님께서 예배의 장소인 성막을 지으라고 명하실 때 어떤 말을 하셨는지를 보십시오.

> "내가 그들 중에 거할 성소를 그들이 나를 위하여 짓되. 무릇 내가 네게 보이는 모양대로 장막을 짓고 기구들도 그 모양을 따라 지을지니라."
>
> 출애굽기 25장 8-9절

> "너는 고페르 나무로 너를 위하여 방주를 만들되 그 안에 칸들을 막고 역청을 그 안팎에 칠하라. 네가 만들 방주는 이러하니 그 길이는 삼백 규빗, 너비는 오십 규빗, 높이는 삼십 규빗이라. 거기에 창을 내되 위에서부터 한 규빗에 내고 그 문은 옆으로 내고 상 중 하 삼층으로 할지니라…노아가 그와 같이 하여 하나님이 자기에게 명하신 대로 다 준행하였더라."
>
> 창세기 6장 14-16, 22절

노아의 방주도, 성막도, "하나님이 말씀하신 대로, 하나님이 보여주신 대로" 지어져야 하는 것입니다. 하나님을 예배하는 것도 마찬가지입니다. 왜냐하면 예배는 "하나님을 위한 것"이기 때문입니다. 그러면, 구약에 기록된 이스라엘 백성들의 예배는 어떠했을까요? 하나님께서는 이스라엘 백성들을 애굽과 바벨론에서 구원해 주시는 은혜를 베풀어 주셨습니다. 하지만 그러한 은혜를 입은 이스라엘 백성들이 모세가 율법을 전해 받는 동안 금 송아지 앞에서 뛰어 놀며 예배하고 있었다는 것을 우리는 앞에서 살펴 보았습니다. 그러면, 시간이 지난 뒤에 이스라엘은 다른 예배를 드리게 되었을까요? 그때는 하나님만을 예배하고 하나님만을 경배하는 자들로 변화되었을까요? 바벨론에서부터 구원의 은혜를 입은 이스라엘 백성들이 드렸던 예배가 하나님 보시기에 어떠했는지 말라기 선지자의 기록을 살펴 보겠습니다.

하나님이 기뻐하지 않는 예배

> "내 이름을 멸시하는 제사장들아 나 만군의 여호와가 너희에게 이르기를 아들은 그 아버지를, 종은 그 주인을 공경하나니 내가 아버지일진대 나를 공경함이 어디 있느냐 내가 주인일진대 나를 두려워함이 어디 있느냐 하나 너희는 이르기를 우리가 어떻게 주의 이름을 멸시하였나이까 하는도다. 너희가 더러운 떡을 나의 제단에 드리고도 말하기를 우리가 어떻게 주를 더럽게 하였나이까 하는도다 이는 너희가 여호와의 식탁은 경멸히 여길 것이라 말하기 때문이라."
>
> 말라기 1장 6-7절

말라기 선지자가 활동하던 당시의 이스라엘 백성들은 여전히 자기들이 하나님께 예배를 드리고 있다고 이야기했습니다. 자신들은 안식일마다 하나님을 예배하며, 헌물도 빼먹지 않았다고 했습니다. 그런데 그런 자들에게 하나님께서 뭐라고 말씀하셨습니까? 너희는 나를 하나님으로 예배하지 않았다는 것입니다. 너희는 부정하고 더러운 떡을 나의 제단에 놓았고, 마음이 전혀 담기지 않은 형식적인 예배만을 드렸다는 것이죠. 그러면 이스라엘 백성들이 어떻게 하나님께 예배했는지 말라기 1장의 내용을 살펴 보겠습니다.

> "그러나 너희는 말하기를 여호와의 식탁은 더러워졌고 그 위에 있는 과일 곧 먹을 것은 경멸히 여길 것이라 하여 내 이름을 더럽히는도다. 만군의 여호와가 이르노라 너희가 또 말하기를 이 일이 얼마나 번거로운고 하며 코웃음치고 훔친 물건과 저는 것, 병든 것을 가져왔느니라 너희가 이같이 봉헌물을 가져오니 내가 그것을 너희 손에서 받겠느냐 이는 여호와의 말이니라."
>
> 말라기 1장 12-13절

만약에 여러분의 연인이 여러분을 만나기 위해 시간을 내는 것을 귀찮아 할 뿐만 아니라, 만나는 시간 내내 핸드폰을 손에서 놓지 않고 지루해 하고 있다면 여러분의 마음은 어떨까요? 도대체 언제 이 데이트가 끝날까? 시계만 계속 보고 번거로워 하면서 여러분과 함께 있는 시간을 싫어한다면 여러분은 그 사람의 사랑을 진실하게 받아 들일 수 있겠습니까? 말로는 여러분을 사랑한다고 말하면서, 여러분과 함께 하는 것을 귀찮아 하고, 번거로워 하고, 마음에 내켜 하지 않는다는 것을 여러분이 느낀다면, 여러분은 그 사람과 교제하는 것을 기뻐하겠습니까? 또 한가지 생각해 보겠습니다. 여러분을 사랑한다고 하는 누군가가 여러분에게 선물을 주는데, 자기가 쓰다 버린 것을 선물로 가져다 준다고 하면 여러분은 그 선물을 기쁘게 받겠습니까? 그런데 이스라엘 백성들이 하나님께 드리는 예배가 그와 같았다는 것입니다. 그러면, 하나님께서는 가식적이고 사랑이 빠진, 형식적인 예배를 드리는 이스라엘 백성들에게 어떻게 반응하셨을까요?

오늘날 많은 교회들이 사람들을 기쁘게 하기 위해서 예배의 형식과 내용을 성경과 동떨어진 상태로 가르쳐 왔습니다. 그래서 수많은 교인들이 잘못된 예배관과 교회관을 가지게 되었죠. 심지어 어떤 사람들은 자신이 교회에 나와주는 것을 고맙게 생각해야 된다고 이야기하는 경우도 있습니다. 교회는 많으니까 이 교회 아니면 다른 교회로 가면 그만이라고 생각하는 것이죠. 혹시라도 내 비위를 거스르면 예배를 안나오겠다고, 교회를 옮겨버리겠다는 말을 하기도 합니다. 하지만 예배는 그런 것이 아닙니다. 예배는 우리를 구원하신 하나님께 겸손한 모습으로 찬송과 존귀와 영광을 돌리는 것입니다.

만약에 방금 전에 우리가 읽은대로 말라기 1장 9절과 10절의 말씀을 하나님께서 우리에게 직접 말씀하신다면 우리는 어떻게 반응하게 될까요? 평생 동안 예배를 드렸고, 평생을 교회에 다니다가 주님을 만나게 되었는데, 그 때 하나님이 말씀하시기를 "너는 나를 예배한 적이 없다. 너의 소원을 이루기 위해서 교회에 다녔던 것이고, 너의 마음의 평안을 위해서 교회에 다녔던 것이지, 한번도 너는 나를 예배한 적이 없다"라고 말씀 하신다면, 그때 여러분은 무엇이라고 대답하겠습니까? "하나님, 제가 교회에서 얼마나 많이 봉사를 했는데요? 하나님 제가 얼마나 많은 사람을 섬겼는데요? 얼마나 많은 예배에 참여했는데요?" 그런데 하나님께서 우리에게 "니는 나를 예배한 적이 없으며, 오히려 너의 예배가 나를 더 분노하게 했다"고 말씀하신다면 여러분은 무엇이라고 말씀 드리겠습니까? 교회에 와서 앉아있다고 해서 다 예배를 드리는 것이 아닙니다. 많은 예배에 참석했다고 해서 그 예배를 하나님이 다 받으셔야만 하는 것도 아닙니다. 그런데 우리는, 하나님이 우리가 예배 자리에 나오기만 하면 무조건 그 예배를 받으셔야 하는 분인 것처럼 오해를 합니다. 하나님께서는 이사야 선지자를 통해서 가식적이고 형식적인 예배를 드리는 사람들을 책망하셨습니다.

> "너희 소돔의 관원들아 여호와의 말씀을 들을지어다 너희 고모라의 백성아 우리 하나님의 법에 귀를 기울일지어다. 여호와께서 말씀하시되 너희의 무수한 제물이 내게 무엇이 유익하뇨 나는 숫양의 번제와 살진 짐승의 기름에 배불렀고 나는 수송아지나 어린 양이나 숫염소의 피를 기뻐하지 아니하노라. 너희가 내 앞에 보이러 오니 이것을 누가 너희에게 요구하였느냐 내 마당만 밟을 뿐이니라. 헛된 제물을 다시 가져오지 말라 분향은 내가 가증히 여기는 바요 월삭과 안식일과 대회로 모이는 것도 그러하니 성회와 아울러 악을 행하는 것을 내가 견디지 못하겠노라. 내 마음이 너희의 월삭과 정한 절기를 싫어하나니 그것이 내게 무거운 짐이라 내가 지기에 곤비하였느니라. 너희가 손을 펼 때에 내가 내 눈을 너희에게서 가리고 너희가 많이 기도할지라도 내가 듣지 아니하리니 이는 너희의 손에 피가 가득함이라."
>
> 이사야 1장 10-15절

하나님께서 명하신 예배를 드리지 않는 사람들, 하나님이 원하시는 거룩한 삶과 마땅한 예배를 드리지 않는 사람들, 하나님께서는 그러한 자들의 예배를 싫어 하십니다. 그래서 헛된 제물을 다시 가져 오지 말라고 하시는 것은 그런 예배는 드리지도 말라는 것입니다. 하나님의 말씀에 불순종하고 하나님이 말씀하신 대로 예배하지 않으면서 "헌금"만 많이 낸다고 해서 하나님이 "그래 너는 헌금을 많이 내니 봐주마~"라고 하지 않으신다는 것입니다. 우리는 하나님만을 예배해야 합니다. 그리고 하나님이 말씀하신 방법대로 거룩하게 하나님을 예배해야 합니다. 사람들을 위해서 예배의 방법을 바꾸고 변질시키는 것이 아니라, 하나님이 명하신 대로 올바르게 예배 해야 합니다. 그렇지 않으면 우리의 예배는 결코 하나님께 받아들여지지 않을 것입니다. "주일"은 예배에 참석한 사람들의 필요를 충족시켜주기 위한 날이 아니며, "교회"는 사람들의 만족을 채워 주기 위한 곳이 아닙니다. "예배 시간"은 구원 받은 성도들이 모여서 하나님 앞에서 예배 드리는 시간이고, "주일"은 우리를 구원하신 하나님께 영광을 돌리기 위해서 예배 드리는 날입니다. 그러므로 우리는 성경이 이야기하는 예배의 목적과 대상을 올바르게 이해 해야 합니다.

> "이 백성은 내가 나를 위하여 지었나니 나를 찬송하게 하려 함이니라."
> 이사야 43장 21절

하나님께서는 우리를 창조하신 목적을 성경에 밝혀 주셨습니다. 하나님은 우리를 가리켜서 자신을 찬송하기 위해서 지으신 하나님의 형상이라고 말씀하십니다. 하나님께서 우리를 구속하셨다는 것은 값을 주고 사셨다는 뜻이고, 그러므로 우리의 인생이 하나님의 것이라는 말입니다. 그렇기 때문에 우리는 어떻게든 하나님의 찬송을 부르는 인생을 살아야 한다는 것입니다. 바울은 이렇게 권면합니다.

> "그런즉 너희가 먹든지 마시든지 무엇을 하든지 다 하나님의 영광을 위하여 하라."
> 고린도전서 10장 31절

성경은 우리가 무슨 직업을 갖고, 어디에 사는지에 대해서 구체적인 지침을 주고 있지 않습니다. 하지만, 무슨 일을 하던, 어디에서 일을 하던, 하나님의 뜻대로 살고, 하나님을 위해서 일해야 한다고 이야기합니다. 중요한 것은, 하나님께서는 우리 인생의 과정과 동기와 목적에 큰 관심을 가지고 계시다는 것입니다. 다시 말해서 크리스천들의 모든 삶의 순간순간들은 하나님의 영광을 드러내는 "삶의 예배"가 되어야 한다는 것입니다. 성경은 분명히, 먹든지 마시든지 무엇을 하든지 다 하나님의 영광을 위해서 하라고 말하고 있습니다. 우리가 집을 사던, 차를 사던, 어떤 직업을 갖던, 우리는 하나님이 주신 자유의지를 가지고 그 모든 일들을 행할 수 있습니다. 하지만, 이 사실을 분명히 기억해야 합니다. 그것이 하나님께 영광이 되면 하고, 아니면 하지 않을 수 있어야 합니다. 사실 우리가 부자가 되거나 가난한 자가 되는 것은 하나님에게 그리 중요한 일이 아닙니다. 가난해도 하나님이 먹이시고, 부자여도 하나님이 먹이십니다. 하지만 하나님의 관심은 하나님이 주신 시간과 재물과 능력을 가지고 "무엇을 위해서" 살았냐는 것입니다. 우리는 하나님의 찬송을 부르기 위해서 지음 받은 존재입니다. 그러므로 크리스천들은 우리의 직장에서, 가정에서, 그리고 사업처와 일터에서, 우리의 모든 삶을 통해서 하나님이 찬송 받게 살아야 합니다. 그것이 우리가 하나님께 드려야 하는 영적인 예배인 것입니다.

예배의 개념

그렇다면 하나님을 예배한다는 것은 무슨 뜻이며, 무엇을 어떻게 하는 것을 말하는 것일까요? 이 질문에 답변하기 위해서는 "예배"라는 말을 먼저 이해할 필요가 있습니다. 성경에 "예배"라고 번역된 말들을 보면 여러가지 의미가 있는데, "섬기다, 경배하다"등의 뜻이 있습니다. 그리고 "예배하다"라는 말은, "찬송드린다, 영광돌린다"라는 표현과 거의 같은 의미입니다. 예배는 단순한 종교 의식이 아닙니다. 오히려 예배는 "하나님에 대한 마음의 자세와 태도"라고 이야기 할 수 있습니다. 그러면 "예배"의 개념을 간단하게 정리해 보겠습니다.

> **[성경적인 예배의 개념정리]**
> 1) 하나님이 나에게 행하신 일을 찬송하고 경배하는 것.
> 2) 내 삶에 "하나님"이 "하나님" 되신다는 것을 인정하는 행위.
> 3) 예배를 받기에 합당하신 하나님께 드리는 가치있고 마땅한 행동.
> 4) 우리의 창조주이자 구속자이신 하나님께 최고의 경의를 표하는 행위.

"예배"를 영어로 "Worship" 이라고 하는데, 이 단어는 두 난어가 합쳐진 합성어입니다: "Worth(가치) + Ship (신분)." 그러니까 "Worship" 이라는 단어 자체를 풀어서 해석하면, "예배"는 예배를 받기에 합당하신 분께 드리는 가치있고 마땅한 행동이라는 뜻입니다. 그런데, 성경은 피조물의 예배를 받기에 합당하신 분은 천지를 창조하신 하나님 뿐이라고 이야기하기 때문에, "예배"는 "우리의 창조주이자 구속자이신 하나님께 최고의 경의를 표하는 행위"가 되는 것입니다. 그리고 이것을 구체적으로 표현하는 행위가 바로, 성도들이 주일에 함께 모여서 드리는 예배가 되는 것입니다. 창조주요 구속자이신 하나님을 믿는 사람들이 함께 모여서 예배를 받기에 합당하신 하나님을 찬양하고, 경배하며, 영광을 돌리는 것이죠.

그러면 "주일 예배"만이 중요한 것일까요? 아닙니다. 주일 예배 뿐만 아니라, 일주일 동안 우리가 삶 속에서 드리는 "삶의 예배"도 중요한 것입니다. 우리가 주일에 같은 자리에 모여서 공식적인 시간과 장소에서 예배를 드리는 것이 중요하지만, 우리의 삶을 하나님께 예배로 드리는 것도 중요한 일입니다. 다시 말해서 주일 예배를 드리는 것도 중요하지만, 우리의 일터와 삶 속에서 하나님께서 영광 받도록 "하나님을 예배하는 자의 모습으로 사는 것"은 너무나도 중요한 것입니다. 예를 들어서, 직장에 있는 사람들이 여러분이 크리스천이라는 것을 다 알고 있는데, "저 사람이 구원 받은 사람이라면 나는 교회에 가지 않겠다"라고 이야기 한다면, 하나님께서 여러분의 삶을 통해서 어떻게 영광을 받으실 수 있겠습니까? 만약에 누군가가 나 때문에 교회에 가기 싫다는 이야기를 한다면, 그것은 가볍게 넘길 일이 아닙니다.

> "실족하게 하는 일들이 있음으로 말미암아 세상에 화가 있도다 실족하게 하는 일이 없을 수는 없으나 실족하게 하는 그 사람에게는 화가 있도다."
>
> 마태복음 18장 7절

교회에서 공 예배를 드리고, 가정에서 자리를 잡고 가정 예배를 드리는 것도 중요한 일입니다. 하지만, 직장과 가정에서, 각자의 삶의 처소에서 하나님을 섬기는 사람으로 살아가는 것이 삶의 예배입니다. 집에서 큐티하고 기도하는 것도 중요하지만, 아이들과 이웃들 앞에서 참된 예배자로 살아가는 것은 훨씬 더 중요한 것입니다. 그러므로, 일주일 내내 우리 삶의 처소에서 예배자의 삶을 살다가 일주일에 한 번 교회에 와서 모든 성도들이 모여서 함께 예배를 드리는 것이 공예배라는 것입니다.

주일 예배의 중요성

그러면 이제 주일에 드리는 예배에 대해서 생각해 보기 위해서 마태복음 28장의 말씀을 살펴 보도록 하겠습니다.

> "안식일이 다 지나고 안식 후 첫날이 되려는 새벽에 막달라 마리아와 다른 마리아가 무덤을 보려고 갔더니. 큰 지진이 나며 주의 천사가 하늘로부터 내려와 돌을 굴려 내고 그 위에 앉았는데. 그 형상이 번개 같고 그 옷은 눈 같이 희거늘. 지키던 자들이 그를 무서워하여 떨며 죽은 사람과 같이 되었더라. 천사가 여자들에게 말하여 이르되 너희는 무서워하지 말라 십자가에 못 박히신 예수를 너희가 찾

> 는 줄을 내가 아노라. 그가 여기 계시지 않고 그가 말씀 하시던 대로 살아나셨느니라 와서 그가 누우셨던 곳을 보라. 또 빨리 가서 그의 제자들에게 이르되 그가 죽은 자 가운데서 살아나셨고 너희보다 먼저 갈릴리로 가시나니 거기서 너희가 뵈오리라 하라 보라 내가 너희에게 일렀느니라 하거늘."
>
> 마태복음 28장 1-7절

지금 이 말씀은, 예수님께서 십자가에서 달려 죽으신 다음날, 즉, 예수님께서 부활하신 날의 사건을 기록하고 있습니다. 그런데, 지금 읽은 말씀에 따르면, 예수님께서 부활하신 날이 "안식 후 첫날"이라고 이야기합니다. 다시 말해서 "안식일 다음 날"에 우리 주님이 부활하셨다는 것이죠. 바로 이 "안식일 다음 날"이 오늘날 교회가 주일로 지키는 일요일입니다. 일요일은 예수님이 부활하신 날입니다. 그래서 교회는 그 날을 "주일"이라고 부르는데, "주일"이라는 말의 뜻은 "주님의 날"이라는 뜻입니다. 물론 7일이 다 주님의 날이지만, "주일"이라고 특별히 부르는 이유는 예수님의 부활을 기념하기 위한 표현입니다. 구약시대 때 이스라엘 백성들이 안식일을 지켰듯이, 신약의 교회는 예수님이 부활하신 주일을 지키는 것입니다. 죄 때문에 참된 안식을 누리지 못했던 사람들이 이제는 예수님의 십자가와 부활로 참된 안식을 누리게 되었습니다. 그러므로 우리도 장차 예수님과 함께 부활할 것을 기다리며 즉, "신약의 약속"을 바라보며 "주님께서 부활하신 일요일"을 "주일"로 지키는 것입니다.

우리는 안식일의 참된 성취를 이루신 예수 그리스도를 믿습니다. 그래서 예수님이 우리에게 참된 안식을 가져다 주신 사건을 믿는 것이고, 예수님께서 부활하셔서 우리에게 죄로부터 완전한 안식을 이루어 내신 것을 믿습니다. 그렇기 때문에 "안식 후 첫날"인 "주일"을 "주님의 날"로 기념하여 모이는 것입니다. 주님께서 사망의 세력을 이기시고 부활하신 것처럼, 다시 오시는 그 날에 우리 또한 새하늘과 새땅의 소망을 가지고 부활할 것을 믿기 때문에, 함께 모여 주일을 기념하고 예배하는 것입니다. 그러면, 우리가 배운 바를 확인하기 위해서 다시 한 번 질문을 해보겠습니다. 우리는 왜 하나님께 예배를 드려야 할까요? 방금 전에도 설명했듯이 우리가 하나님을 예배해야 하는 이유는, 하나님이 천지를 창조하신 창조주이기 때문입니다. 하나님이 우리의 창조주이시고, 우리를 구원하신 주님이기 때문에 우리는 주일에 함께 모여 예배하는 것입니다. 시편 기자는 이렇게 찬양합니다.

> "오라 우리가 여호와께 노래하며 우리의 구원의 반석을 향하여 즐거이 외치자. 우리가 감사함으로 그 앞에 나아가며 시를 지어 즐거이 그를 노래하자. 여호와는 크신 하나님이시요 모든 신들보다 크신 왕이시기 때문이로다. 땅의 깊은 곳이 그의 손 안에 있으며 산들의 높은 곳도 그의 것이로다. 바다도 그의 것이라 그가 만드셨고 육지도 그의 손이 지으셨도다. 오라 우리가 굽혀 경배하며 우리를 지으신 여호와 앞에 무릎을 꿇자. 그는 우리의 하나님이시요 우리는 그가 기르시는 백성이며 그의 손이 돌보시는 양이기 때문이라 너희가 오늘 그의 음성을 듣거든. 너희는 므리바에서와 같이 또 광야의 맛사에서 지냈던 날과 같이 너희 마음을 완악하게 하지 말지어다."
>
> 시편 95편 1-8절

왜 우리가 함께 모여 하나님을 예배해야 합니까? 그 분이 우리의 찬양과 예배를 받으시기에 합당하신 하나님이시기 때문입니다. 그렇기 때문에 예배는 하나님을 위해서, 그리고 하나님을 예배하기 위한 목적으로 드려져야 하는 것입니다.

하나님이 원하시는 예배자

그러면 이제 마지막으로, 하나님이 원하시는 예배자가 어떤 사람인지에 대해서 살펴 보기 위해서 시편 말씀을 살펴 보겠습니다.

> "온 땅이여 여호와께 즐거운 찬송을 부를지어다. 기쁨으로 여호와를 섬기며 노래하면서 그의 앞에 나아갈지어다. 여호와가 우리 하나님이신 줄 너희는 알지어다 그는 우리를 지으신 이요 우리는 그의 것이니 그의 백성이요 그의 기르시는 양이로다. 감사함으로 그의 문에 들어가며 찬송함으로 그의 궁정에 들어가서 그에게 감사하며 그의 이름을 송축할지어다."
>
> 시편 100편 1-4절

예배는 교회에 와서 한 시간동안 앉아있는 행위를 뜻하지 않습니다. 예배는 여호와 하나님을 우리 하나님으로 믿고, 적극적으로 하나님을 섬기며 하나님께 나아가는 것을 말합니다. 그러므로 우리는 기쁨과 감사로 하나님을 예배해야 하는 것이고 찬송으로 예배해야 하는 것입니다. 간혹 어떤 분들은 설교 직전에 들어와서, 설교 직후에 예배당을 빠져 나가는 분들이 있습니다. 하지만 그렇게 해서는 안됩니다. 교회에서 예배를 드리기 위해서 준비한 모든 순서들은 목적과 이유가 있기 때문에 그렇게 구성된 것입니다. 그러므로 처음부터 끝까지 예배에 참여 하시고, 오히려 조금 더 일찍 예배자리에 오셔서 기도로 예배를 준비하는 것이 예배자의 올바른 태도입니다. 또한 예배는 교회에 와서 드리는 공예배로 끝나는 것이 아닙니다. 방금전에도 이야기했듯이 우리의 예배는 삶으로 드러나야 하는 것입니다. 그러므로 우리는 각각의 삶 속에서 예배자로 살아야 합니다. 미가 선지자와 바울의 권면을 들어 보십시오.

> "내가 무엇을 가지고 여호와 앞에 나아가며 높으신 하나님께 경배할까 내가 번제물로 일 년 된 송아지를 가지고 그 앞에 나아갈까. 여호와께서 천천의 숫양이나 만만의 강물 같은 기름을 기뻐하실까 내 허물을 위하여 내 맏아들을, 내 영혼의 죄로 말미암아 내 몸의 열매를 드릴까. 사람아 주께서 선한 것이 무엇임을 네게 보이셨나니 여호와께서 네게 구하시는 것은 오직 정의를 행하며 인자를 사랑하며 겸손하게 네 하나님과 함께 행하는 것이 아니냐."
>
> 미가 6장 6-8절

> "그러므로 형제들아 내가 하나님의 모든 자비하심으로 너희를 권하노니 너희 몸을 하나님이 기뻐하시는 거룩한 산 제물로 드리라 이는 너희가 드릴 영적 예배니라. 너희는 이 세대를 본받지 말고 오직 마음을 새롭게 함으로 변화를 받아 하나님의 선하시고 기뻐하시고 온전하신 뜻이 무엇인지 분별하도록 하라."
>
> 로마서 12장 1-2절

우리는 세상 사람들과 구별된 거룩한 하나님의 백성들입니다. 그러므로 세상을 본받지 마시고, 성경에 나온대로 사시기를 바랍니다. 성경이 말하는 대로 예배하시고, 성경이 말하는 대로 크리스천의 삶을 살아가시기를 바랍니다. 저와 여러분의 삶을 통해서 하나님께서 영광 받으시기를 간절히 바라고 소원합니다.

강의 내용 다시 되새겨 보기 & 함께 다시 공부해 보기

1. 예배란 무엇입니까?

2. 크리스천은 누구에게만 예배해야 합니까? 그리고 그 이유는 무엇입니까?

3. "태초에 하나님이 천지를 창조하셨다"는 선언에는 어떤 뜻이 담겨져 있습니까?

4. "예배는 사람들이 아닌 하나님을 위해서 드려져야 한다"는 말에는 어떤 뜻이 담겨 있습니까?

5. 애굽과 바벨론에서 구원 받은 이스라엘은 어떤 예배를 드렸나요? 그들의 예배에 대한 자세와 방향은 왜 문제가 되었나요?

6. 고린도전서 1장 31절을 읽어 보시고, 이 말씀이 여러분에게 요구하는 내용이 무엇인지 소그룹원들과 나누어 보시기 바랍니다.

7. "삶의 예배"란 무엇을 말하나요? 삶 속에서 하나님을 예배하는 사람으로 살아야 한다는 요구를 여러분 각자의 삶의 구체적인 부분에 적용해 보시기 바랍니다.

8. 크리스천들이 주일에 함께 모여 예배하는 이유는 무엇입니까?

9. 하나님이 원하시는 예배자는 어떤 사람일까요?

크리스천 리스타트

6강

성경대로 기도해야 합니다

성경대로 기도해야 합니다

굳이 기독교가 아니라고 해도 세상 모든 종교에는 기도 행위가 존재합니다. 어떤 사람들은 천지 신명께 기도하고, 어떤 사람들은 부처님께 기도하고, 어떤 사람들은 알라에게 기도하죠. 그러면 성경이 말하는 기도와 다른 종교가 말하는 기도의 차이는 무엇일까요?

성경적인 기도의 개념

성경적인 기도의 개념을 먼저 정리해 보면, 기도는 "하나님의 자녀들이 하나님 아버지와 교제하기 위한 인격적인 교제의 행위"라고 할 수 있습니다. 앞에서 우리는 하나님이 사람을 하나님의 형상대로 창조하시고, 그들과 교제하기를 원하신다는 것을 배웠습니다. 그러면 이 시간 질문을 드리겠습니다. 우리가 누군가와 "교제"를 한다는 것은 어떤 관계를 갖는 것을 의미할까요? 예를 들어서, 아들이 아버지와 교제를 이런 방식으로 한다고 가정해 보겠습니다. "아버지 돈 주세요. 아버지 이거 사주세요. 아버지 이거 고쳐 주세요. 아버지 좋은 직장에 들어가게 힘좀 써주세요. 아버지 이 문제 좀 해결 해 주세요~" 다른 대화는 일절 아무 것도 없고, 심지어 아버지가 하시는 말도 들으려 하지 않는다면, 이것이 어떻게 교제가 이루어진다고 말할 수 있겠습니까? 그것은 결코 인격적인 하나님과 교제하는 관계의 모습이 될 수 없습니다. 마치 램프의 요정에게 소원을 빌고 나서, 램프의 뚜껑을 닫는 모습과 다를 바가 없는 것이죠.

우리가 누군가와 교제를 한다고 할 때는, 일방적인 소통이 아니라 양방향의 소통이 있음을 전제로 합니다. 누군가와 교제를 하고, 대화를 나눈다는 것은 내가 하고 싶은 말만 하고 자리를 떠나는 것이 아니라, 상대방을 알아가고 상대방이 말하는 것을 들으며 관계를 쌓아가는 것을 말하죠. 그러면 교제의 가장 중요한 요소 중의 하나인 "대화"라는 것은 무엇입니까? 대화라는 것은 내가 이야기 하는것을 상대방이 듣고, 또 상대방이 말하는 것을 내가 들으며, 서로 교류하고 반응하며 이야기가 오고가는 것입니다. 다른 사람의 이야기는 전혀 듣지 않고, 자기 할 말만 쏟아

내고 가는 것은 대화라고 하지 않죠. 그것은 독백이라고 하거나 연설이라고 표현할 수 있을지 모르지만, 그것을 대화라고 부르지는 않습니다.

이처럼 우리가 누군가와 교제하는 행위에는 대화라는 행위가 포함이 됩니다. 그러므로, 교제에 대한 이러한 개념을 이해하고 기도라는 것을 생각해 보면 기도라는 개념을 이해 하기가 조금 쉬워집니다. 우리가 누군가와 가깝게 관계를 가지고, 교제하기 위해서는 어떻게 해야 합니까? 그 사람과 더 깊은 관계를 가지고 교제하려면, 당연히 계속 만남을 가지고, 카톡도 보내고, 통화도 하고, 대화를 나누어야 합니다. 그래야 반복되는 교제속에 관계가 깊어지는 거죠. 우리가 하나님과 교제하는 것도 같은 개념을 가지고 이해 할 수 있습니다. 하나님과 교제하기 위해서는 하나님과 지속적으로 만나고, 대화하는 시간을 가져야 하는 것입니다.

올바르게 구하는 것

지금까지 이야기했듯이 기도는 하나님과의 대화이고, 만남이고, 교제입니다. 하지만 그렇다고 해서 기도에 "간구"의 요소가 없다는 말은 아닙니다. 성경이 말하는 기도의 개념에는 분명히 간절히 구하는 요소가 있습니다. 우리는 연약한 존재이기 때문에 당연히 하나님을 의지하고 도움을 구할 수 밖에 없습니다. 그러므로 우리의 아버지 되시는 하나님께 기도하며 여러가지를 구하는 것은 자연스럽고 당연한 것입니다. 하지만 우리가 알아야 하는 것은, 성경이 이야기하는 기도는 간구 그 자체가 목적이 되지는 않는다는 것입니다. 예수님께서는 이것을 가르쳐 주시기 위해서, 우리가 어떻게 기도해야 하는지를 "주기도문"이라는 부르는 가르침을 통해서 알려 주셨습니다. "주기도문"이라는 것은 "주님께서 가르쳐 주신 기도"라는 뜻인데, 교회를 오래 다닌 분들이라면 대부분 이 주기도문의 내용에 익숙하실 것입니다. 하지만 많은 경우에는 주기도문의 내용에 대해서는 배워본 적이 없기 때문에, 그 내용을 알지 못하고 그냥 형식적으로 외우기만 하는 경우가 대부분입니다. 그러다 보니 주기도문을 외우고는 있지만, 결국 자신이 원하는 대로 기도생활을 하는 사람들이 많습니다. 어떻게 기도해야 하는지 알지 못한 채, 하나님을 믿지 않는 사람들이 우상에게 비는 것 같은 기도를 하는 사람들이 교회에도 많다는 것이죠. 그래서 이번 장에서는 성경에 기록된 주기도문의 내용을 대략 살펴 보면서, 성경적인 기도에 대해서 생각해 보겠습니다.

주기도문의 구조

주기도문의 구조는 크게 세 부분으로 나눌 수 있습니다.

[주기도문의 구조]

1) 기도의 대상 (마 6:9)
: 하늘에 계신 우리 아버지

2) 기도의 내용 (마 6:9-13)
   (1) 하나님과 관계된 기도 (마 6:9-10)
      - 아버지의 이름을 거룩하게 하시며
      - 아버지의 나라가 오게 하시며
      - 아버지의 뜻이 하늘에서와 같이 땅에서도 이루어지게 하소서
   (2) 성도들과 관계된 기도 (마 6:11-13)
      - 오늘 우리에게 일용할 양식을 주시고
      - 우리가 우리에게 죄지은 사람을 사하여 준 것같이 우리 죄를 사하여 주시고
      - 우리를 시험에 빠지지 않게 하시고 악에서 구원하소서

3) 송영 (마 6:13)
: 나라와 권세와 영광이 영원히 아버지의 것입니다.

첫번째로 우리가 알아야 하는 것은, 우리가 기도할 때에 누구에게 기도하고 있는지, 기도의 대상을 분명하게 알고 기도해야 한다는 것입니다. 우리 크리스천들이 기도하는 대상은 온 우주의 창조주이시요 구속자가 되시는 하늘 아버지이십니다. 우리는 예수 그리스도의 공로로 인해서 하나님을 아버지로 삼는 하나님의 자녀가 되었습니다. 그렇기 때문에 우리의 기도는 우리 하나님 아버지께 하는 기도라는 것을 알아야 합니다.

> "그 날에는 너희가 아무 것도 내게 묻지 아니하리라 내가 진실로 진실로 너희에게 이르노니 너희가 무엇이든지 아버지께 구하는 것을 내 이름으로 주시리라. 지금까지는 너희가 내 이름으로 아무 것도 구하지 아니하였으나 구하라 그리하면 받으리니 너희 기쁨이 충만하리라."
>
> 요한복음 16장 23-24절

하나님께서는 예수 그리스도의 피로 우리를 구원하셨습니다. 그리고 우리를 하나님의 자녀로 삼아 주셨습니다. 그리하여 우리는 우리의 죄를 대속하신 예수 그리스도의 이름으로 하나님 앞에 나아가, 하나님을 아버지로 부르며 기도할 수 있게 된 것입니다. 이것이 바로 예수님께서 우리에게 열어 주신 "하나님과의 관계성"입니다. 그래서 크리스천들이 기도할 때 가장 잊지 말아야 하는 것도 "우리와 하나님과의 관계성"입니다.

> "또 기도할 때에 이방인과 같이 중언부언하지 말라 그들은 말을 많이 하여야 들으실 줄 생각하느니라. 그러므로 그들을 본받지 말라 구하기 전에 너희에게 있어야 할 것을 하나님 너희 아버지께서 아시느니라."
>
> 마태복음 6장 7-8절

예수님께서는 이 말씀을 먼저 전제로 하시고, 그 이후에 주기도문을 가르쳐 주셨습니다. 다시 말해서, 예수님께서 기도할 때에 미리 전제로 하고 말씀하신 내용은, "하나님이 우리의 아버지가 되신다"는 것입니다. 그래서 우리는 하나님을 모르는 이방인들이, 알지도 못하는 신들을 향해서 같은 말을 주문 외우듯이 반복하는 기도를 할 필요가 없는 사람들입니다. 왜냐하면 우리의 기도를 들으시는 하나님은 우리를 가장 사랑하는 하늘 아버지이시기 때문이죠. 그러므로 이 사실을 먼저 신뢰하고 기도하라는 것입니다. 간혹 어떤 분들 중에는, 어렸을 때에 악하고 연약한 아버지 밑에서 자라왔기 때문에 "아버지"라는 개념을 부정적으로 가지고 계신 분들이 있습니다. 우리 아버지는 나를 때리고 학대하는 아버지였는데, 하나님이 나에게 아버지가 된다고 하면 나는 그런 아버지가 둘이나 필요하지 않다고 하는 분들도 있습니다. 이처럼 인간이 죄를 짓고 타락 했기 때문에, 하나님을 "아버지"로 인식하고 부르는데에 어려움을 가지고 계신 분들이 있을 수 있습니다. 또한 그런 분들에게는 하나님을 아버지로 부르고 기도하는 것이 어떤 의미인지 와닿지 않는 경우도 있을수 있습니다. 하지만 성경은 우리 하늘 아버지의 모습을 분명하게 가르쳐 주고 있습니다.

> "보라 인내하는 자를 우리가 복되다 하나니 너희가 욥의 인내를 들었고 주께서 주신 결말을 보았거니와 주는 가장 자비하시고 긍휼히 여기시는 이시니라."
> 욥기 5장 11절

> "여인이 어찌 그 젖 먹는 자식을 잊겠으며 자기 태에서 난 아들을 긍휼히 여기지 않겠느냐 그들은 혹시 잊을지라도 나는 너를 잊지 아니할 것이라."
> 이사야 49장 15절

성경이 말하는 하나님은 우리를 가장 가엽게 여기시고, 돕기를 원하시는 자비로우신 아버지의 모습입니다. 우리에게 필요한 것이 무엇인지 아시고, 우리보다 먼저 앞서 나가서 우리가 갈 길을 예비하시는 분이죠. 힘들 때는 힘을 주시고, 연약할 때는 붙들어 일으시키고, 격려가 필요 할 때는 격려를, 위로가 필요할 때는 위로를 주시는 우리를 가장 사랑하시는 아버지라고 성경은 이야기합니다. 성경에 기록된 하나님이 우리에게 어떤 아버지가 되시는지 올바르게 알게 된다면, 하나님께서 우리와 맺으신 관계를 바르게 알게 된다면, 우리는 하나님이 우리를 얼마나 존귀하게 대하시며 존중하시는지를 알게 될 것입니다. 또한 하나님이 우리를 얼마나 많이 사랑하는지 알게 된다면, 그저 우리가 원하는 것을 얻어내기 위해서 길에 드러 눕거나, 밥을 굶고 땡깡을 펴서라도 자신이 원하는 것을 얻어내려는 철없는 기도의 방식을 버리게 될 것입니다. 하나님이 나를 가장 잘 아시고 나에게 필요한 것이 무엇인지 아시며 나에게 해가 될 것은 주지 않으실 것을 믿는다면, 반드시 우리의 기도는 달라지게 되어 있습니다. 하나님이 나에게 가장 선하고 좋은 것으로, 가장 필요한 것으로 주실 것을 믿는다면, 우리의 기도는 그저 땡깡을 부리는 것에 머무르지 않게 될 것입니다.

"너희보다 먼저 가시는 너희의 하나님 여호와께서 애굽에서 너희를 위하여 너희 목전에서 모든 일을 행하신 것 같이 이제도 너희를 위하여 싸우실 것이며. 광야에서도 너희가 당하였거니와 사람이 자기의 아들을 안는 것 같이 너희의 하나님 여호와께서 너희가 걸어온 길에서 너희를 안으사 이 곳까지 이르게 하셨느니라 하나"

신명기 1장 30-31절

하나님의 나라를 위한 기도

"그러므로 너희는 이렇게 기도하라 하늘에 계신 우리 아버지여 이름이 거룩히 여김을 받으시오며. 나라가 임하시오며 뜻이 하늘에서 이루어진 것 같이 땅에서도 이루어지이다. 오늘 우리에게 일용할 양식을 주시옵고. 우리가 우리에게 죄 지은 자를 사하여 준 것 같이 우리 죄를 사하여 주시옵고. 우리를 시험에 들게 하지 마시옵고 다만 악에서 구하시옵소서 (나라와 권세와 영광이 아버지께 영원히 있사옵나이다 아멘."

마태복음 6장 9-13절

주기도문의 구조를 보면, 기도의 내용이 "하나님과 관련된 세 가지 기도"와 "우리 크리스천들과 관련된 세 가지 기도"로 나누어져 있는 것을 보게 됩니다. 그 중에서도 가장 먼저 우리가 기도해야 하는 내용은,

"하나님의 이름이 거룩하게 여김을 받게 해달라"는 기도입니다. "거룩"이라는 말은 "구별되다"라는 뜻인데, 성경은 하나님이 세상 모든 피조물들과 구별된 존재라는 것을 이야기하고 있습니다. 예를 들어서 창세기 1장 1절에는 하나님이 천지를 창조하신 분으로 설명이 되어 있습니다. 성경의 말씀대로 하나님은 태초에(시간이라는 개념 바깥에서), 천지를(모든 공간 개념의 바깥에서) 창조하신 분입니다. 그렇기 때문에 하나님은 시간과 공간에 제약을 받지 않으시며, 시간과 공간의 제약을 받는 세상 모든 피조물들과 구별되시는 분입니다. 그리고 그렇기 때문에 세상의 어떤 형상으로도 하나님의 형상을 만들어 낼 수 없는 것입니다. 왜냐하면 하나님은 어떠한 형상과 개념에 한정될 수 없는 분이기 때문이죠. 그렇기 때문에 "아버지의 이름이 거룩하게 여김 받도록 하는 기도"는 하나님이 피조물과 구별되신 분이라는 것을 고백하고 기도하는 것입니다. 쉽게 표현해서 이 기도는 하나님을 하나님으로 인정하는 기도입니다.

또 한가지 우리가 기도해야 하는 것은, "하나님의 나라"를 위한 기도입니다. 앞에서 "국가의 3요소"에 대해서 설명할 때, "국민, 영토, 주권"의 개념을 가지고 설명을 드렸습니다. 그런데 이 중에서 가장 중요한 것은 "주권"입니다. 일제 식민지 시대를 생각해 보면, 그 때도 우리 나라 땅은 있었고, 우리 나라 백성들도 있었습니다. 하지만 우리는 나라를 빼앗겼다고 말했습니다. 그렇게 표현하는 이유는 "주권"을 찬탈 당했기 때문입니다. 하나님의 나라가 하나님이 다스리시고 통치하시는 나라를 말한다면, 하나님의 통치는 어디에서 이루어지는 것일까요? 하나님의 나라는 하나님 나라의 백성들에게, 하나님의 몸된 교회인 성도들 가운데 이루어지는 것입니다.

> "바리새인들이 하나님의 나라가 어느 때에 임하나이까 묻거늘 예수께서 대답하여 이르시되 하나님의 나라는 볼 수 있게 임하는 것이 아니요 또 여기 있다 저기 있다고도 못하리니 하나님의 나라는 너희 안에 있느니라."
> 누가복음 17장 20-21절

그래서 하나님의 나라가 임하기를 구하는 기도는, 이러한 기도를 올려 드리고 있는 이 땅의 성도들에게 하나님의 온전한 통치가 이루어지게 해달라는 기도를 하는 것입니다. 각자 소견에 옳은대로 행하는 것이 아니라, 자신이 인생의 주권을 가지고 인생을 살아가는 것이 아니라, 하나님의 주권을 인정하고 하나님의 통치를 받으며 하나님을 왕으로 삼고 사는 성도가 되도록 기도하는 것입니다. 그래서 성경은 하나님의 주권을 인정하는 하나님 나라 백성들에게 이러한 요구를 합니다.

> "너희 몸은 너희가 하나님께로부터 받은 바 너희 가운데 계신 성령의 전인 줄을 알지 못하느냐 너희는 너희 자신의 것이 아니라 값으로 산 것이 되었으니 그런즉 너희 몸으로 하나님께 영광을 돌리라."
> 고린도전서 6장 19-20절

왜 성도들이 하나님의 영광을 위해서 살아야 하는 요구를 받습니까? 우리의 인생과 목숨과 삶의 모든 순간들이 하나님의 것임을 인정하기 때문입니다. 그러나 우리의 옛 사람의 본성이 계속해서 하나님의 주권을 거부하고, 자기 소견에 옳은대로 살기를 추구하기에 성령 하나님의 능력을 구하며 하나님의 뜻에 순종하기를 구하는 것입니다. 이것이 바로 하나님의 나라가 나에게 임하기를 간구하는 성도들의 기도입니다. 또 한 가지 성도들이 해야하는 기도의 내용은, "하나님의 뜻"이 이루어지기를 구하는 기도입니다. 성경적인 기도는 나의 생각과 나의 뜻이 이루어지기를 바라는 기도가 아닙니다. 성경적인 기도는 하나님 나라의 주권을 가지고 계신 하나님 아버지의 뜻이 이루어지기를 바라는 기도입니다. 그리고 이러한 기도를 할 때, 우리는 하나님의 뜻대로 살겠다는 결단을 하게 됩니다.

하나님나라 백성들을 위한 기도

다음으로 성경은 우리 크리스천들을 위한 기도의 제목들을 가르쳐 주고 있습니다. 그 중에서도 첫번째는, "일용할 양식을 달라"는 기도를 하는 것입니다. 지금 여기에서 사용된 "일용할"이라는 단어는 헬라어 "에피우시오스"라는 단어인데, 이 단어는 성경에서 딱 한번, 주기도문에서만 사용된 단어입니다. "에피우시오스"라는 단어의 뜻은 "오늘과 내일의 24시간 동안의 생존을 위해서 필요한 양식"이라는 뜻인데, 우리가 24시간 동안 세상에서 살아가는데 필요한 모든 것들을 채워 달라고 기도하라는 뜻입니다. 그러면, 왜 예수님께서는 "일용할 양식"을 위해서 기도하라고 하셨을까요? 이 말씀을 이해하기 위해서는 과거 이스라엘 백성들이 먹었던 일용할 양식인, 만나를 생각해 봐야 합니다. 수많은 성경학자들의 추측에 따르면, 출애굽할 당시에 이스라엘 백성들은 스무 살 이상된 남자만 60만명이었고, 여자들과 어린아이들까지 합하면 300만명 정도 되었을 거라고 합니다. 그러므로, 300만명의 사람들이 40년 동안 하루도 굶지 않고 광야에서 만나를 먹으며 살았다는 것은 엄청난 기적이었죠. 광야에서 300만명이나 되는 사람들을 먹이려면, 얼마나 많은 음식이 필요했겠습니까? 그런데 신명기 8장에는 이런 기록이 있습니다.

> "이 사십 년 동안에 네 의복이 해어지지 아니하였고 네 발이 부르트지 아니하였느니라."
>
> 신명기 8장 4절

하나님께서 40년 동안 300만명 가량의 사람들을 먹이셨습니다. 사십년 동안 매일 같이 만나와 메추라기로 그들을 먹이셨고, 그들의 의복과 신발이 헤지지 않게 하셔서 발이 부르트지 않게 하셨습니다. 그 누가 그 많은 사람들을 광야에서 먹이고 돌보고 살릴 수 있었을까요? 오직 하나님만이 그들을 평생동안 먹이시고 보호해 주셨던 것입니다. 그런데 만나 이야기를 다룰 때에 우리가 알아야 하는 것은, "하나님께서 만나를 주신 이유가 무엇이냐?"는 것입니다. 출애굽기의 기록을 살펴보겠습니다.

> "이스라엘 자손 온 회중이 그 광야에서 모세와 아론을 원망하여. 이스라엘 자손이 그들에게 이르되 우리가 애굽 땅에서 고기 가마 곁에 앉아 있던 때와 떡을 배불리 먹던 때에 여호와의 손에 죽었더라면 좋았을 것을 너희가 이 광야로 우리를 인도해 내어 이 온 회중이 주려 죽게 하는도다. 그 때에 여호와께서 모세에게 이르시되 보라 내가 너희를 위하여 하늘에서 양식을 비 같이 내리리니 백성이 나가서 일용할 것을 날마다 거둘 것이라 이같이 하여 그들이 내 율법을 준행하나 아니하나 내가 시험하리라. 여섯째 날에는 그들이 그 거둔 것을 준비할지니 날마다 거두던 것의 갑절이 되리라."
>
> 출애굽기 16장 2-5절

애굽에서 나온 이스라엘 백성들이 모세와 아론을 원망하고 하나님 앞에서 불평하기 시작했습니다. 애굽에 있을 때는 고기 가마 곁에 앉아서 행복하게 떡을 배부르게 먹었다는 것이죠. 정말 그들이 애굽에 있을 때 정말 행복하고 배부르게 살았습니까? 아닙니다. 그들은 애굽의 노예였습니다. 매일 고된 노동에 지쳐서 신음하고 있었고, 그들의 부르짖음을 하나님께서 들으셨기 때문에 그들을 애굽에서 구원해 주셨던 것입니다. 그런데 그들은 배고프고 목이 마르자, 그들의 기억을 왜곡하기 시작했습니다. 그리고 하나님을 원망하기 시작했죠. 이럴거면 구원 받기 전의 삶이 훨씬 더 나았다고, 예수 믿기 전이 훨씬 좋았다고, 세상에 속해서 살 때가 훨씬 더 행복했다는 불평을 쏟아냈습니다.

방금 전에 읽은 출애굽기 16장 4절에서는 "이같이 하여 그들이 나의 율법을 준행하나 아니하나 내가 시험하겠다"는 말씀이 기록되어 있습니다. 다시 말해서, "만나"는 이스라엘을 시험하기 위해서 주어진 것입니다. 그러면, 지금 하나님께서 이스라엘을 Test하시는 목적은 무엇일까요? 시험은 학생들을 괴롭게 하기 위해서 치르는 것이 아닙니다. 시험을 치르게 하는 목적은 그 사람이 어느 정도 알고 있는지, 현재의 수준이 어느 정도 되는지를 알기 위함입니다. 예를 들어, 한국에서 시험공부를 하면, 모의고사라는 시험을 보게 됩니다. 모의고사를 보는 이유가 무엇입니까? 실제 시험을 대비하기 위함입니다. 자신의 실력을 체크해 보고, 부족한 것을 깨달아서, 실제 시험을 잘 준비하기 위해서 모의고사를 치르는 것입니다. 그러니까, 하나님께서 이스라엘 백성들에게 만나를 주시면서 "시험하겠다"고 말씀하신 것은 모의고사를 치르시겠다는 것입니다. "너희의 수준이 어느 정도인지를 가르쳐 주실 것이니, 너희 스스로 수준이 어느 정도인지 확인하라"는 것이죠. 과거 이스라엘 백성들이 불평을 했던 이유가 무엇이었습니까? "먹을 양식"이 부족하다는 것이었습니다. 우리의 말로 표현 하면 월급도 부족하고, 집도 없고, 좋은 차도 타고 다니지 못해서 화가 난다는 것입니다. 그러면 이스라엘 백성들이 그들의 필요를 채워 주시면 불평을 그칠까요? 하나님께서 그들에게 만나와 메추라기를 주시면, 불평을 멈추게 될까요? 아니라는 사실을 우리는 민수기 11장의 기록을 통해서 확인할 수 있습니다.

> "그들 중에 섞여 사는 다른 인종들이 탐욕을 품으매 이스라엘 자손도 다시 울며 이르되 누가 우리에게 고기를 주어 먹게 하랴. 우리가 애굽에 있을 때에는 값없이 생선과 오이와 참외와 부추와 파와 마늘들을 먹은 것이 생각나거늘. 이제는 우리의 기력이 다하여 이 만나 외에는 보이는 것이 아무 것도 없도다 하니."
>
> 민수기 11장 4-6절

처음 만나를 주셨을 때는 한없이 기뻐했던 이스라엘 백성들이, 시간이 지나자 과거와 똑같은 불평을 하고 있습니다. 불평의 내용만 다를 뿐, 애굽에 있었을 때가 좋았다는 불평의 성격은 똑같았습니다. 이 사실을 우리의 상황에 대입하면 어떻게 생각해 볼 수 있을까요? 하나님께서 집을 주셨더니 더 큰 집을 갖고 싶다고 불평하고, 일자리를 주셨더니 더 많이 버는 직장에 가고 싶다고 불평하고, 타고다닐 차를 주셨더니 더 좋은 차를 타고 싶다고 원망을 하는 것입니다. 결국 그들에게 만나를 주신 것이 그들의 영적인 수준을 드러내는 Test가 되었습니다. 그리고, 이스라엘 백성들은 신앙의 성적표를 들고 하나님 앞에 서게 된 것이죠. 처음 그들은 이것만 주시면 하나님께 순종하겠다고 했습니다. 이것만 채워 주시면 하나님을 사랑하겠다고 했습니다. 그래서 하나님께서는 물이 없다고 하면 물을 주셨고, 만나가 없으면 만나를 주셨습니다. 그늘이 없으면 구름기둥으로 가리워 주셨고, 춥다고 하면 불기둥으로 따듯하게 인도해 주셨습니다. 그런데도 그들은 또 다른 불평거리를 찾아서 하나님을 원망했습니다. 이러한 사실을 통해서 우리가 알 수 있는 것은 문제는 "주변 환경"이 아니라 "이스라엘 각자의 마음 속에 있는 악함"이었다는 것입니다.

> "그 때에 여호와께서 모세에게 이르시되 보라 내가 너희를 위하여 하늘에서 양식을 비 같이 내리리니 백성이 나가서 일용할 것을 날마다 거둘 것이라 이같이 하여 그들이 내 율법을 준행하나 아니하나 내가 시험하리라."
>
> 출애굽기 16장 4절

출애굽기 16장 4절을 보면, 백성이 나가서 "일용할 것"을 날마다 거둘 것이라고 말씀하고 있는데, 여기에서 이야기하는 "일용할 것"이라는 단어가 주기도문에서 이야기하는 "일용할 양식"과 같은 의미의 단어입니다. 하나님은 이스라엘 백성들이 매일 만나를 거두어 들여서 먹고 살았던 것처럼, 신약 시대를 살아가는 하나님의 성도들 또한 매일 하나님이 주시는 일용할 양식을 의지해서 살아야 한다고 가르치신 것입니다. 과거, 이스라엘 백성들의 이야기를 자세히 살펴 보십시오. 하나님은 이스라엘 백성들이 40년 동안 광야에서 매일 아침 만나를 먹게 하심으로써 매일 같이 하나님만을 의지하게 하셨습니다. 하나님이 공급해 주지 않으면 그들이 생명을 유지할 수 없다는 것을 40년동안 매일 같이 가르쳐 주신 것입니다. 그래서 과거 이스라엘 백성들이 만나를 주울 때에는 "몇 가지 조건"이 있었습니다. 첫번째는, 매일 매일 정해진 분량만큼, 사람들의 숫자대로 필요한 분량만큼만 주워야 한다는 것이고, 두번째는, 해 뜨기 전 아침에 거두어야 한다는 것이고, 세번째는, 하루 먹을 분량만 거두어 야 한다는 것입니다. 그래서 안식일 전날에는 이틀치 만나를 주시면서, 안식일을 지키도록 해주신 것입니다. 그러면, 이러한 조건을 어기게 되었을 때는 어떤 일이 벌어졌을까요?

> "모세가 그들에게 이르기를 아무든지 아침까지 그것을 남겨두지 말라 하였으나. 그들이 모세에게 순종하지 아니하고 더러는 아침까지 두었더니 벌레가 생기고 냄새가 난지라 모세가 그들에게 노하니라. 무리가 아침마다 각 사람은 먹을 만큼만 거두었고 햇볕이 뜨겁게 쬐면 그것이 스러졌더라. 여섯째 날에는 각 사람이 갑절의 식물 곧 하나에 두 오멜씩 거둔지라 회중의 모든 지도자가 와서 모세에게 알리매. 모세가 그들에게 이르되 여호와께서 이같이 말씀하셨느니라 내일은 휴일이니 여호와께 거룩한 안식일이라 너희가 구울 것은 굽고 삶을 것은 삶고 그 나머지는 다 너희를 위하여 아침까지 간수하라. 그들이 모세의 명령대로 아침까지 간수하였으나 냄새도 나지 아니하고 벌레도 생기지 아니한지라."
>
> 출애굽기 16장 19-24절

이스라엘 백성들이 하나님의 명령대로 순종해서 "일용할 양식"만을 구할 때는 만나에 벌레도 생기지 않고 썩지도 않았습니다. 반면에 탐욕을 부려서 하나님의 말씀에 순종하지 않고 더 많은 분량을 쌓아두었을 때는 그 양식이 썩고 벌레가 생기는 것을 보게 되었습니다. 그러면, 하나님께서 "만나 사건"을 통해서 40년 동안 이스라엘 백성들에게 가르치고자 하신 내용은 무엇일까요? 그들이 여분의 양식을 쌓아둔다는 것은, 하나님이 내일도 우리를 돌보실 것이라는 사실을 신뢰하지 못하는 "불신앙"에서 비롯되는 것입니다. 그리고 하나님의 명령보다 자신들이 쌓아둔 재물과 식량을 의지하는 불신앙의 모습을 보여주는 것이죠. 바로 그러한 모습을 드러내고, 고치고, 훈련 시키도록 하나님께서 "만나"라는 것으로 40년 동안 이스라엘 백성들을 테스트 하신 것입니다.

우리 하나님이 양식이 부족해서 하루치 양식만 주셨을까요? "얘들아 내일 것은 하나님이 오늘 벌어서 줄테니까, 오늘은 오늘 것만 가져가거라~" 하신 것일까요? 그것도 아니면, 당시에는 냉장고가 없으니 썩을까봐 염려를 하신 것일까요? 둘 다, 아닙니다. 하나님은 한달 치 양식도 주실 수 있고, 일년 치, 아니 천년의 양식도 주실 수 있는 분입니다. 평생 먹을 양식을 주고도 썩지 않게 하실 수도 있는 분입니다. 그런데 왜 하나님께서는 이런 훈련을 시키셨던 걸까요? 그 이유는 우리가 살아가는데 있어서 하나님만을 의지하고, 하나님의 말씀만을 신뢰하고 살아가기를 원하셨기 때문입니다. 이러한 하나님의 테스트는 현대를 살아가는 우리 크리스천들에게도 동일하게 요구되고 있습니다. 크리스천들 중에는, 오늘 자신이 살아가는 것이 자신이 벌어 놓은 돈으로 먹고 사는 것이라고 오해하는 사람들이 있습니다. 오늘 아침 먹은 음식이 "내가 번 돈"으로 지불해서 얻은 양식이라고 오해하는 사람들이 있다는 뜻입니다. 하지만 성경은 말합니다. 오늘 하나님의 백성들이 살아있는 것은 매일 하나님이 "일용할 양식"을 주시기 때문이고, 오늘을 살 수 있는 공기와, 호흡과, 건강과, 자연과, 우리가 하루를 살아갈 수 있는 모든 것을 주셨기 때문에 우리가 살 수 있는 것입니다. 우리가 공부를 열심히 했기 때문에 이만큼 살 수 있는 것이 아닙니다. 하나님이 우리가 공부할 수 있는 환경을 주셨고, 건강을 주셨고, 오늘까지 지켜주셨기 때문에 우리가 그 능력을 힘입어 오늘을 살 수 있는 것입니다. 우리가 열심히 살아서 우리 집이 이만큼 살고 있는 것이 아닙니다. 우리는 매일 매일 하나님이 주시는 생명이 없이는 하루도 살 수가 없습니다. 사도행전은 이렇게 말합니다.

> "우리가 그를 힘입어 살며 기동하며 존재하느니라 너희 시인 중 어떤 사람들의 말과 같이 우리가 그의 소생이라 하니."
>
> 사도행전 17장 28절

많은 사람들이 자신들이 언제 죽을 것인지는 "불확실한 사실"이라고 이야기하지만, 내일 아침에 눈을 뜨는 것은 "확실한 사실"처럼 오해하며 살아갑니다. 하지만 이것은 잘못된 인식입니다. 오히려 우리가 분명히 죽는다는 것이 확실한 사실이죠. 진짜 불확실한 것은 "내일 아침에도 우리가 눈을 뜰 수 있을까?"라는 문제이며, 오늘 아침에 우리가 눈을 뜰 수 있었던 것도 하나님의 은혜 때문입니다. 하지만 내일도 하나님이 우리에게 은혜를 주시지 않으면, 내일 아침 우리의 호흡은 얼마든지 멈출 수 있습니다. 이 사실을 인정하는 사람들이 하는 기도가 바로 "일용할 양식을 위한 기도"입니다.

그러므로, "오늘날 우리에게 일용할 양식을 주십시오"라는 기도에는 이런 뜻이 있습니다. 하나님이 광야에서 이스라엘 백성들에게 일용할 양식을 주시지 않았다면 그들이 살 수 없었던 것처럼, 우리 또한 하나님이 은혜를 베풀어 주시지 않으면 하루도 살 수 없다는 것을 매일 고백하며 살라는 것입니다. 하나님이 우리에게 오늘을 살아갈 양식을 주셨다는 것, 공기와, 호흡과, 움직일 수 있는 힘과, 하루를 살아가는데 필요한 모든 것을 주셨다는 사실을 매일 인정하며 살라는 것이죠. 다시 말해서 "일용할 양식"에 대한 기도는, 단순하게 음식을 위해서 기도하라는 것이 아닙니다. 우리 삶의 주인이 누구인지 알고 고백하라는 것입니다. 모든 것이 다 자신이 이룬 삶이고, 자신의 능력으로 이룬 삶이라는 교만한 태도를 버리고, 우리가 살아가는 모든 것이 하나님의 은혜로만 이루어지는 것이라고 고백하고 살라는 것입니다.

> "너희가 노년에 이르기까지 내가 그리하겠고 백발이 되기까지 내가 너희를 품을 것이라 내가 지었은즉 내가 업을 것이요 내가 품고 구하여 내리라."
> 이사야 46장 4절

하나님 아버지의 약속을 믿는 사람은 불안해하지 않습니다. 나를 둘러싼 상황이 어떻게 변했든, 어떤 조건이 주어졌던 불안해하지 않습니다. 왜냐하면 크리스천들의 기도는 우리가 얼마나 열심히 기도했느냐에 기도의 응답이 달려 있는 것이 아니라, 우리가 기도하는 대상이 누구인지에 기도의 응답이 달려 있기 때문입니다. 상황과 환경이 엉망임에도 불구하고 여전히 평안 가운데 기도할 수 있는 이유는, 오늘도 우리의 기도를 듣고 계신 하나님이 우리의 하늘 아버지라는 사실 때문입니다. 그러므로 이 사실을 기억하십시오. 하나님의 주권, 하나님의 다스림을 믿는 사람들은 하나님의 약속을 붙들고, 하나님의 뜻을 위해서, 하나님이 명하신 대로 기도할 수 있는 것입니다.

하나님께서 일용할 양식을 구하라고 하셨으니 크리스천들은 일용할 양식만을 구하면 됩니다. 내일 양식은 내일 또 구하면 됩니다. 그러면 내일은 또 하나님이 내일의 양식을 주실 것입니다. 모레의 양식은 모레 또 구하면 됩니다. 그리하면 하나님이 또 그 날의 양식을 주실 것입니다. 우리가 일용할 양식만을 구할 수 있는 이유는 하나님이 매일 주실 것을 믿기 때문입니다. 그리고 이 말을 뒤집어서 말하면, 하나님이 먹이실 것을 믿지 못하기 때문에 쌓아 두고 살려고 하는 것입니다. 그러니 통장 잔고가 넘쳐 나도 마음에 평안이 없고 불안함만 있는 것이죠. "오늘 우리에게 일용할 양식을 주십시오"라는 기도는 믿음의 기도입니다. 하나님이 오늘도, 내일도 내 인생을 책임지실 것을 믿기 때문에 할 수 있는 기도입니다. 우리에게 하나님 아버지에 대한 믿음이 있다면, 이 기도를 할 수 있을 것이고, 매일 매일 이 기도를 할 수 있도록 우리는 성장하고 믿음 가운데에서 훈련 되어져 가야 하는 것입니다.

우리를 위한 두번째 기도는 "죄 용서에 대한 기도"입니다.

> "우리가 우리에게 죄 지은 자를 사하여 준 것 같이 우리 죄를 사하여 주시옵고."
> 마태복음 6장 12절

이러한 기도는 우리가 다른 사람을 용서해 주었으니, 그 기도가 기준이 되어서 하나님도 우리를 용서해 달라고 하는 기도가 아닙니다. 또는, 우리가 다른 사람을 충분히 용서해야 하나님이 그제서야 우리를 용서하신다는 말도 아닙니다. 예수님께서 가르쳐 주신 기도는 우리가 예수님으로부터 죄 사함을 받았으니, 이제는 다른 사람들도 용서할 수 있는 사람들이 되게 해달라는 거룩한 기도를 말합니다. 다시 말해서 이 기도는 예수님의 모습을 닮아가기 위한 기도를 하라는 것입니다. 마태복음 6장 12절을 가만히 살펴보면, "우리가 우리에게 죄 지은 자를 사하여 준 것 같이"라는 표현을 발견할 수 있습니다. 바로 여기에서 "같이"라는 표현을 우리가 "비율의 의미"로 해석을 하게 되면 오해가 생기게 됩니다. 우리가 주변 사람을 한 번 용서해 주면 우리도 한 번 용서 받을 수 있고, 두 번 용서해 주면 두 번 용서 받을 수 있다는, "우리가 용서한 만큼 용서 받을 수 있다"라는 식으로 오해하게 된다는 것입니다. 하지만 이것은 "자기 자신에 대한 오해"에서 발생한 잘못된 이해입니다.

여러분, 우리가 다른 사람들을 용서한 것이 다른 사람들에게 용서를 빌어야 할 경우보다 많겠습니까? 아닙니다. 사람은 모두 다 이기적인 죄성을 가지고 있어서 자신이 한 일은 잊어버립니다. 우리 모두는 서로에게 상처를 주면서 살아갑니다. 그리고 사실, 우리가 용서하는 일보다 용서 받아야 되는 일들이 훨씬 더 많습니다. 목회를 하다보면 목사님에게 상처 받았다는 사람들의 이야기를 많이 듣습니다. 그런데, 수많은 목사님들과 사모님들의 이야기를 듣다 보면, 목사님들과 사모님들처럼 상처를 많이 받은 사람들도 없습니다. 사모님이니까 함부로 대하고, 목사님이니까 당연히 받아줘야 된다고 생각해서 함부로 말을 하는 사람들이 얼마나 많은지 모릅니다. 이처럼 타락한 죄의 본성을 가지고 있는 모든 사람들은 자기 중심적입니다. 그래서 자기가 상처 준 것은 생각하지 못하고, 오로지 자신들이 상처 받은 것만 생각하는 것입니다. 그러면, 오늘 주기도문에 기록된 "~같이"라는 표현의 뜻은 무엇일까요? 이 표현의 의미를 알 수 있는 비유가 마태복음 18장에 기록되어 있습니다.

> "그 때에 베드로가 나아와 이르되 주여 형제가 내게 죄를 범하면 몇 번이나 용서하여 주리이까 일곱 번까지 하오리이까. 예수께서 이르시되 네게 이르노니 일곱 번뿐 아니라 일곱 번을 일흔 번까지라도 할지니라. 그러므로 천국은 그 종들과 결산하려 하던 어떤 임금과 같으니. 결산할 때에 만 달란트 빚진 자 하나를 데려오매. 갚을 것이 없는지라 주인이 명하여 그 몸과 아내와 자식들과 모든 소유를 다 팔아 갚게 하라 하니. 그 종이 엎드려 절하며 이르되 내게 참으소서 다 갚으리이다 하거늘. 그 종의 주인이 불쌍히 여겨 놓아 보내며 그 빚을 탕감하여 주었더니. 그 종이 나가서 자기에게 백 데나리온 빚진 동료 한 사람을 만나 붙들어 목을 잡고 이르되 빚을 갚으라 하매. 그 동료가 엎드려 간구하여 이르되 나에게 참아 주소서 갚으리이다 하되. 허락하지 아니하고 이에 가서 그가 빚을 갚도록 옥에 가두거늘. 그 동료들이 그것을 보고 몹시 딱하게 여겨 주인에게 가서 그 일을 다 알리니. 이에 주인이 그를 불러다가 말하되 악한 종아 네가 빌기에 내가 네 빚을 전부 탕감하여 주었거늘. 내가 너를 불쌍히 여김과 같이 너도 네 동료를 불쌍히 여김이 마땅하지 아니하냐 하고. 주인이 노하여 그 빚을 다 갚도록 그를 옥졸들에게 넘기니라. 너희가 각각 마음으로부터 형제를 용서하지 아니하면 나의 하늘 아버지께서도 너희에게 이와 같이 하시리라."
>
> 마태복음 18장 21-35절

지금 예수님이 비유로 든 이야기에서 등장하는 사람이 임금에게 진 빚이 얼마라고 합니까? "일만 달란트"라고 이야기합니다. 그런데 그 큰 빚을 임금이 그를 불쌍하게 여겨서 탕감하여 주었다는 것입니다. 그런데, 그 사람이 은혜를 받고 나서 집으로 가던 중에 자기에게 "백 데나리온"의 돈을 빚진 사람을 만나서 빚을 갚으라고 독촉을 했고, 그가 갚지 못한다고 했더니 감옥에 가두었다는 것입니다. 그래서 그 소식을 들은 임금이 진노해서 그의 빚을 다 갚도록 감옥에 가두도록 똑같이 해주었다는 이야기입니다. 한 데나리온은 그 당시 성인 남성의 하루 일당을 이야기합니다. 계산하기 쉽게 10만원으로 계산을 한다고 하면, 100데나리온이라는 것은, 천만원 정도로 생각할 수 있겠죠. 이것도 역시 큰 돈입니다. 그런데, 지금 이 본문 속에서 임금으로부터 빚을 탕감 받은 사람의 빚이 얼마라고 했습니까? 일만 달란트라고 했습니다. 그 당시 1달란트는 6000 데나리온의 가치입니다. 다시 말해서, 6000일 동안 일해야 1달란트를 번다는 것입니다. 이것도 10만원으로 계산을 하면 1달란트는 6억의 가치입니다. 그리고 이 돈은 하루에 10만원을 버는 사람이 일년에 300일을 일한다고 했을 때, 20년을 꼬박 일해야 벌 수 있는 돈입니다. 그런데, 그 사람이 탕감받은 돈은 1달란트가 아니라 1만 달란트라는 것입니다. 다시 말해서, 20만년 동안 일해야 갚을 돈이라는 거죠. 그러니까 지금 예수님께서 비유로 드신 금액은 천문학적인 숫자를 이야기해서, 도저히 갚을래야 갚을 수 없는 빚을 탕감 받았다는 사실을 비유로 하신 것입니다. 그런데 임금에게 빚을 탕감 받은 이 종은 그 큰 돈을 탕감 받고서도 자기에게 고작 백 데나리온 빚진 사람을 붙잡아서 빚을 갚을 때까지 감옥에 집어 넣었다는 것입니다. 그리고 그 소식을 들은 임금이, 그를 다시 감옥에 집어 넣었다는 거죠. 방금 전에 읽었던 마태복음 6장 12절 말씀을 헬라어 원문의 의미대로 번역한 영어성경을 통해서 살펴 보겠습니다.

> "And forgive us our debts, as we also have forgiven our debtors."
> 마태복음 6장 12절(NASB Version)

헬라어 원문성경을 보면, 우리 한글 성경이 "죄"라고 번역한 단어를 "빚"이라는 단어로 기록하고 있습니다. 그래서 NASB 번역은 원어의 의미를 그대로 살려서 "빚"이라는 단어로 번역을 한 것입니다. 다시 말해서, 원문을 그대로 직역하면 "우리가 우리에게 빚진자를 사하여 준 것 같이 우리의 빚을 사하여 주옵시고"라고 번역이 되어야 합니다. 여러분 "빚"이 무엇입니까? 정확하게 이야기 하면, "빚"은 "돈의 액수"만을 이야기하는 개념이 아닙니다. 예를 들어서, 누군가가 우리에게 큰 도움을 주었다고 했을 때 우리는 "내가 너에게 큰 빚을 졌다~"라는 표현을 하지 않습니까? 여기에는 돈의 개념만이 담긴 것이 아닙니다. 도움을 받거나, 은혜를 입었을 경우에도 우리는 "빚을 졌다"라는 표현을 사용하죠. 그렇기 때문에 "빚을 졌다"는 개념을 조금 더 정확하게 풀어서 설명하면 이 단어는 "의무를 시행하지 않은 것"을 말합니다. "돈을 빌렸거나 은혜를 입었는데, 그것을 갚는 행위를 하지 않았거나, 그 은혜를 모른체 하고 살아가는 것" 그것이 바로 "빚을 졌다"라는 표현입니다. 같은 주기도문을 기록하고 있는 누가복음 11장 4절은 이 구절을 이렇게 기록해 놓았습니다.

> "우리가 우리에게 죄 지은 모든 사람을 용서하오니 우리 죄도 사하여 주시옵고 우리를 시험에 들게 하지 마시옵소서 하라."
>
> 누가복음 11장 4절

그러니까 이 두 구절을 종합해서 볼 때, 우리는 "죄"라는 것이 무엇인지 그 개념을 이해하게 됩니다. 주기도문이 가르쳐 주는 죄라는 개념은, "갚아야 할 것을 갚지 않은 것, 의무를 이행하지 않은 것"을 말합니다. 많은 사람들이 죄라는 개념을 굉장히 추상적이고 영적인 것으로만 해석하지만, 사실 죄는 실제적인 것입니다. 우리가 하나님께 행하지 않았고, 갚지 못한 것을 이야기 할 때 성경은 죄라는 개념을 가져오는 것입니다. 특별히 지금 읽은 마태복음 18장의 비유가 일만 달란트나 백 데나리온 같은 분명하게 드러난 경제적인 용어를 사용한 이유도, 죄가 추상적인 개념이 아니라 실제적인 개념이라는 것을 가르치기 위함입니다. 또한, 성경의 비유에서 등장하는 이 사람이 임금에게 빚진 돈이 "일만 달란트"라고 하는 것은, 우리가 하나님 나라에 빚진 돈이 우리가 도저히 갚을 수 없을 정도의 큰 빚이라는 것을 상징적으로 드러내는 것입니다. 그러면,

우리가 임금에게 손해를 입힌 금액은 무엇을 상징하는 걸까요? 성경은 이렇게 이야기합니다.

> "그들이 이른바 그 여러 나라에서 내 거룩한 이름이 그들로 말미암아 더러워졌나니 곧 사람들이 그들을 가리켜 이르기를 이들은 여호와의 백성이라도 여호와의 땅에서 떠난 자라 하였음이라."
>
> 에스겔 36장 20절

하나님의 형상대로 지음 받은 사람들이 하나님 나라에 반역을 일으켰습니다. 그래서 여호와 하나님의 거룩한 이름이 우리로 인하여 더러워졌다는 것입니다.

> "기록된 바와 같이 하나님의 이름이 너희 때문에 이방인 중에서 모독을 받는도다."
>
> 로마서 2장 24절

하나님께서 하나님의 형상대로 인간을 창조하셨습니다. 그리고 그들을 에덴에 두시고 하나님이 지으신 세상을 다스리고 정복하라는 사명을 주셨습니다. 그런데, 사람이 "하나님과 같이 되기 위하여" 하나님 나라에 반역을 일으켰습니다. 그들은 하나님 나라의 왕처럼 되기를 원했습니다. 하나님의 통치를 받고, 하나님께 지음 받은 존재로 사는 것이 아니라, 그것을 넘어서서 하나님과 같은 존재가 되어 스스로가 주인이 되고, 자기 인생의 하나님이 되기를 원했습니다. 그래서 하나님은, 자기가 지은 피조물로부터 반역을 경험하게 된 치욕을 입게 되었습니다. 하늘과 땅의 모든 피조물들이 창조주를 알고 경배하는데, 오직 인간만이 반역을 일으키고, 하나님 나라의 왕의 권위에 모욕을 주었습니다. 그리고 그 때 이후로 끊임없이 그들을 돌보신 하나님의 은혜를 조롱하고 모욕하며 살고 있는 것입니다. 이것이 바로 하나님의 이름이 모욕을 당했다는 의미입니다. 우리가 하나님의 영광에 손해를 입혔다는 의미입니다. 그런데 문제는 무엇입니까? 우리에게는 우리가 하나님께 손해를 입힌 것을 갚을 능력이 없다는 것입니다. 우리에게 그 손해를 책임지고 배상할 능력이 없다는 것이죠. 하지만 하나님께서는 우리를 불쌍히 여겨주셨습니다. 우리가 하나님께 입힌 손해를 갚을 능력이 없다는 것을 아신 하나님께서 우리를 불쌍히 여기셔서 우리의 빚을 탕감해 주셨습니다. 에베소서 2장은 우리가 그 빚을 탕감받게 된 이유에 대해서 이렇게 설명합니다.

> "그는 허물과 죄로 죽었던 너희를 살리셨도다. 그 때에 너희는 그 가운데서 행하여 이 세상 풍조를 따르고 공중의 권세 잡은 자를 따랐으니 곧 지금 불순종의 아들들 가운데서 역사하는 영이라. 전에는 우리도 다 그 가운데서 우리 육체의 욕심을 따라 지내며 육체와 마음의 원하는 것을 하여 다른 이들과 같이 본질상 진노의 자녀이었더니. 긍휼이 풍성하신 하나님이 우리를 사랑하신 그 큰 사랑을 인하여. 허물로 죽은 우리를 그리스도와 함께 살리셨고 (너희는 은혜로 구원을 받은 것이라). 또 함께 일으키사 그리스도 예수 안에서 함께 하늘에 앉히시니. 이는 그리스도 예수 안에서 우리에게 자비하심으로써 그 은혜의 지극히 풍성함을 오는 여러 세대에 나타내려 하심이라. 너희는 그 은혜에 의하여 믿음으로 말미암아 구원을 받았으니 이것은 너희에게서 난 것이 아니요 하나님의 선물이라. 행위에서 난 것이 아니니 이는 누구든지 자랑하지 못하게 함이라."
>
> 에베소서 2장 1-9절

우리가 구원 받을 수 있는 것은 우리가 그 빚을 갚았기 때문이 아닙니다. 우리가 하나님께 죄 지은 것보다 더 많이 선을 행해서 그 비율상 우리가 구원 받을 자격을 갖추었기 때문도 아닙니다. 우리에게는 구원을 얻을 자격이 없습니다. 구원을 얻을 능력이 없습니다. 하나님의 이름을 더럽힌 손해를 갚을 능력이 우리에게는 없습니다. 그래서 성경은 우리가 오직 하나님의 은혜로 구원을 받았다고 이야기하는 것입니다. 그런데 우리는 우리가 받은 하나님의 은혜가 얼마나 큰지를 모르기 때문에 그 은혜의 값어치를 모르고 살아갈 때가 많습니다. 그 당시 팔레스타인 땅과 유대 지역 전체에서 나오는 일년치 세금이 "8달란트"였다고 합니다. 그러니, 그 나라의 세금으로 이 사람이 진 빚을 갚는다고 해도, 1250년이라는 어마어마한 시간이 소요되는 것입니다. 다시 말해서, 이 금액은 상상할 수 없는 큰 빚이라는 개념입니다. 하나님이 우리를 구원하기 위해서 베푸신 은혜는 "값싼 은혜"가 아닙니다. 그것은 "값비싼 은혜"입니다. 창조주 하나님의 생명을 버려서 창조주 하나님이 피조물의 손에 의해 모욕을 받고 돌아가셨던 "값비싼 은혜"입니다. 영이신 하나님이 인간의 연약한 육신을 입고 이 땅에 오셔서, 피조물의 육신과 같은 존재로 낮아지셨습니다. 우리를 구원하기 위해서 30년 하고도 3년을 이 땅에 계시며, 우리를 대신해서 자신의 생명을 내어 놓으셨습니다. 세상의 어떤 종교와 신화를 살펴보아도 창조주가 피조물의 손에 의해 죽임 당하는 일은 없습니다. 세상의 어떤 종교를 살펴보아도 신이 인간의 손에 이토록 모욕을 당하고 죽임을 당하는 종교는 없습니다. 하나님이 우리의 빚을 갚아주시기 위해서 치르신 대가는 값비싼 은혜입니다. 창조주 하나님의 생명을 버려서 이루신 값비싼 은혜입니다. 빌립보서 2장은 이렇게 말합니다.

> "그는 근본 하나님의 본체시나 하나님과 동등됨을 취할 것으로 여기지 아니하시고, 오히려 자기를 비워 종의 형체를 가지사 사람들과 같이 되셨고. 사람의 모양으로 나타나사 자기를 낮추시고 죽기까지 복종하셨으니 곧 십자가에 죽으심이라. 이러므로 하나님이 그를 지극히 높여 모든 이름 위에 뛰어난 이름을 주사. 하늘에 있는 자들과 땅에 있는 자들과 땅 아래에 있는 자들로 모든 무릎을 예수의 이름에 꿇게 하시고 모든 입으로 예수 그리스도를 주라 시인하여 하나님 아버지께 영광을 돌리게 하셨느니라. 그러므로 나의 사랑하는 자들아 너희가 나 있을 때뿐 아니라 더욱 지금 나 없을 때에도 항상 복종하여 두렵고 떨림으로 너희 구원을 이루라."
>
> 빌립보서 2장 6-12절

하나님께서 우리를 구원하기 위해서, 우리의 빚을 갚아주시기 위해서 이 땅에 오셨습니다. 연약한 사람의 육신을 입으시고 죽기까지 복종하시며 우리의 빚을 대신 갚아주셨습니다. 그리하여 하나님의 하나님 되시는 위치를 회복하게 하셨습니다. 우리의 구원은 우리가 성취한 일이 아닙니다. 하나님께서 예비하셨고, 하나님이 긍휼히 여기셨고, 하나님이 이루셨고, 오로지 하나님의 은혜로만 성취된 것이 우리의 구원입니다. 그래서 우리의 구원은 값비싼 구원입니다. 일만 달란트와 같이 그 값어치를 매길 수 없는 창조주 하나님의 생명값으로 주어진 구원입니다. 우리의 왕이신 하나님께서 그 이름과 영광에 손해를 입으시며 구원하신 엄청난 사건입니다. 그러므로 이 은혜를 아는 사람들은 자신의 빚을 갚아주신 하나님의 은혜를 깨닫고, 하나님을 왕으로 삼고 살아가게 되는 것입니다. 마태복음 18장의 비유에서 예수님이 일만 달란트라는 큰 금액을 말씀하신 이유는 이 빚을 탕감해 주는 것이 임금에게도 엄청난 손해를 감수해야 하는 일이라는 것을 알려주기 위함이었습니다. 임금은 그 손해를 감수하고도 이 사람의 빚을 탕감해 주었습니다. 그를 용서해 주셨습니다. 그 이유는 그가 용서받을 만 해서도 아니고, 갚을 만한 일을 해서도 아니고, 갚을 능력이 있어 보여서도 아니었습니다. 오로지 임금이 갚을 능력이 없는 종을 불쌍히 여겼기 때문입니다. 이것이 우리 구원의 핵심 원리이고, 이 비유의 핵심 포인트입니다.

> "이에 주인이 그를 불러다가 말하되 악한 종아 네가 빌기에 내가 네 빚을 전부 탕감하여 주었거늘. 내가 너를 불쌍히 여김과 같이 너도 네 동료를 불쌍히 여김이 마땅하지 아니하냐 하고."
>
> 마태복음 18장 32-33절

바로 이 구절에서 오늘 우리가 배우는 주기도문에 등장한 "같이"라는 표현을 발견하게 됩니다. 그리고 이 부분에서 우리는 기도의 분명한 뜻을 이해하게 됩니다. 하나님의 은혜를 알았다면, 그 은혜를 아는 자 답게 다른 사람을 용서하라는 것입니다. 다시 말해서, "내가 다른 사람을 용서해 주었으니 하나님도 저를 용서해 주서야 됩니다~"라는 조건적인 개념을 이야기하는 것이 아니라, 순서를 올바르게 이해하고 긍휼한 마음을 품는 사람이 되라는 것입니다. 우리가 다른 사람을 용서해야 하고, 용서할 수 있는 근거는 그 사람의 죄악이 용서받을 만 해서가 아닙니다. 우리에게 그러한 능력이 있어서 용서하라는 것도 아닙니다. 다른 사람들을 용서하기 위해서는, 가장 먼저 우리가 탕감 받은 죄의 값이 얼마나 큰 지를 먼저 알아야 한다는 것입니다. 물론, 다른 사람들이 우리에게 지은 죄는, 하찮은 것이 아닙니다. 그것은 백 데나리온이라고 할 지라도 현실적으로 큰 금액이고, 현실적으로 우리에게 큰 데미지를 입힌 것이 맞습니다. 그래서 성도들에게 요구되는 "용서"라는 것은 결코 쉬운 것이 아닙니다. 왜냐하면 그것은 실제적으로 우리에게 데미지를 입힌 것이 맞기 때문입니다. 하지만 오늘 우리가 배우는 기도는, 우리가 우리에게 죄를 지은자들을 용서할 수 있는 방법이 있다는 것을 알려주는 것입니다. 그러면 언제, 어떻게 하면 우리가 우리에게 죄지은 자들을 용서할 수 있습니까? 그것은, 우리가 탕감받은 빚의 크기가 얼마나 큰 지를 알 때, 다른 사람의 빚도 탕감해 줄 수 있는 것입니다. 다시 말해서 우리가 용서받은 죄의 크기를 알 때, 하나님의 은혜를 올바르게 알 때, 비로소 우리가 다른 사람의 죄도 용서해 줄 수 있다는 것입니다. 그러므로 "죄를 용서하는 기도"는 날마다 우리에게 부어진 하나님의 은혜를 깨닫게 해달라는 기도와 관련된 기도입니다.

우리를 위한 세번째 기도는, "시험과 악에 대한 기도"입니다.

> "우리를 시험에 들게 하지 마시옵고 다만 악에서 구하시옵소서 (나라와 권세와 영광이 아버지께 영원히 있사옵나이다 아멘."
>
> 마태복음 6장 13절

우리는, "우리를 시험에 들게 하옵시고 다만 악에서 구하옵소서"라는 기도를 해야 합니다. 비록 크리스천들이 구원의 약속을 받았지만, 예수님이 다시 오시는 그 날까지 우리가 살아가는 이 세상은 여전히 사탄 마귀가 그 힘을 발휘하고 있습니다. 마귀는 오늘도 우리를 유혹하기 위해서 지금도 여러가지 시험거리를 주고, 악한 영향력을 우리에게 미치고 있습니다. 우리가 어떻게 그럴 때마다 시험에서 이길 수 있고, 악을 이길 수 있을까요? 그래서 우리는 기도해야 합니다. 우리 힘만으로는 이길 수 없으니 하나님께서 구해달라고, 죄와 시험과 유혹으로부터 이기게 해달라는 기도를 날마다 해야 하는 것입니다. 이렇게 기도한 뒤에 주기도문은, 하나님과 영광과 찬양을 돌리는 것으로 마무리가 됩니다. 이처럼 주기도문은 우리가 누구에게 기도하는지, 무엇을 위해 기도해야 하는지 알려주는 기도입니다.

예수님의 이름으로 기도해야 하는 이유

다음으로, 우리가 예수님의 이름으로 기도해야 하는 이유를 생각해 보겠습니다. 성도들이 기도할 때 마지막에 어떻게 기도를 마무리 합니까? "예수님의 이름으로 기도했습니다. 아멘" 이라는 말로 마무리를 합니다. 왜 우리는 예수님의 이름으로 기도해야 합니까? 그 이유는 우리가 예수님의 십자가를 통해서 하나님께 나아갈 수 있게 되었기 때문입니다. 그렇기 때문에 "예수님의 이름으로 기도한다"는 것은 이제 내가 예수님의 이름을 힘입어서 하나님께 나아간다는 신앙을 고백하는 것입니다. 요한복음에 기록된 말씀을 읽어 보겠습니다.

> "너희가 내 이름으로 무엇을 구하든지 내가 행하리니 이는 아버지로 하여금 아들로 말미암아 영광을 받으시게 하려 함이라. 내 이름으로 무엇이든지 내게 구하면 내가 행하리라."
> 요한복음 14장 13-14절

> "그 날에는 너희가 아무 것도 내게 묻지 아니하리라 내가 진실로 진실로 너희에게 이르노니 너희가 무엇이든지 아버지께 구하는 것을 내 이름으로 주시리라. 지금까지는 너희가 내 이름으로 아무 것도 구하지 아니하였으나 구하라 그리하면 받으리니 너희 기쁨이 충만하리라."
> 요한복음 16장 23-24절

예수님께서는 예수님의 이름으로 구하면 우리가 받을 것이고, 예수님께서 시행하신다는 약속을 주셨습니다. 예수님이 약속하셨기 때문에,

예수님을 통해서 우리가 하나님 앞으로 나아갈 수 있기 때문에, 우리는 예수님의 이름을 통해서 기도해야 하는 것입니다. 그러므로, 우리가 "예수님의 이름으로 기도한다"는 것은 예수님의 이름을 힘입어서 하나님께 나아간다는 신앙고백을 하는 것입니다. 그러면, 왜 마지막에 "아멘"이라는 말을 하는 것일까요? "아멘"이라는 말은, "그렇게 될 줄로 믿습니다" 또는 "그렇게 되기를 간절히 원합니다"라는 뜻입니다. 가끔 어떤 목사님들이 강단에서 "할렐루야"라고 인사하면 "아멘"이라고 성도들이 화답하는 경우가 있습니다. "할렐루야"라는 말은 "여호와를 찬양할지어다" 라는 뜻이고, "아멘"은 "그렇게 되기를 바랍니다. 동의합니다!"라는 뜻입니다. 그래서 교회에서는 그렇게 서로 인사를 하는 것입니다.

기도할 때 기억해야 하는 내용들

다음으로 우리가 기도할 때 기억해야 하는 내용들을 살펴 보겠습니다. 첫번째로, 우리는 우리에게 대제사장이 있다는 것을 알아야 합니다. 히브리서 4장 말씀을 보겠습니다.

> "우리에게 있는 대제사장은 우리의 연약함을 동정하지 못하실 이가 아니요 모든 일에 우리와 똑같이 시험을 받으신 이로되 죄는 없으시니라. 그러므로 우리는 긍휼하심을 받고 때를 따라 돕는 은혜를 얻기 위하여 은혜의 보좌 앞에 담대히 나아갈 것이니라."
>
> 히브리서 4장 15-16절

대제사장은 우리가 하나님앞에 죄 문제를 해결받고 나아갈 수 있도록 돕는 자를 이야기합니다. 그런데 성경은 우리에게 있는 대제사장이 우리의 연약함을 이해하시고, 우리를 긍휼히 여기시고, 우리를 돕기를 원하시는 분이라고 합니다. 그러므로 우리의 대제사장이신 예수 그리스도를 통해서 하나님 앞에 나아가면, 반드시 그 분이 우리를 도우실 것을 믿고 기도의 자리로 나아가라는 것입니다.

두번째로 우리가 기도할 때 알아야 하는 것은, 우리가 예수님의 뜻대로 기도하면 하나님이 반드시 우리의 기도를 들으신다는 것입니다.

> "그를 향하여 우리가 가진 바 담대함이 이것이니 그의 뜻대로 무엇을 구하면 들으심이라. 우리가 무엇이든지 구하는 바를 들으시는 줄을 안즉 우리가 그에게 구한 그것을 얻은 줄을 또한 아느니라."
> 요한일서 5장 14-15절

이 구절의 중요한 포인트는 "그의 뜻대로"구해야 한다는 것입니다. 방금 전에 배웠던 대로, 우리는 "하나님의 뜻대로" 기도해야 합니다. 그러면 하나님의 뜻은 어떻게 알 수 있을까요? 언젠가 저와 믿음생활을 하던 청년이 한국에서 데리고 온 청년이 있는데, 리더 수련회에 같이 가도 되냐는 질문을 한 적이 있습니다. 또 어떤 분은 저희 교회 사람이 아닌데 교회 피크닉에 데리고 와도 되냐고 물어 본적이 있습니다. 그래서 저는 당연히 된다고 답변했습니다. 왜냐하면 교회의 모든 사역은 복음을 전하기 위함이고, 리더들이 수련회 시간을 갖는 이유도 영혼을 섬기기 위함이기 때문입니다. 그런데 저의 대답을 들은 사람들이 이런 이야기를 했습니다. "목사님은 그렇게 말씀하실 것 같았어요~" 왜 그렇게 생각했을까요? 평소에 제가 이야기했던 내용들, 저의 성품과 이전까지 성도들을 지도해왔던 내용들에서 저의 뜻을 유추할 수 있었기 때문입니다.

우리는 누군가와 대화하는 가운데 그 사람을 알게 됩니다. 그 사람의 성품을 알게 되고, 좋아하고 싫어하는 것을 알게 됩니다. 그 사람이 했던 말들을 통해서 그 사람이 중요하게 여기는 가치를 알게 되고, 그 사람이 추구하는 삶의 방향도 알게 됩니다. 이 모든 것이 교제를 통해서 이루어지는 일이며, 우리는 교제와 대화를 통해서 그 존재를 알아가게 됩니다. 우리가 하나님과 교제하고, 하나님의 뜻을 알아가게 되는 것도 마찬가지입니다. 하나님의 뜻은 우리에게 주어진 완전한 계시의 말씀인 성경을 통해서 알 수 있습니다. 하나님이 어떤 말씀을 하셨는지, 성경에 계시된 하나님은 어떤 분인지, 하나님의 말씀을 알아가는 중에 하나님을 더 깊이 알게 되고, 하나님을 알면 알수록 성도들은 하나님이 싫어하시는 일들을 피하게 되어 있습니다. 기도생활도 마찬가지입니다. 성경을 통해서 하나님을 알아갈수록 우리는 하나님이 무엇을 원하시는지, 무엇을 싫어하시는지를 더욱더 분명하게 알아가게 됩니다. 그렇게 하나님은 우리에게 말씀하시고, 우리는 성경을 통해서 계시하신 하나님의 말씀을 듣고, 하나님께 우리가 원하는 것들을 아뢰게 되어 있습니다. 이것이 바로 기도가 교제이며 대화라고 표현한 이유입니다.

이제 정리해 보겠습니다. 기도는 일방향의 소통이 아니라, 양방향의 소통입니다. 이러한 사실을 분명하게 이해한 성도는 하나님을 알아갈수록 하나님이 원하시는 기도를 하게 되어 있습니다. 또한, 하나님의 뜻대로 기도하게 되어 있습니다. 왜냐하면 하나님이 나보다 잘 하시며, 잘 아시다는 것을 알게 되기 때문이고, 그것을 신뢰하게 되기 때문입니다. 다시 말해서 하나님의 뜻대로 구하는 기도는, 하나님을 아는 성도들이 하는 기도이며, 하나님을 기쁘시게 하기 위한 마음을 품은 크리스천들이 해야하는 기도인 것입니다. 그러므로 성경대로 기도하시기를 바랍니다. 성경이 말하는 대로, 성경이 가르치는 대로 기도할 때에 놀라운 하나님과의 교제를 누리게 되시기를 주님의 이름으로 축복합니다.

강의 내용 다시 되새겨 보기 & 함께 다시 공부해 보기

1. 성경적인 기도의 개념을 정리해 보시기 바랍니다.

2. 성경적인 기도는 "하나님과의 관계성"을 전제로 합니다. 크리스천들이 기도하는 대상은 어떤 분입니까? 크리스천들은 기도의 대상이신 하나님과 어떤 관계성을 가지고 있습니까?

3. 크리스천들은 "하늘에 계신 우리 아버지"에게 기도합니다. 이러한 사실에는 어떠한 뜻이 담겨져 있습니까?

4. 크리스천들이 하나님 나라를 위해서 기도해야 하는 내용에는 어떤 기도제목들이 담겨져 있습니까? 그리고 우리는 이러한 기도제목을 가지고 어떻게 기도해야 합니까?

5. "일용할 양식"을 위해서 기도하는 것은 구체적으로 어떻게 기도하는 것을 말합니까?

6. 하나님께서 만나사건을 통해서 40년동안 이스라엘에게 가르치고자 하신 내용은 무엇입니까? 이 사건에서 우리는 어떤 교훈을 배울 수 있습니까?

7. 크리스천들의 기도는 우리가 얼마나 열심히 기도했는지에 응답 여부가 달려 있지 않습니다. 우리가 기도하는 하나님이 어떤 분인지, 하나님이 우리와 어떤 관계를 맺고 있는지에 기도의 응답 여부가 달려 있는 것입니다. 이 내용을 2번 질문과 관련지어 소그룹원들과 더 자세하게 나누어 보시기 바랍니다.

8. 하나님이 우리를 구원하기 위해서 베푸신 은혜는 "값비싼 은혜"입니다. 여러분은 이 말에 동의하십니까?

9. 우리가 예수님의 이름으로 기도를 마치는 이유는 무엇입니까?

10. 우리가 하나님의 뜻대로 기도한다는 것은 구체적으로 어떻게 기도하는 것을 말합니까?

크리스천 리스타트

헌금은 교회를 세우는 하나님의 방법입니다

크리스천 리스타트

헌금은 교회를 세우는 하나님의 방법입니다

　이번 장에서는 많은 성도들이 오해하고 불편해 하는 헌금 문제"에 대해서 이야기 해보려 합니다. 교회에서는 주일 예배 때 마다 헌금을 드리고, 감사헌금과 선교 헌금, 그리고 십일조와 여러가지 헌금들을 드립니다. 그 중에서도 "십일조"에 대한 이야기는 많은 사람들이 교회를 비난할 때 자주 등장하는 단골 메뉴이기도 하죠. 그러면 크리스천들은 왜 헌금을 드리는 것일까요? 그리고, 수입의 "십분의 일"이나 되는 십일조라는 헌금을 왜 드리는 것일까요?

소유권에 대한 이해

헌금 문제에 대해서 이야기하기 위해서는 "소유권"에 대한 이야기를 먼저 해야 합니다. 쉽게 이야기해서 우리가 가지고 있는 돈의 소유권이 누구에게 있는지 올바르게 이해해야 헌금에 대한 이야기를 이해할 수 있다는 것이죠. 로마서는 구원 받는 성도들이 어떤 고백을 해야 하는지에 대해서 이렇게 이야기합니다.

> "네가 만일 네 입으로 예수를 주로 시인하며 또 하나님께서 그를 죽은 자 가운데서 살리신 것을 네 마음에 믿으면 구원을 받으리라."
> 로마서 10장 9절

우리는 예수 그리스도께서 죽은 자 가운데서 살아나신 하나님이라는 것을 믿어야 합니다. 또한, 예수를 "주"로 시인해야 구원을 받습니다. 여기에서 이야기하는 "주"라는 표현은, 로마 시대에 노예들이 주인을 부를 때 사용한 "주인님"이라는 표현을 말합니다. 그러한 사회적인 배경 아래에서 성경은 우리가 예수님을 "주님"으로 불러야 한다는 이야기를 하는 것입니다. 간혹 성도들 중에는 "주님"이라는 표현이 "예수님"을 조금 더 부드럽게 부르는 표현이라고 오해하는 분들이 있습니다. 마치 Father라고 부르는 것보다 Daddy 라고 부르고, Mother 라고 부르는 것보다 Mommy 라고 부르는 것이 더 다정하고 부드럽게 느껴지는 것처럼 말이죠. 하지만 "주님" 이라는 표현은 분명히 그 당시 로마의 노예가 주인을 부르던 "퀴리오스"라는 헬라어를 번역한 단어입니다. 즉, "주인님"이라는 표현이지, 다른 표현이 될 수가 없습니다. (이에 대한 더 깊은 논의를 원한다면 다음의 책을 참고 하시기를 바랍니다. 존 맥아더, Slave, 국제제자훈련원, 2010.) 그러므로 우리가 알아야 하는 것은, 성경은 구원 받은 성도들이 예수님을 영접할 때에 "그리스도"로 영접할 뿐만 아니라 그들의 인생의 모든 주권을 가지고 있는 "주인님"으로 고백할 것을 요구하고 있다는 것입니다.

그러면, 우리들이 가지고 있는 재산의 주인은 누구입니까? 당연히 우리의 주인이신 예수 그리스도라는 것입니다. 비록 우리 명의로 된 통장에 돈이 들어 있다고 해도, 우리 명의로 된 집이 있다고 해도, 비록 우리가 일을 해서 돈을 벌어 온 것이라고 해도, 처음부터 일을 할 수 있는 능력과 권세를 주신 분이 하나님이라는 것을 인정할 수 있다면, 모든 것의 주인이 하나님이라는 것을 고백하게 될 것입니다. 그리고, 이러한 이해를 근간으로 하여 헌금 문제를 생각해야 하는 것입니다. 역대상 29장을 보면 다윗이 성전에 제물을 바치면서 하나님께 드린 기도가 기록되어 있습니다.

"여호와여 위대하심과 권능과 영광과 승리와 위엄이 다 주께 속하였사오니 천지에 있는 것이 다 주의 것이로소이다 여호와여 주권도 주께 속하였사오니 주는 높으사 만물의 머리이심이니이다. 부와 귀가 주께로 말미암고 또 주는 만물의 주재가 되사 손에 권세와 능력이 있사오니 모든 사람을 크게 하심과 강하게 하심이 주의 손에 있나이다. 우리 하나님이여 이제 우리가 주께 감사하오며 주의 영화로

> 운 이름을 찬양하나이다. 나와 내 백성이 무엇이기에 이처럼 즐거운 마음으로 드릴 힘이 있었나이까 모든 것이 주께로 말미암았사오니 우리가 주의 손에서 받은 것으로 주께 드렸을 뿐이니이다. 우리는 우리 조상들과 같이 주님 앞에서 이방 나그네와 거류민들이라 세상에 있는 날이 그림자 같아서 희망이 없나이다. 우리 하나님 여호와여 우리가 주의 거룩한 이름을 위하여 성전을 건축하려고 미리 저축한 이 모든 물건이 다 주의 손에서 왔사오니 다 주의 것이니이다."
>
> 역대상 29장 11-16절

그 당시 이스라엘 백성들은 아직 성전을 가지고 있지 않았습니다. 그때까지 성막이라고 부르는 천막 텐트에서 예배를 드렸고, 다윗은 화려한 성전을 지어 하나님의 언약궤를 모시고 싶어하던 때였습니다. 그런데 하나님께서는 다윗이 아닌 솔로몬이 성전을 짓게 하셨고, 그 일을 위해서 다윗은 성전을 지을 재물을 모으는 일을 맡게 되었습니다. 그렇기 때문에 다윗은 자신의 아들인 솔로몬 왕이 성전을 건축할 수 있도록 모든 준비를 마쳤고, 지금 우리가 읽은 기도를 성전 건설 준비를 마친 뒤에 드린 것입니다. 그런데 이 구절을 보면, 다윗의 기도에는 반복해서 나타나는 표현이 있습니다. 11절을 보면, "천지에 있는 것이 다 주의 것이소로이다" 라고 고백했고, 12절을 보면 "부와 귀가 주께로 말미암는다"고 고백했습니다. 14절을 보면 "모든 것이 주께로 말미암았사오니 우리가 주의 손에서 받은 것으로 주께 드렸을 뿐이니이다" 라고 고백 했습니다. 그리고 16절을 보면 "우리가 주의 거룩한 이름을 위하여 전을 건축하려고 미리 저축한 이 모든 물건이 다 주의 손에서 왔사오니 다 주의 것이니이다" 라고 고백했습니다.

지금 다윗이 한 고백 가운데 공통적으로 들어가 있는 내용이 무엇입니까? 비록 다윗이 성전 건축을 위해서 많은 재물들을 드린 것은 맞지만, 그 모든 재물들은 다 하나님으로 부터 온 것이라는 말입니다. 분명히 성전 건축을 위해서 준비한 사람은 다윗입니다. 그리고 하나님께서는 다윗이 하나님께 드린 재물을 가지고 성전을 짓게 하셨습니다. 하지만, 다윗은 자기의 것이 아니라 원래 하나님께서 주신 것을 하나님께 드린것 뿐이라고 고백하고 있다는 것입니다. 이 말은 다윗이 자신의 재물이 자신의 것이 아니라는 것을 분명하게 알고 있었다는 말입니다. 자신이 가지고 있는 재물의 "소유권"이 자신이 아니라 하나님께 속해 있다는 것을 알고 있었다는 거죠. 우리가 하나님께 드리는 헌금을 생각할 때 고려해야 하는 포인트가 바로 여기에 있다는 것입니다. 헌금은 내가 어렵게 번 것을 하나님께 드린 것이 아닙니다. 원래 "하나님이 주신 것"을, "하나님의 일을 위해서," "하나님께 드리는 것"입니다.

전부 다 하나님이 주신 것입니다

신명기 8장을 보면, 우리가 재물에 대해 어떤 관점을 가져야 하는지를 알 수 있습니다.

> "내가 오늘 네게 명하는 여호와의 명령과 법도와 규례를 지키지 아니하고 네 하나님 여호와를 잊어버리지 않도록 삼갈지어다. 네가 먹어서 배부르고 아름다운 집을 짓고 거주하게 되며. 또 네 소와 양이 번성하며 네 은금이 증식되며 네 소유가 다 풍부하게 될 때에. 네 마음이 교만하여 네 하나님 여호와를 잊어버릴까 염려하노라 여호와는 너를 애굽 땅 종 되었던 집에서 이끌어 내시고, 너를 인도하여 그 광대하고 위험한 광야 곧 불뱀과 전갈이 있고 물이 없는 간조한 땅을 지나게 하셨으며 또 너를 위하여 단단한 반석에서 물을 내셨으며. 네 조상들도 알지 못하던 만나를 광야에서 네게 먹이셨나니 이는 다 너를 낮추시며 너를 시험하사 마침내 네게 복을 주려 하심이었느니라. 그러나 네가 마음에 이르기를 내 능력과 내 손의 힘으로 내가 이 재물을 얻었다 말할 것이라. 네 하나님 여호와를 기억하라 그가 네게 재물 얻을 능력을 주셨음이라 이같이 하심은 네 조상들에게 맹세하신 언약을 오늘과 같이 이루려 하심이니라."
>
> 신명기 8장 11-18절

성경은 이스라엘 백성들이 누리게 될 부와 풍요가 그들의 힘과 능력으로 얻은 것이 아니라고 가르칩니다. 그런데 많은 성도들이 이 부분에서 오해를 하고 신앙생활을 합니다. 가끔 청년들을 보면, 직장을 위해서 기도하는 사람들 중에 이렇게 기도하는 사람들을 발견하게 됩니다. "하나님, 저에게 직장을 주시면 제가 하나님을 위해서 평생을 살겠습니다." 그런데, 막상 하나님이 기도를 들어주셔서 직장을 주시면, 교회를 떠나고 하나님을 떠납니다. 자신이 번 돈을 여행지에서 사용하기 위해서 예배 자리도 비우고, 하나님을 잊어버리고 삽니다. 청년들만 그렇게 살까요? 아닙니다. 사실 장년 성도들도 똑같습니다. "하나님 이번에 이 사업만 잘 되게 해주시면, 사업체가 벌어들인 돈으로 하나님이 기뻐하시는 일들을 하며 살겠습니다. 하나님의 교회를 위해서, 선교를 위해서 열심히 살겠습니다." 그렇게 기도해 놓고도 막상 하나님이 기도를 들어 주시면, 사업을 더 크게 확장하기 위해서 예배 자리를 떠납니다. 그리고 그렇게 번 돈으로 더 큰 집을 삽니다. 비싼 자동차를 삽니다. 그리고는 그 페이먼트를 갚아야 하기 때문에 주일에도 일을 하게 됩니다. 그리고 더 큰 수익을 내기 위해서 때로는 옳지 않은 일들까지 행하다가 점점 더 하나님에게서 마음이 멀어지게 되는 것입니다.

방금 전에 읽은 신명기의 말씀은 가나안 땅에 도착한 뒤에 하나님을 잊어버리고 그렇게 행하게 될 이스라엘 백성들을 염려해서 당부한 말씀입니다. 구원의 약속을 받았다고 생각한 뒤에, 하나님을 잊어버리고 살 성도들을 염려해서 주신 말씀이죠. 주변을 둘러보면, 청년 때 열심히 하나님을 섬기던 사람들이 직장에 들어가서 돈을 벌고, 결혼을 하고 애를 낳으면, 하나님을 향한 열정이 사그러 드는 것을 자주 봅니다. 하나님이 주신 복을 사용하여 하나님이 아닌 자신들을 위해서 살게 되는 것을 자주 보게 됩니다. 그들은 바빠서 그렇게 되었다고 이야기하고, 일이 많아서 그렇다고 이야기합니다. 하지만 그렇게 변명하는 사람들은, 마치 자신들이 청년 때에 더 부족하고 더 바쁘고 분주했을 때도 하나님을 찾았던 것을 잊어버린 것 같습니다.

우리는 바빠서 예배 자리를 떠나는 것이 아닙니다. 분주해서 봉사 자리에서 벗어난 것이 아니며, 돈이 없어서 헌금 생활을 못하는 것이 아닙니다. 자기 인생의 주인이 자신이 되었기 때문에, 자기 인생이 소유권이 하나님께 달려 있다는 것을 잊어버렸기 때문에 그렇게 된 것입니다. 언제부터인가 우리의 직장을 하나님이 주셨다는 것을 잊어버렸습니다. 우리의 재물을 하나님이 주셨다는 것을 잊어버렸습니다. 우리의 재물 얻을 능력을 하나님이 주셨다는 것을 잊어 버렸습니다. 우리의 자녀를 하나님이 주셨다는 것을 잊어버리고, 우리 인생의 주인이 자신이라고 오해하게 되었기 때문에 이러한 일들이 벌어지는 것입니다.

어느새부터 하나님은 내 인생의 주인이 아니라 서브로 밀려났습니다. 오늘날 미국에서 유행하는 "포켓속의 하나님"이라는 개념처럼, 내가 필요할 때만 나와서 나의 허락을 받고 나를 도와주어야 하는 존재가 되어 버렸습니다. 사실 오늘날 수많은 교인들이 믿고 있다고 말하는 하나님의 모습이 이와 같습니다. 그들은 나를 아껴주고, 응원해주고, 위로해주고, 격려해 주기는 하지만, 결코 나의 자유와 주권은 침해해서는 안되는 램프의 지니같은 하나님의 모습을 원합니다. 하지만 성경이 이야기하는 "구원 받은 신앙"은 "하나님의 주권을 인정하는 신앙"입니다. 하나님이 내 인생과, 내 자녀와, 내 재물과, 내 시간의 주인이라는 것을 인정하며 사는 신앙이 성경이 말하는 구원 받은 크리스천들의 신앙입니다.

헌금을 드려야 하는 이유

그러면 우리 크리스천들이 헌금을 드려야 하는 이유는 무엇일까요? 성경은 우리에게 하나님의 재물을 맡아서 관리하는 "청지기"라는 개념을 사용합니다. "청지기"라는 것은 다른 사람의 재산을 위탁 받아서 관리하는 사람을 말하는데, 그러한 개념에서 성경은 우리를 "하나님의 청지기"라고 부르는 것입니다. 성경은 모든 재물의 소유권이 하나님에게 있다고 가르칩니다. 우리는 단지 하나님의 재물을 맡아서 관리하도록 위임 받았을 뿐이죠. 그리고 모든 재물의 소유권이 하나님께 있다면, 우리의 재물은 주인이신 하나님의 뜻에 맞게 사용해야 하는 것입니다. 하나님이 기뻐하시는 곳에, 하나님의 것을 맡아서 사용하는 마음으로 사용을 해야 하는 것입니다.

> "주께서 이르시되 지혜 있고 진실한 청지기가 되어 주인에게 그 집 종들을 맡아 때를 따라 양식을 나누어 줄 자가 누구냐. 주인이 이를 때에 그 종이 그렇게 하는 것을 보면 그 종은 복이 있으리로다."
>
> 누가복음 12장 42-43절

그러면, 우리는 왜 헌금을 드려야 하는 걸까요? 한가지 알아야 하는 것은 우리는 하나님의 "청지기"이지, "소작농"이 아니라는 것입니다. "소작농"이라는 것은 주인의 땅에서 일을 해서 수입을 올린 다음에, 일정 부분을 소작료로 내고 나머지는 자신이 갖는 사람을 말합니다. 일종의 세금인 것이죠. 그러니까 헌금이 세금과 다르다는 말은, 하나님께 세금 비슷한 명목으로 십일조를 드렸으니 나머지 10분의 9는 나의 것이라고 주장할 수 없다는 말을 하는 것입니다. 본래 10개가 다 하나님의 것입니다. 다만 그 중에 하나를 우리가 십일조로 드리는 것이죠. 하지만 하나님의 소유권을 인정하는 우리 크리스천들은 나머지 아홉개도 다 하나님의 것이라는 생각을 가지고 하나님이 주신 재물을 다스리고 사용해야 하는 것입니다. 그러면 왜 하나님께서는 십일조를 드리라고 하셨을까요? 이 사실을 이해하기 위해서는 하나님께서 세우신 성막의 제도와 레위인들에 대한 이야기를 살펴 보아야 합니다.

> "그러나 레위인은 회막에서 봉사하며 자기들의 죄를 담당할 것이요 이스라엘 자손 중에는 기업이 없을 것이니 이는 너희 대대에 영원한 율례라. 이스라엘 자손이 여호와께 거제로 드리는 십일조를 레위인에게 기업으로 주었으므로 내가 그들에 대하여 말하기를 이스라엘 자손 중에 기업이 없을 것이라 하였노라. 여호와께서 모세에게 말씀하여 이르시되. 너는 레위인에게 말하여 그에게 이르라 내가 이스라엘 자손에게 받아 너희에게 기업으로 준 십일조를 너희가 그들에게서 받을 때에 그 십일조의 십일조를 거제로 여호와께 드릴 것이라."
>
> 민수기 18장 23-26절

하나님께서는 이스라엘의 죄 문제를 해결하기 위해서 성막을 짓고, 그 곳에서 제사와 예배를 드리게 하셨습니다. 그리고 성막에서 드리는 모든 제사와 일들을 담당하기 위해서 이스라엘의 열두 지파 중에 레위 지파를 따로 구별하셔서 성막의 일을 맡기셨습니다. 이 성막이 훗날에 성전이 되는 것이고 나중에 우리가 예배를 드리는 교회가 그 역할을 담당하게 되는 것입니다. 그러면, 성막의 예배를 섬기게 될 레위인들의 이야기를 조금 더 살펴 보겠습니다.

> "보라 내가 이스라엘 자손 중에서 레위인을 택하여 이스라엘 자손 중에 태를 열어 태어난 모든 자를 대신하게 하였은즉 레위인은 내 것이라. 처음 태어난 자는 다 내 것임은 내가 애굽 땅에서 그 처음 태어난 자를 다 죽이던 날에 이스라엘의 처음 태어난 자는 사람이나 짐승을 다 거룩하게 구별하였음이니 그들은 내 것이 될 것임이니라 나는 여호와이니라."
>
> 민수기 3장 12-13절

> "그러나 레위인은 그들의 조상의 지파대로 그 계수에 들지 아니하였으니. 이는 여호와께서 모세에게 말씀하여 이르시되. 너는 레위 지파만은 계수하지 말며 그들을 이스라엘 자손 계수 중에 넣지 말고. 그들에게 증거의 성막과 그 모든 기구와 그 모든 부속품을 관리하게 하라 그들은 그 성막과 그 모든 기구를 운반하며 거기서 봉사하며 성막 주위에 진을 칠지며. 성막을 운반할 때에는 레위인이 그것을 걷고 성막을 세울 때에는 레위인이 그것을 세울 것이요 외인이 가까이 오면 죽일지며. 이스라엘 자손은 막사를 치되 그 진영별로 각각 그 진영과 군기 곁에 칠 것이나. 레위인은 증거의 성막 사방에 진을 쳐서 이스라엘 자손의 회중에게 진노가 임하지 않게 할 것이라 레위인은 증거의 성막에 대한 책임을 지킬지니라 하셨음이라. 이스라엘 자손이 그대로 행하되 여호와께서 모세에게 명령하신 대로 행하였더라."
>
> 민수기 1장 47-53절

구약의 제사법에 따르면 원래 모든 가축들의 첫번째 난 것은 하나님께 제물로 드리게 되어 있었습니다. 이것을 "초태생"이라고 부르는데, 사람은 제물로 드릴 수가 없으니 이스라엘 열두 지파중에 한 지파를 하나님이 선택하셔서 다른 기업이 아닌 "성막의 일을 하는 기업"을 맡기셨다는 것입니다. 그리고 민수기 18장 23-26절에서 이야기 하는 것처럼, 레위인들은 다른 기업이 없기 때문에, 이스라엘 백성들이 드리는 십일조로 생활을 하게 하셨습니다. 또한, 레위인들도 자신들이 받은 재물에서 십일조를 드리게 하셨습니다. 그렇게 해서 성막의 일을 담당할 레위인들을 세우시고, 그들이 성막의 일을 기업으로 삼아서 살도록 명령하신 것입니다. 그러므로 하나님께서 이스라엘 백성들에게 십일조를 내게 하신 이유는, 성막의 일을 담당할 레위인들이 먹고 살게 하기 위해서, 성막을 유지하기 위해서 레위인들에게 주신 직장이자, 기업을 위해서였다는 것을 이해해야 합니다. 그래서 구약을 보면 레위인들도 자신들의 땅이 있었고, 집이 있었으며, 생활비를 받았고, 이스라엘 가운데에서 함께 먹고 살았던 것입니다. 백성들이 그 해 소출을 풍성하게 거두어 부유해지게 되면 레위인도 함께 부유해 졌고, 백성들이 소출을 충분히 거두지 못하게 되어 가난해 지게되면 레위인도 함께 가난을 겪었습니다. 그러니까 십일조는, 성막을 유지하고 교회를 유지하기 위한 하나님의 경영 방법이었습니다.

우리는 왜 사사 시대의 비극이 벌어졌는지, 왜 말라기 시대의 성도들이 타락했는지 성경을 보면서 교훈을 얻어야 합니다. 주된 이유는 그들이 하나님의 말씀을 듣지 않았기 때문입니다. 그리고, 하나님의 말씀을 전해줄 레위인들이 타락했기 때문입니다. 백성들이 십일조를 드리지 않으니까 레위인들이 먹고 살 수가 없어서 도망가 버렸습니다. 게다가 레위 제사장들이 먹고 살 수가 없으니까 미가와 같은 사람들의 개인 제사장이 되어서 우상을 숭배하는 타락한 제사장이 되어 버렸습니다(사사기 17장 참고). 물론 문자적으로 구약시대의 레위인이 신약 시대의 목사와 동일한 개념은 아니지만, 그 역할에 있어서 동일한 역할을 담당하고 있음을 이해해야 합니다. 사실 성도들이 십일조를 내지 않으면 목사님들과 사역자들의 생활비를 드릴 수가 없습니다. 그러면 그들은 다른 일을 하게 되고, 사역지를 떠나서 흩어지게 되어 있습니다. 그렇게 되면 결국 그 결과는 성도들이 함께 지게 되어 있습니다. 목회자가 하나님의 말씀을 연구 하지 않고 사람들의 눈치를 보면서 타락하게 되면, 결국 복음을 제대로 듣지 못하고 유익을 누리지 못하는 것은 성도들입니다.

하지만 이 사실을 오해하시면 안됩니다. 목회자들이 성도들의 십일조로 생활비를 받는 것은 맞지만, 성도들이 목회자의 생활비를 주는것은 아닙니다. 왜냐하면 성도들은 청지기에 불과한 자들이며, 모든 것은 하나님의 것이기 때문입니다. 이해하기 쉽게 예를 들어 보겠습니다. 성도들이 직장을 다닐 때 성도들의 월급을 그 직장의 CEO가 주는 걸까요, 아니면 CEO를 통해서 하나님이 주시는 것일까요? 그 역시도 하나님이 주시는 것입니다. 다만, 그 직장을 통해서, 그 CEO를 통해서 주시는 것이죠. 목회자들도 마찬가지입니다. 목회자는 성도들의 십일조로 생활비를 전달 받습니다. 하지만 그것은 성도들이 주는 월급이 아닙니다. 성도들은 하나님께 십일조를 드린 것이고, 목회자는 교회를 통해서 하나님이 주시는 생활비를 받는 것입니다. 그리고 교회들은 그 일에 감사함을 표현해서 "사례비"라는 이름으로 부르는 것입니다. 교회가 건강하게 세워지기를 원하십니까? 하나님의 말씀을 맡은 사역자들이 경건하고 아름답게 성장하기를 원하십니까? 그렇다면 우리 크리스천들이 교회의 재정에 대한 각자의 책임을 다해야 합니다. 왜냐하면 하나님께서는 성도들이 드린 헌금과 십일조를 통해서 교회가 운영되게 하시기 때문입니다. 신명기 14장 말씀은 이렇게 이야기합니다.

> "네 성읍에 거주하는 레위인은 너희 중에 분깃이나 기업이 없는 자이니 또한 저버리지 말지니라. 매 삼 년 끝에 그 해 소산의 십분의 일을 다 내어 네 성읍에 저축하여. 너희 중에 분깃이나 기업이 없는 레위인과 네 성중에 거류하는 객과 및 고아와 과부들이 와서 먹고 배부르게 하라 그리하면 네 하나님 여호와께서 네 손으로 하는 범사에 네게 복을 주시리라."
>
> 신명기 14장 27-29절

헌금은 하나님의 명령입니다

오늘날 많은 유튜버들이 헌금에 대해서 부정하고, 헌금의 무익성과 불필요성을 강조하고 있습니다. 그리고 하나님께 헌신하고 싶어하지 않는 우리의 죄성은 그것을 옳다고 받아들이려 합니다. 하지만 헌금은 하나님의 명령입니다. 성도들이 헌금을 드리는 이유는 하나님께서 드리라고 하셨기 때문에 드리는 것입니다. 그리고 하나님이 약속하신 복이 어떤 것인지 우리는 완전히 알지 못하지만, 하나님께서는 분명히 하나님의 말씀대로 헌금과 십일조를 낸 성도들에게 범사에 복을 주시겠다고 약속하셨습니다.

사실 헌금 이야기는 목회자에게도 불편한 이야기가 맞습니다. 하지만 스펄전 목사님은 이렇게 말씀하셨습니다. "헌금에 대해서 이야기하지 않는 목회자만큼 악한 목회자는 없다." 왜 이렇게까지 이야기 하셨을까요? 성도들이 헌금 생활을 올바르게 하지 않으면 교회와 사역자들에게 큰 문제가 생기기 때문입니다. 목회자는 성도들이 안전하게 구원의 길을 걸어갈 수 있도록 지켜야 하는 역할을 하는 동시에, 그들을 초장으로 인도하는 역할을 맡았습니다. 그래서 목회자는 성도들이 하나님의 말씀에 순종해서 하나님이 약속하신 복을 받을 수 있도록 올바르게 말씀을 가르쳐 줘야 하는 책임이 있습니다. 그래서 목회자는 올바르게 헌금하는 것을 가르쳐 주고, 그 말씀대로 살아갈 때에 성도들이 복 받을 수 있도록 도와야 하는 책임이 있습니다. 이것은 개인적인 주장도 아니고, 기복 신앙을 권유하는 것도 아닙니다. 지금 저는 하나님의 약속의 말씀을 말씀드리는 것입니다. 그러므로 하나님이 명령하신 헌금 생활을 제대로 해보십시오. 그리고 하나님의 소유권을 인정하고 청지기로 살아보십시오. 그리고 하나님이 약속하신 복을 누리는 간증을 하는 인생들이 되시면 좋겠습니다. 누가복음 12장 말씀은 우리가 재물에 대하여 어떤 자세를 가져야 하는지에 대해서 가르칩니다.

> "그들에게 이르시되 삼가 모든 탐심을 물리치라 사람의 생명이 그 소유의 넉넉한 데 있지 아니하니라 하시고. 또 비유로 그들에게 말하여 이르시되 한 부자가 그 밭에 소출이 풍성하매. 심중에 생각하여 이르되 내가 곡식 쌓아 둘 곳이 없으니 어찌할까 하고. 또 이르되 내가 이렇게 하리라 내 곳간을 헐고 더 크게 짓고 내 모든 곡식과 물건을 거기 쌓아 두리라. 또 내가 내 영혼에게 이르되 영혼아 여러 해 쓸 물건을 많이 쌓아 두었으니 평안히 쉬고 먹고 마시고 즐거워하자 하리라 하되. 하나님은 이르시되 어리석은 자여 오늘 밤에 네 영혼을 도로 찾으리니 그러면 네 준비한 것이 누구의 것이 되겠느냐 하셨으니. 자기를 위하여 재물을 쌓아 두고 하나님께 대하여 부요하지 못한 자가 이와 같으니라."
>
> 누가복음 12장 15-21절

하나님께 부요한 사람이 되십시오

성경은 우리가 이 세상을 떠날 때, 우리가 가지고 갈 수 있는 것이 아무것도 없다고 이야기합니다. 우리가 재물을 아무리 쌓아놓는다 한들, 사후에 집을 가져가겠습니까, 아니면 차를 가져겠습니까? 그러므로 성경은 하나님을 위해서 우리 크리스천들의 재물이 사용되어야 함을 가르치고 있습니다. 하나님께 부요한 자가 되어야 한다고 권면하고 있습니다. 십일조에 대한 신명기 말씀을 조금 더 읽어 보겠습니다.

"네 하나님 여호와께서 너와 네 집에 주신 모든 복으로 말미암아 너는 레위인과 너희 가운데에 거류하는 객과 함께 즐거워할지니라. 셋째 해 곧 십일조를 드리는 해에 네 모든 소산의 십일조 내기를 마친 후에 그것을 레위인과 객과 고아와 과부에게 주어 네 성읍 안에서 먹고 배부르게 하라. 그리 할 때에 네 하나님 여호와 앞에 아뢰기를 내가 성물을 내 집에서 내어 레위인과 객과 고아와 과부에게 주기를 주께서 내게 명령하신 명령대로 하였사오니 내가 주의 명령을 범하지도 아니하였고 잊지도 아니하였나이다. 내가 애곡하는 날에 이 성물을 먹지 아니하였고 부정한 몸으로 이를 떼어두지 아니하였고 죽은 자를 위하여 이를 쓰지 아니하였고 내 하나님 여호와의 말씀을 청종하여 주께서 내게 명령하신 대로 다 행하였사오니. 원하건대 주의 거룩한 처소 하늘에서 보시고 주의 백성 이스라엘에게 복을 주시며 우리 조상들에게 맹세하여 우리에게 주신 젖과 꿀이 흐르는 땅에 복을 내리소서 할지니라."

신명기 26장 11-15절

이처럼 성경은 하나님의 말씀대로 살고, 하나님의 말씀대로 복을 구하라고 이야기합니다. 하나님의 말씀대로 살지는 않으면서 복만 구하는 것은 잘못이지만, 하나님의 말씀대로 살고, 하나님의 말씀대로 복을 구하는 것은 분명히 성경이 권면하고 있는 일입니다. 그러므로 이 시간, 헌금에 대한 몇몇 오해를 바로 잡아야 하겠습니다. 성도들이 헌금을 드리는 것은 우리의 것이 다 하나님의 것임을 인정하는 일종의 신앙고백입니다. 헌금은 세금이 아닙니다. 하나님이 베푸신 은혜에 대한 감사의 표시이고, 하나님이 말씀하신 것이 옳다고 고백하며 하나님의 말씀대로 따르는 올바른 신앙의 반응입니다. 또한 헌금은 하나님과 거래하는 수단이나 방법도 아닙니다. 내가 이만큼 헌금했으니 이만큼 복을 내려 달라는 대가성 거래 개념도 아닙니다. 하나님께서는 학개 선지자를 통해서 이렇게 말씀하셨습니다.

> "은도 내 것이요 금도 내 것이니라 만군의 여호와의 말이니라."
>
> 학개 2장 8절

하나님은 솔로몬의 성전과도 같은 휘황찬란한 궁전을 지어달라고 하지 않으셨습니다. 산에 올라가서 거기에 있는 나무로 성전을 짓는다고 해도, 우리의 마음이 하나님을 향하고 하나님의 말씀에 순종한다면 그것을 기뻐하시고 복을 주시겠다고 말씀하셨습니다. 하나님은 무엇이 부족해서 우리에게 헌금을 요구하시는 분이 아닙니다. 은과 금이 다 하나님의 것인데, 무엇하나 부족함이 없으신 온 땅의 주인께서 우리의 것을 왜 필요로 하시겠습니까? 하나님은 우리 헌금이 없으면 일을 하지 못하시는 분이 아닙니다. 하나님은 우리의 마음을 원하는 것입니다.

예를 들어서 제가 저희 아들에게 과자 한봉지를 사주었다고 생각해 보겠습니다. 저희 아들이 "아빠 아빠도 드세요~"라고 한다면, 제가 그 아이가 얼마나 예쁘겠습니까? 아마도 다음에는 그 과자 말고도 다른 과자도 사줄 겁니다. 그런데, 그 아이가 "이건 내 거니깐 아빠 안줄거야~"라고 그 봉지를 끌어 안고, 하나 달라고 했더니 울면서 주저 앉아 버린다면 제가 그 아이의 행동을 예쁘다고 하겠습니까? 하나님은 과자 살돈이 부족해서 우리 것을 뜯어내려는 분이 아닙니다. 하나님은 우리의 마음을 원하시는 분이고, 우리의 믿음과 순종을 원하시는 분이십니다. 하나님은 교회 운영 자금이 모자라서 성도들에게 헌금을 요구하시는 분이 아닙니다. 우리가 하지 않아도 하나님께서는 하나님의 교회를 이끌어 가실 것입니다. 하지만, 우리 크리스천들이 하나님 말씀에 순종해서 하나님의 방법대로 헌금할 때 하나님은 교회를 통해서 하나님의 일을 하시며, 약속하신 대로 우리에게 복을 주실 것입니다. 또한, 그렇게 할 때 하나님의 말씀만을 연구하고 선포하는 목회자들이 양성되어, 그들을 통해서 하나님의 복음이 힘 있게 전달 될 것입니다.

헌금을 드리는 태도

그러면 마지막으로 헌금을 어떤 마음으로 해야 하는지를 생각해 보겠습니다.

> "각각 그 마음에 정한 대로 할 것이요 인색함으로나 억지로 하지 말지니 하나님은 즐겨 내는 자를 사랑하시느니라."
>
> 고린도후서 9장 7절

헌금의 액수가 중요한 것이 아닙니다. 중요한 것은 여러분의 마음입니다. 하나님이 과자 봉지에서, 정확하게 십분의 일의 갯수를 세서 내놓으라고 하시는게 아닙니다. 만약에 과자 한 봉지에 163개가 들어있다면, 정확하게 16.3개를 내놓으라고 하시는 것이 아닙니다. 그러므로 자원함으로 여러분의 헌금을 드리십시오. 하나님의 방법을 신뢰하며 하나님이 명하신 예물을, 정하신 방법대로, 믿음으로 드리십시오. 중요한 사실은 하나님께서는 여러분의 헌금을 통해서 하나님의 일을 이루실 것이고, 우리가 그 일을 할 때에, 하나님께서 약속하신 복 또한 주실 것입니다. 그러므로 억지로 함이 아니라 기쁨으로 헌금을 드리는 성도들이 될 수 있기를 우리 주님의 이름으로 축복합니다.

강의 내용 다시 되새겨 보기 & 함께 다시 공부해 보기

1. 헌금과 십일조에 대한 설교를 들으면 여러분에게는 어떤 생각이 듭니까? (긍정적 or 부정적)

2. 헌금 문제를 생각할 때, "소유권"의 문제를 이해하는 것은 왜 중요합니까?

3. 하나님을 가장 뜨겁게 사랑했던 그때와, 지금의 여러분의 모습을 비교해 보시기 바랍니다. 차이가 있다면 (또는 없다면) 그 이유는 무엇입니까?

4. 오늘날 "포켓속의 하나님"에 대한 신앙은 하나님을 어떤 모습으로 믿고 있는 신앙을 이야기 할까요?

5. 하나님께서 이스라엘에게 헌물과 십일조를 내게 하신 이유는 무엇 입니까?

6. 크리스천들이 헌금을 드려야 하는 이유는 무엇입니까?

7. "하나님께서 즐겨내는 자를 사랑하신다"는 말씀의 뜻은 무엇일까요?

8. 여러분은 기쁨으로 하나님께 헌금을 드리고 있습니까? 그렇다면 (또는 그렇지 않다면) 그 이유는 무엇입니까?

크리스쳔 리스타트

크리스쳔은 열매맺는 하나님의 백성입니다

크리스천 리스타트

크리스천은 열매맺는 하나님의 백성입니다

> 갤럽이나 바나 그룹과 같은 조사 기관에서 실시한 설문 조사에 따르면 "거듭난 신자"를 자처하는 미국인들이 수 천만 명에 달한다고 한다. 안타깝게도 그들 가운데는 중생의 의미를 잘 못 이해하고 있는 사람들이 적지않다. 그들에게 물어보면 십중팔구 "글쎄요...거듭난 사람은 믿기로 결심한 사람이라고 생각합니다" 라거나, "거듭난 사람은 죄인의 기도를 드린 사람이라고 생각합니다"라는 식으로 대답할 것이다. 그러나 결신 행위나 기도는 중생의 참된 표징과는 거리가 멀다. 앞서 살펴 본 대로 거듭나지 않은 상태에서도 얼마든지 믿음을 고백할 수 있기 때문이다.
> - R.C. Sproul, 구원의 확신(서울: 생명의 말씀사, 2012), p.101.

　이번 장에서는 "크리스천은 어떤 사람인지"에 대해서 생각해 보겠습니다. 앞에서도 말씀을 드렸지만 교회를 다니는 첫번째 이유는 구원 받기 위해서이며, 또한 구원을 받았기 때문입니다. 그러면, 어떻게 우리가 구원 받았다는 사실을 확신할 수 있을까요? 어떤 사람이 구원 받은 사람이고, 우리가 구원 받은 사실은 어떻게 알 수 있을까요?

그의 나라와 그의 의를 구하라

앞의 장에서 우리는 "기도"에 대해서 배웠습니다. 그런데, 기도에 대해서 예수님께서 가르치신 내용을 가만히 살펴보면, 크리스천들이 가장 중요하게 여겨야 되고, 가장 우선시 해야 하는 것이 무엇인지를 알 수 있습니다.

> "그런즉 너희는 먼저 그의 나라와 그의 의를 구하라 그리하면 이 모든 것을 너희에게 더하시리라. 그러므로 내일 일을 위하여 염려하지 말라 내일 일은 내일이 염려할 것이요 한 날의 괴로움은 그 날로 족하니라."
> 마태복음 6장 33-34절

가장 먼저 예수님께서는 "그의 나라"와 "그의 의"를 구하라고 하셨습니다. 지금 여기에서 "너희는 먼저~" 라는 말씀을 할 때 사용한 "먼저"라는 말의 뜻을 우리가 알 필요가 있는데, 여기에서 사용한 "먼저"라는 단어는 헬라어로 "프로토스(protos)"라는 단어를 쓰고 있습니다. 이 단어는 여러가지 중의 맨 앞의 것이라는 뜻이 아니라 "우선권"이라는 뜻이 있습니다. 그러니까 이 단어의 뜻을 적용해서 정확하게 이 구절을 해석하면, "너희는 무엇보다 먼저, 가장 우선적으로 하나님의 나라와 그의 의를 구해야 한다~"는 최상급의 표현을 담은 명령이 된다는 것입니다.

그러면, "하나님의 나라" "하나님의 의"를 구한다는 말에는 어떤 뜻이 담겨 있을까요? 간혹 어떤 분들은 자신은 크리스천이 아니지만 영적인 길을 찾고 있다는 말을 하는 분들이 있습니다. 그러면, 불신자들도 하나님의 나라를 찾고 있는 것일까요? 이에 대한 로마서의 답변을 찾아 보겠습니다.

> "기록된 바 의인은 없나니 하나도 없으며. 깨닫는 자도 없고 하나님을 찾는 자도 없고. 다 치우쳐 함께 무익하게 되고 선을 행하는 자는 없나니 하나도 없도다."
> 로마서 3장 10-11절

성경은 스스로 하나님을 찾는 불신자는 존재하지 않는다고 분명하게 이야기합니다. 성경이 말하는 대로라면, 불신자들은 절대로 스스로 하나님을 찾지 않습니다. 오히려 그들은 하나님을 피해 다니는 도망자들입니다. 죄로 인해서 타락한 사람은 하나님으로부터 도망하고 숨으려는 본성을 갖게 되었습니다. 선악을 알게 하는 나무의 열매를 처음 따먹고 범죄한 아담과 하와가 하나님이 두려워서 숨었던 것처럼, 불신자들은 하나님을 찾기보다 하나님에게서 피하고, 숨고, 도망가려고 하는 죄인의 본성을 가지고 있다는 것입니다. 그렇기 때문에 거듭나지 않은 죄인들은 인생의 각각의 문제에 대한 해답을 찾으려고 시도할 수는 있지만, 절대로 하나님을 구하지 않는다는 것을 우리는 알아야 합니다.

그런데 왜 간혹 불신자들이 하나님을 구하고 있는 것처럼 보일 때가 있을까요? 이 문제에 대해서는 그들이 구하는 것을 가만히 생각해 보면

답을 알 수 있습니다. 그들은 행복을 구합니다. 마음의 평안을 구합니다. 죄책감으로부터 해방을 구하고, 삶이 의미 있게 되는 생활을 구합니다. 그리고 하나님께서 주실 수 있는 수많은 복들을 구합니다. 하지만, 그럼에도 불구하고 정작 그들은 하나님을 구하지는 않습니다. 그저 하나님께로부터 오는 유익만을 구하는 것이죠. 하지만 성경에 따르면 이러한 모습들은 하나님을 구하는 것이 아닙니다.

성경은 우리가 구원 받은 성도인지 아닌지 알 수 있는 가장 중요한 기준을 "우리가 하나님을 구하고 찾느냐, 아니면 하나님이 주시는 복과 유익들만을 구하느냐~"라는 사실에서 알 수 있다고 가르칩니다. 교회를 다니는 이유가 비지니스에 고객이 필요해서이고, 이민생활에 도움을 받기 위해서이고, 마음의 평안을 누리기 위함이고, 인간관계를 넓히기 위함이고, 자녀들에게 친구를 만들어 주기 위함이고, 자녀들이 소셜 라이프를 배울 수 있도록 하기 위함이라면, 하나님이 아닌 이러한 부가적인 유익들을 추구하며 사는 것이 교회를 다니는 이유의 전부라면, 어쩌면 그 사람은 구원 받은 사람이 아닐 수 있다는 것입니다.

구원 받은 성도들은 하나님 나라의 백성이 된 사람들을 말합니다. 예수 그리스도께서 피 값으로 사셔서 하나님의 소유가 된 사람들을 말합니다. 구원 받은 성도들은 하나님을 주인으로 삼고, 하나님의 관심을 자신의 첫번째 우선 순위로 둔 사람들입니다. 따라서 구원 받은 성도들은 하나님과 하나님의 나라를 구하고, 하나님의 의를 구합니다. 그러면 "하나님의 의"를 구하는 것은 어떻게 살아가는 것을 말하는 것일까요? "하나님의 의"를 구한다는 것은 하나님 보시기에 옳은 것을 행한다는 말입니다. 하나님 보시기에 옳은 것을 추구하고, 하나님이 보시기에 옳은 것들이 이루어지게 하기 위해서 최선을 다해서 살아가는 삶을 말하는 것입니다. 그렇기 때문에, 우리가 "하나님의 의"를 구하며 산다면, 하나님이 요구하시는 모든 거룩한 내용들을 우리의 삶 속에서 행하며 살게 되어 있는 것입니다.

한 가지 질문을 드리겠습니다. 여러분이 살아가는 데 있어서 더 많이 신경쓰는 것이 "사람들이 어떻게 생각할까?"라는 문제입니까, 아니면 "하나님이 나를 어떻게 보실까?"라는 문제입니까? 많은 사람들이 사람들에게 보여주기 위해서 커리어를 쌓고, 사람들에게 보여주기 위해서 명품백과 비싼 차를 삽니다. 사람들에게 보여주기 위해서 좋은 집을 사고, 사람들에게 보여주기 위해서 인생의 방향을 정하고 살아갑니다. 혹시라도 내가 이렇게 살아가는 것을 보고 다른 사람들이 비난할까 봐 두려워 하기는 하는데, 내가 이렇게 살아가는 것을 보고 하나님이 심판 하실 것은 두려워 하지 않는다면, 어쩌면 그 사람은 하나님 나라의 백성이 아닐 수도 있습니다. 하나님 나라 백성들은 결코 다수의 원칙을 따라서 살지 않습니다. 주변에 있는 모든 사람들이 다 괜찮다고 해도 하나님이 틀리다고 하면 틀린 것으로 여기고, 주변의 모든 사람들이 틀렸다고 해도, 하나님이 옳다고 하시면 그것을 옳은 것으로 여기는 사람, 그러한 기준을 가지고 살아가는 사람이 하나님 나라의 사람이고, 하나님의 의를 구하는 사람인 것입니다.

열매로 알리라

> "그들의 열매로 그들을 알지니 가시나무에서 포도를, 또는 엉겅퀴에서 무화과를 따겠느냐. 이와 같이 좋은 나무마다 아름다운 열매를 맺고 못된 나무가 나쁜 열매를 맺나니. 좋은 나무가 나쁜 열매를 맺을 수 없고 못된 나무가 아름다운 열매를 맺을 수 없느니라. 아름다운 열매를 맺지 아니하는 나무마다 찍혀 불에 던져지느니라. 이러므로 그들의 열매로 그들을 알리라. 나더러 주여 주여 하는 자마다 다 천국에 들어갈 것이 아니요 다만 하늘에 계신 내 아버지의 뜻대로 행하는 자라야 들어가리라. 그 날에 많은 사람이 나더러 이르되 주여 주여 우리가 주의 이름으로 선지자 노릇 하며 주의 이름으로 귀신을 쫓아 내며 주의 이름으로 많은 권능을 행하지 아니하였나이까 하리니. 그 때에 내가 그들에게 밝히 말하되 내가 너희를 도무지 알지 못하니 불법을 행하는 자들아 내게서 떠나가라 하리라."
>
> 마태복음 7장 16-23절

예수님께서는 하나님 나라의 백성들을 "열매로 안다"고 말씀하셨습니다. 그런데 예수님이 말씀하신 "열매"는 단순한 종교행위를 말하는 것이 아닙니다. 그러면, 예수님께서 말씀하신 열매는 어떤 열매를 이야기하는 걸까요? 그것은 "하늘에 계신 내 아버지의 뜻대로 행하는 것"을 의미합니다. 하나님 나라의 백성은 왕이신 하나님의 말씀에 순종하는 열매를 맺는 다는 것이죠. 하나님 나라 백성들이 맺어야 하는 열매는 하나님께서 명하신 말씀에 순종하는 곳에서 맺히는 열매입니다. 그러므로, 예수님께서 하신 말씀을 듣고도 그 말씀대로 행하지 않는 사람들은 그 집을 모래 위에 지은 어리석은 사람과 같다고 하십니다.

> "그러므로 누구든지 나의 이 말을 듣고 행하는 자는 그 집을 반석 위에 지은 지혜로운 사람 같으리니. 비가 내리고 창수가 나고 바람이 불어 그 집에 부딪치되 무너지지 아니하나니 이는 주추를 반석 위에 놓은 까닭이요. 나의 이 말을 듣고 행하지 아니하는 자는 그 집을 모래 위에 지은 어리석은 사람 같으리니. 비가 내리고 창수가 나고 바람이 불어 그 집에 부딪치매 무너져 그 무너짐이 심하니라."
>
> 마태복음 7장 24-27절

예쁜 바닷가 모래위에 세워진 집을 생각해 보십시오. 평안한 날들 중에는 그 집이 얼마나 더 예쁘고 가치 있게 보일까요? 그러한 집에서 살 수 있다면 매일이 휴가처럼 느껴질 것입니다. 하지만 문제는 비가 오고 폭풍이 불어 닥치는 날에는 해변가 모래 위에 지은 집은 우리의 안전을 보장할 수 없다는 것입니다. 평소에는 그 어떤 집보다 아름다운 집처럼 보일 것입니다. 평안한 날들 중에는 남들보다 더 화려한 집을 만든 것처럼 보일 수도 있을 것입니다. 어쩌면 튼튼해 보일 수도 있고, 화려하고 부유해서 남들이 부러워 할 수도 있을 것입니다. 하지만, 비와 바람이 부는 날이 온다는 것입니다. 그리고 그 날이 오면, 단단한 반석이 아닌 모래 위에 집을 세운 사람들은 결국 자신이 행한 대로 심판을 받게 될 것입니다.

우리의 신앙은 성경 위에 세워져야 합니다. 여러분 주변에 있는 사람들이 무엇이라고 이야기했는지는 중요하지 않습니다. 성경적인 신앙을 확인하는 가장 중요한 기준은 그것이 하나님의 말씀인지, 반석이 되시는 예수 그리스도의 말씀 위에 우리의 신앙이 세워졌는지에 달려 있습니다. 장래에 비바람과 천둥이 몰려 오는 것 같은 심판이 임할 것입니다. 불과 같은 심판이 임할 것입니다. 그 날에는 예수님께서 말씀하신 대로 믿지 않고, 예수님이 말씀하신 대로 행하지 않은 사람들은 심판을 받을 것입니다.

한 가지 더 주의 깊게 생각해 볼 내용이 있습니다. 우리는 방금 전에 예수님께서 "열매로 안다"라고 하신 말씀 앞에 어떤 말씀을 먼저 하셨는지를 살펴볼 필요가 있습니다.

> "좁은 문으로 들어가라 멸망으로 인도하는 문은 크고 그 길이 넓어 그리로 들어가는 자가 많고. 생명으로 인도하는 문은 좁고 길이 협착하여 찾는 자가 적음이라. 거짓 선지자들을 삼가라 양의 옷을 입고 너희에게 나아오나 속에는 노략질하는 이리라."
>
> 마태복음 7장 13-15절

구원의 길은 언제나 "좁은 문"을 통해서 들어가게 되어 있습니다. 그런데 시대를 막론하고 진리의 말씀을 거짓으로 바꾸어 전하는 거짓 선지자들이 있습니다. 성경을 보십시오. 언제나 사람들의 주변에는 거짓 선지자들이 있었습니다. 그들은 모세 시대 때도 있었고, 다윗 시대 때도 있었습니다. 그리고 바울 시대 때도 있었고, 지금도 활발하게 활동하고 있습니다. 마태복음 7장 후반부의 말씀을 다시 읽어 보십시오. 때때로 거짓 선지자들도 귀신을 내쫓습니다. 심지어 병든 자를 고치는 기적을 벌이기도 합니다. 앞날을 예언하기도 하고, 놀라운 사역들을 행하기도 합니다. 심지어 그들 가운데에는 목사라는 직함을 사용하는 사람들도 있고, 수많은 교인들을 이끌고 다니는 사람들도 있습니다. 하지만, 성경이 말하는 사실에 주목하셔야 합니다. 누군가가 구원 받았는지, 아닌지 알 수 있는 것은 그들이 벌이는 기적의 크기가 아닙니다. 또한, 그들이 기적을 행할 수 있는지 없는지의 여부가 아닙니다. 한 사람의 구원의 확실성은 그들이 얼마나 "주여~주여~" 라고 하면서 "경건해 보이는 말"을 잘하느냐의 문제에 달려 있지 않습니다. 그들을 따르는 사람들이 얼마나 많은지, 그들이 이끄는 단체에 얼마나 많은 사람들이 있는지, 얼마나 위대하고 많은 사역들을 감당했는지, 그것에 따라서 그들이 진짜인지 가짜인지가 드러나는 것이 아닙니다. 모든 판단은 열매로 드러나게 될 것입니다. 그들의 신앙이 하나님의 말씀 위에 있는지, 그리고 그들의 열매가 무엇인지에 따라서 드러나게 될 것입니다.

> "이러므로 그들의 열매로 그들을 알리라."
>
> 마태복음 7장 20절

몇 년 전에 저희 집이 이사를 했습니다. 그런데, 이사를 하고 보니 집 뒷마당에 나무가 하나 있었습니다. 무슨 나무인지 가까이에 가서 살펴보니까 그것이 도토리 나무라는 것을 알게 되었습니다. 제가 그 나무가 도토리 나무인지 어떻게 알았을까요? 그 나무에 달린 "열매"를 보고 알았습니다. 그러면 이 시간 묻겠습니다. 여러분은 혹시 열매가 달리지 않은 나무들을 보고, 그것이 사과나무인지 배나무인지 구분할 수 있습니까? 아마도 일반적인 사람들은 어려워할 것입니다. 전문적인 농부들이나 과수원 지기들, 또는 나무들을 많이 심고 길러본 사람들이라면 모를까 보통 사람들은 가지와 잎사귀만 보고 그 나무가 어떤 나무인지 모를 수 있습니다. 하지만 그런 우리도 그 나무가 어떤 나무인지 명확하게 알 수 있는 방법이 있습니다. 그것은 그 나무의 열매를 보면 됩니다. 그 나무에 사과가 열려 있으면 그 나무는 사과 나무이고, 배가 열려 있으면 배 나무 인것입니다. 호두가 열려 있으면 그 나무는 호두 나무인 것입니다.

지금 예수님께서는 이와 같은 이야기를 하고 있는 겁니다. 우리의 열매로 우리가 구원 받았는지를 알 수 있다는 거죠. 그러면, 예수님께서 보시는 열매는 어떤 열매를 이야기하는 걸까요? 주일 예배에 빠지지 않고 예배에 잘 참석하고, 헌금을 잘 드리고, 기도회도 잘 참여하고, 성경공부도 열심히 하는 것을 말하는 걸까요? 물론, 믿음이 있기 때문에 그런 일들을 행할 수는 있습니다. 하지만, 종교적인 행위들을 열심히 한다고 해서 꼭 구원 받은 것이 아닐 수도 있다는 것을 우리는 알아야 합니다.

방금 전에 우리가 읽은 마태복음 7장의 내용을 보면, 정말 불쌍한 사람들이 등장합니다. 그 사람들은 평생동안 예수님을 섬긴다고 하며 살았습니다. 예수님의 이름으로 말씀을 가르쳤고, 귀신도 쫓고, 놀라운 일들을 많이 행했습니다. 심지어 그들은 예배도 빠진 적이 없습니다. 오히려 예배를 인도하는 위치에 있었고, 단기선교도 많이 다니고, 봉사도 많이 했던 사람들입니다. 하지만 마태복음 7장 21-23절의 말씀을 보면, 예수님께서는 그들을 "모른다"고 하셨습니다. 그리고 그들을 통렬히 비판하셨습니다. "나는 너희를 모른다. 너희는 불법을 행하는 자들이다. 너희는 하나님의 의를 행하는 것이 아니라 불법을 행하는 자들이며, 너희들은 나를 예배한 것이 아니라 너희들의 욕망을 예배한 자들이다"라고 하시며 비판하셨습니다. 마태복음 7장 23절에서 이야기하는 "그 때"는 예수님께서 장차 심판하시는 날을 이야기합니다. 지금은 자신의 정체가 드러나지 않을 수도 있지만, 마지막 심판의 날에는 우리가 행한대로 하나님께서 심판하신다는 것입니다.

> "이는 우리가 다 반드시 그리스도의 심판대 앞에 나타나게 되어 각각 선악간에 그 몸으로 행한 것을 따라 받으려 함이라."
>
> 고린도후서 5장 10절

> "네가 어찌하여 네 형제를 비판하느냐 어찌하여 네 형제를 업신여기느냐 우리가 다 하나님의 심판대 앞에 서리라."
>
> 로마서 14장 10절

> "하나님께서 각 사람에게 그 행한 대로 보응하시되. 참고 선을 행하여 영광과 존귀와 썩지 아니함을 구하는 자에게는 영생으로 하시고. 오직 당을 지어 진리를 따르지 아니하고 불의를 따르는 자에게는 진노와 분노로 하시리라. 악을 행하는 각 사람의 영에는 환난과 곤고가 있으리니 먼저는 유대인에게요 그리고 헬라인에게며. 선을 행하는 각 사람에게는 영광과 존귀와 평강이 있으리니 먼저는 유대인에게요 그리고 헬라인에게라."
>
> 로마서 2장 6-10절

저는 목사입니다. 하지만, 제가 목사라는 사실 때문에 자동으로 구원 받는 것은 아닙니다. 선교사라고 해서 자동으로 구원 받는 것이 아니며, 신학교를 졸업했다고 해서 구원을 받는 것이 아닙니다. 집사, 권사, 장로라고 해서 구원 받는 것도 아니며, 교회를 몇 십년 다녔고, 사대째 예수를 믿으며, 성경을 100독 했다고 해서 구원을 받는 것도 아닙니다. 요한복음에는 구원받은 백성이 어떤 사람인지 알 수 있는 분명한 말씀이 기록되어 있습니다.

> "내 양은 내 음성을 들으며 나는 그들을 알며 그들은 나를 따르느니라."
> 요한복음 10장 27절

예수님께 소속된 예수님의 양은 예수님의 음성을 듣고, 예수님을 따르는 존재를 의미합니다. 그러므로 누군가가 구원 받은 예수님의 양이라고 이야기하면서도 예수님의 말씀을 듣지 않고, 예수님을 따르지 않는다면 그것은 그 사람이 예수님의 양이 아님을 입증하는 것입니다. 이 말은, 아무리 우리가 수많은 종교적 행위를 열심히 했다고 해도 하나님의 말씀대로 살지 않는다면, 결국 우리는 불법을 행하는 자들이며, 구원 받지 못한 자들이라는 판결을 받게 될 수도 있다는 말입니다. 우리 옛말에 "서당개 삼년이면 풍월을 읊는다"라는 말이 있습니다. 그래서 우리도 교회를 오래 다니다보면, 종교적인 언어와 영적인 표현들을 자연스럽게 배우게 됩니다. 그래서 믿지 않으면서도 믿는 척 연기를 잘하게 되기도 하고, 믿지 않으면서 믿는다고 스스로를 속이는 일도 행할 수 있습니다. 그리고 심지어 자신이 예수님을 믿고 있으며, 구원 받은 백성이라고 스스로 확신하며 자신의 마음을 속이는 일도 벌어집니다.

> "만물보다 거짓되고 심히 부패한 것은 마음이라 누가 능히 이를 알리요마는. 나 여호와는 심장을 살피며 폐부를 시험하고 각각 그의 행위와 그의 행실대로 보응하나니."
> 예레미야 17장 9-10절

그러나 우리는 사람의 속을 들여다 볼 수 없지만, 하나님께서는 다 보고 계십니다. 우리는 자신의 마음도 정확히 알 수 없지만, 하나님께서는 우리 마음의 깊숙한 진실도 알고 계십니다. 그렇기 때문에 마지막 날에 하나님 앞에 선 사람들은 하나님을 속일 수 없다는 것을 알고 자신의 신앙을 점검해야 합니다. 그리고 교회의 지도자들은 더 늦기 전에 교인들이 구원 받은 사람들이 맞는지 계속해서 확인할 수 있도록 하나님의 말씀과 기준으로 그들의 구원 여부를 점검할 수 있게 해야 합니다. (저는 "성도"와 "교인"이라는 표현을 의도적으로 구분하여 사용합니다. 교회를 다니지만 구원 받지 못한 사람을 교인이라고 부르며, 구원 받은 거룩한 하나님의 백성을 "성도"라고 부릅니다. 교회를 다닌다고 해서 그 사실 자체로 성도가 되는 것은 아니기 때문입니다.)

> "너희는 믿음 안에 있는가 너희 자신을 시험하고 너희 자신을 확증하라 예수 그리스도께서 너희 안에 계신 줄을 너희가 스스로 알지 못하느냐 그렇지 않으면 너희는 버림 받은 자니라."
>
> 고린도후서 13장 5절

> "너희는 믿음 안에 있는가 너희 자신을 시험하고 너희 자신을 확증하라 예수 그리스도께서 너희 안에 계신 줄을 너희가 스스로 알지 못하느냐 그렇지 않으면 너희는 버림 받은 자니라."
>
> 고린도후서 13장 5절

구원 받은 성도가 맺어야 하는 열매들

그러면 지금부터는 갈라디아서 5장 말씀을 살펴보면서 구원 받은 성도들이 맺어야 하는 몇 가지 삶의 열매들을 생각해 보겠습니다.

> "내가 이르노니 너희는 성령을 따라 행하라 그리하면 육체의 욕심을 이루지 아니하리라. 육체의 소욕은 성령을 거스르고 성령은 육체를 거스르나니 이 둘이 서로 대적함으로 너희가 원하는 것을 하지 못하게 하려 함이니라. 너희가 만일 성령의 인도하시는 바가 되면 율법 아래에 있지 아니하리라. 육체의 일은 분명하니 곧 음행과 더러운 것과 호색과. 우상 숭배와 주술과 원수 맺는 것과 분쟁과 시기와 분냄과 당 짓는 것과 분열함과 이단과. 투기와 술 취함과 방탕함과 또 그와 같은 것들이라 전에 너희에게 경계한 것 같이 경계하노니 이런 일을 하는 자들은 하나님의 나라를 유업으로 받지 못할 것이요. 오직 성령의 열매는 사랑과 희락과 화평과 오래 참음과 자비와 양선과 충성과. 온유와 절제니 이같은 것을 금지할 법이 없느니라. 그리스도 예수의 사람들은 육체와 함께 그 정욕과 탐심을 십자가에 못 박았느니라. 만일 우리가 성령으로 살면 또한 성령으로 행할지니. 헛된 영광을 구하여 서로 노엽게 하거나 서로 투기하지 말지니라."
>
> 갈라디아서 5장 16-26절

가장 먼저 살펴 볼 내용은, 16절에 기록된 "성령을 좇아 행하라"는 말씀입니다. 성령 하나님은 예수님의 말씀을 우리에게 가르치시고, 그 말씀대로 우리가 살 수 있도록 도우시는 하나님의 영입니다. 그러므로 이 말씀은 우리 안에 있는 "예수의 영"이신 "성령 하나님"의 뜻대로 순종하며 행하라는 뜻입니다. 그렇기 때문에, "성령을 좇아서 행한다"는 것은 마태복음 7장에서 이야기한 것처럼 예수님의 말씀대로 순종하고 행하는 삶을 이야기하는 것입니다. 또한 21절에서, "하나님의 나라를 유업으로 받지 못한다"라고 이야기한 것을 쉽게 풀어서 이야기하면, "심판을 받게 될 것이다"라는 말입니다. 그런데, 우리가 주의해서 봐야 하는 것은 지금 성경이 "육체의 소욕을 따르는 사람들"과 "성령의 소욕을 따르는 사람들"을 비교해서 이야기하고 있다는 것입니다.

성도들은 완전한 사람들이 아닙니다. 거듭난 그리스도인들도 아직 성화의 과정을 거치고 있기 때문에 여전히 범죄하고 쓰러질 수 있습니다. 그런데 "성화"라는 것은 "거룩하게 변화되는 과정"을 이야기하는 것이고, 이 말에 담겨진 중요한 뜻은 "아직은 완전하게 거룩하지 않다"라는 뜻입니다. 아직은 완전하게 거룩하지 않으니 날마다 거룩하게 변화되어 가야 한다는 뜻이죠. 그래서 구원 받은 성도들도 다시 죄를 짓기도 하고, 유혹 앞에서 무너지는 일들도 경험하는 것입니다. 하지만 중요한 것은 "경향성"이라는 단어입니다. 구원 받은 성도들은 "삶의 방향"과 "경향성"이 달라지게 되어 있습니다. 죄를 지은 것을 슬퍼하며 다시 회개하고 죄와 싸우느냐, 아니면 여전히 그 죄의 자리에 앉아 있느냐? 이 문제를 이야기하는 것입니다. 구원 받은 성도들은 성령께서 그 마음을 책망하십니다. 잘못한 것을 깨닫게 하시고, 죄를 토로하지 않으면 견딜 수 없는 괴로움을 주십니다. 그런데, 내가 죄를 반복해서 짓고 있음에도 불구하고 아무런 가책도 없고, 책망도 없고, 자유롭게 죄를 짓고 있다면, 심지어 하나님의 말씀이 죄라고 분명하게 이야기함에도 불구하고 여전히 나의 삶을 바꿀 마음이 없다면, 어쩌면 그런분들은 구원 받지 못했을 가능성이 있습니다. 왜냐하면 성경이 그런 사람들은 하나님의 나라를 유업으로 받지 못한다고 말하기 때문입니다. 그러므로 고린도후서 13장 5절이 권면한 내용대로 여러분의 구원이 확실한지 여러분의 구원의 확실성 여부를 확인하실 필요가 있습니다.

그러면, 구원 받은 크리스천들은 어떤 특징을 가지고 있을까요? 방금 전에 읽은 갈라디아서 5장 22-23절의 말씀을 보면, 구원 받은 성도들 즉, 거듭난 크리스천들은 성령 하나님을 따라서 열매를 맺게 되어 있다는 것을 알게 됩니다. (오해를 방지하기 위해서 부연 설명을 드리려 합니다. 저는 크리스천이 거듭났다는 사실을 동일 선상에서 "강조"하기 위해서 함께 사용했습니다. 저는 거듭난 크리스천과 세속적인 크리스천이 있다는 주장에 동의하지 않습니다. 모든 크리스천은 거듭난 자들이며, 구원받은 성도이며, 예수 그리스도를 따라가는 자들입니다.) 그들은 사랑의 열매를 맺습니다. 간혹 자신이 크리스천이라고 이야기하면서도, 사람들을 비난하고 이간질 하는 사람이 있습니다. 하지만 그것은 구원 받은 사람이 맺어야 하는 열매가 아닙니다. 그러므로 구원 받은 성도들은 그러한 것들이 잘못된 것임을 알아야 하는 것이고, 날마다 회개하며 죄와 싸워야 하는 것입니다. 그것이 크리스천이라는 존재입니다. 또한, 입만 열면 사람들에게 상처 주는 사람들도 있습니다. 하지만, 그러한 일이 습관처럼 잦은 것은 절대로 구원 받은 성도들의 모습이 아닙니다. 구원 받은 성도들은 화평을 추구하게 되어 있습니다. 서로 오래 참아 주게 되어 있습니다. 우리를 오래 참아 주신 예수님을 따라서 옆 사람의 모습이 연약하고 부족해도, 참아주고 기다려 주는 사람이 구원 받은 사람의 모습입니다. 그럼에도 불구하고 "나는 원래 이래! 나를 바꾸려고 하지마!"라고 고집을 부리는 사람들이 있다면, 자신이 구원 받은 사람인지 구원의 확실성을 다시 점검 해야 하는 것입니다. 이것은 강직함이 아니라 거룩하게 변하지 않으려는 고집입니다. 거듭난 사람은 반드시 이전과 달라야 합니다. 새로운 피조물이면 거듭난 사람답게 변해야 합니다.

> "그런즉 누구든지 그리스도 안에 있으면 새로운 피조물이라 이전 것은 지나갔으니 보라 새 것이 되었도다."
>
> 고린도후서 5장 17절

또한 구원 받은 성도들의 특징중에는 "충성"이라는 열매가 있습니다. 그래서 정말 구원 받은 성도들은 적당히 신앙생활을 하지 않습니다. 매일 더 뜨겁고, 더욱 더 뜨겁게 하나님을 사랑하고, 하나님의 일에 관심을 가집니다. 그리스도의 몸된 교회를 사랑하고, 그리스도의 교회를 충성되게 섬기려고 합니다. 그래서 구원 받은 성도들은 이기적일 수 없습니다. 섬김의 종이신 예수님을 따라서 허리를 굽히게 되어 있고, 더러운 것을 내 손에 먼저 묻히게 되어 있습니다. 그런데, 여전히 내가 너무나도 소중하고 애틋해서 십자가를 질 마음이 전혀 없다면, 우리는 우리의 구원의 확실성을 다시 점검해야 합니다. 성경은 구원 받은 성도들이 맺는 열매 중의 하나를 "충성"이라고 했습니다. 그렇기 때문에 우리가 정말 구원 받은 하나님 나라 백성이 맞다면, 예수 그리스도께서 세우신 몸 된 교회를 사랑하고, 충성할 수 밖에 없습니다. 누가 보던 보지 않던, 누가 인정하던 인정해 주지 않던, 교회를 사랑하고, 하나님을 사랑하고, 복음을 전하는 일에 있어서 충성할 수 밖에 없는 것입니다.

또 한가지, 구원 받은 성도들은 "온유"라는 열매를 맺습니다. 그런데 성경이 이야기하는 "온유"라는 것은 분노를 잘 참거나, 오래 참는 성격을 이야기하는 것이 아닙니다. 이 단어는 헬라어로 "프라우스"라는 단어를 사용하는데, 이 단어는 야생의 말을 길들일 때 쓰는 단어입니다. 예를 들어서, 우리가 야생의 있는 말을 길들여서 타려고 할 때, 그 말이 길들여지지 않는다면 주인을 발로 차고, 떨어뜨리고, 주변의 기물을 다 박살낼 수 있는 위험이 있게 됩니다. 하지만, 그 야생의 말이 주인을 만나게 되고 주인의 손에 의해서 길들여 지게 되면, 기물을 부수지도 않고 주인의 일에 유익한 좋은 동반자가 된다는 것입니다. 그런데 성경은 우리가 그렇게 하나님의 말씀에 길들여져야 한다는 것을 "온유"라는 단어로 표현하고 있습니다. 우리에게는 여전히 옛 사람의 본성이 남아 있습니다. 그래서 하나님의 말씀을 들으면서도 자신이 하고 싶은대로 하고 살려는 욕망들이 자꾸 나오죠. 하지만 온유한 자는 그럴 때마다 하나님의 말씀에 길들여 지는 것입니다. 화가 나도 하나님 때문에 참고, 억울해도 하나님 때문에 견디고, 힘들어도 하나님의 나라를 위해서 참고 인내하는 것입니다.

또 한가지, 크리스천들이 맺어야 하는 성령의 열매중에는 "절제"라는 것이 있습니다.

> "이러므로 우리에게 구름 같이 둘러싼 허다한 증인들이 있으니 모든 무거운 것과 얽매이기 쉬운 죄를 벗어 버리고 인내로써 우리 앞에 당한 경주를 하며. 믿음의 주요 또 온전하게 하시는 이인 예수를 바라보자 그는 그 앞에 있는 기쁨을 위하여 십자가를 참으사 부끄러움을 개의치 아니하시더니 하나님 보좌 우편에 앉으셨느니라. 너희가 피곤하여 낙심하지 않기 위하여 죄인들이 이같이 자기에게 거역한 일을 참으신 이를 생각하라."
>
> 히브리서 12장 1-3절

> "이기기를 다투는 자마다 모든 일에 절제하나니 그들은 썩을 승리자의 관을 얻고자 하되 우리는 썩지 아니할 것을 얻고자 하노라. 그러므로 나는 달음질하기를 향방 없는 것 같이 아니하고 싸우기를 허공을 치는 것 같이 아니하며. 내가 내 몸을 쳐 복종하게 함은 내가 남에게 전파한 후에 자신이 도리어 버림을 당할까 두려워함이로다."
>
> 고린도전서 9장 25-27절

달리기를 하는데 커다란 배낭에 이것저것 다 싸들고 달리기를 하면 제대로 달릴 수 있을까요? 또한, 배낭에 이것저것 쓸데 없는 것을 지고 오래 걸으려고 하면, 그 만큼 목적지에 가는 것이 더 힘들지 않을까요?

우리는 그리스도를 향한 경주를 하는 사람들입니다. 그렇기 때문에 우리의 배낭은 가벼워야 하고, 꼭 필요한 것만 짊어지고 가야 하는 것입니다. 그런데 이번에 집을 샀습니다. 차를 바꿨습니다. 내 차만 샀을 뿐만 아니라 아이들 차도 비싼 차로 사주었습니다. 또, 골프장 멤버십을 새로 가입했습니다. 티비도 새로 샀고, 할부로 이것저것을 샀습니다. 그래서 나는 돈이 필요하기 때문에 주일에도 일을 해야 합니다. 그러므로 나는 주일예배에 못 가겠습니다. 당연히 그렇게 돈을 쓰게 되면 카드 값을 갚기 위해서 주일까지 일을 하게 되는 것입니다.

하지만 솔직하게 생각해 보십시오. 하나님이 교회도 멀리하고 예배도 멀리하며, 하나님에게서 멀어지라고 그러한 돈과 재력을 주셨을까요? 하나님 뜻대로 살지 않고 자신을 위해서만 살고 있는데, 어떻게 그 삶에 평안을 기대할 수 있을까요? 좀 더 좋은 집, 좀 더 좋은 차, 거기에만 눈이 멀어서 좇아가고 있다면, 정작 우리가 달려가야 하는 영원한 생명이 있는 곳에는 달려갈 힘이 없는 것입니다. 그러므로, 여러분이 하나님을 사랑하는데 있어서, 하나님을 생각하고 하나님의 뜻대로 살아가는 데 있어서, 그 보다 우선순위가 되는 모든 것들은 포기하십시오. 그렇게 절제하지 않으면 우리는 썩어질 것들에 마음을 빼앗기게 되는 것입니다. 여러분은 하나님 나라와 하나님의 뜻을 위해서 재정을 사용하고 있습니까? 여러분의 카드 내역을 점검해 보십시오. 여러분은 하나님을 알기 위해서 시간을 사용하고 있습니까? 여러분의 Netflix, Youtube 시청 기록과 검색 기록을 살펴 보십시오. 여러분이 검색창에 어떤 내역들을 검색했는지 살펴 보십시오. 여러분의 관심은 하나님의 나라에 있습니까? 여러분의 시간과, 공간, 그리고 여러분의 재정과 인생의 순간들을 무엇을 위해서 사용하고 있습니까? 거듭난 성도들은 더 이상 옛 자아의 본성을 위해서 살아가지 않습니다. 그들은 하나님을 위해서 살아갑니다.

> "우리가 만일 미쳤어도 하나님을 위한 것이요 정신이 온전하여도 너희를 위한 것이니. 그리스도의 사랑이 우리를 강권하시는도다 우리가 생각하건대 한 사람이 모든 사람을 대신하여 죽었은즉 모든 사람이 죽은 것이라. 그가 모든 사람을 대신하여 죽으심은 살아 있는 자들로 하여금 다시는 그들 자신을 위하여 살지 않고 오직 그들을 대신하여 죽었다가 다시 살아나신 이를 위하여 살게 하려 함이라. 그러므로 우리가 이제부터는 어떤 사람도 육신을 따라 알지 아니하노라 비록 우리가 그리스도도 육신을 따라 알았으나 이제부터는 그같이 알지 아니하노라. 그런즉 누구든지 그리스도 안에 있으면 새로운 피조물이라 이전 것은 지나갔으니 보라 새 것이 되었도다. 모든 것이 하나님께로서 났으며 그가 그리스도로 말미암아 우리를 자기와 화목하게 하시고 또 우리에게 화목하게 하는 직분을 주셨으니. 곧 하나님께서 그리스도 안에 계시사 세상을 자기와 화목하게 하시며 그들의 죄를 그들에게 돌리지 아니하시고 화목하게 하는 말씀을 우리에게 부탁하셨느니라."
>
> 고린도후서 5장 13-19절

> "내가 그리스도와 함께 십자가에 못 박혔나니 그런즉 이제는 내가 사는 것이 아니요 오직 내 안에 그리스도께서 사시는 것이라 이제 내가 육체 가운데 사는 것은 나를 사랑하사 나를 위하여 자기 자신을 버리신 하나님의 아들을 믿는 믿음 안에서 사는 것이라."
>
> 갈라디아서 2장 20절

거듭난 사람은 예수님과 함께 십자가에 자신의 옛 사람을 못 박은 사람입니다. 예수님과 더불어 새로운 삶을 사는 사람입니다. 그래서 거듭난 사람은 더이상 자신을 위해서 살지 않습니다. 자신의 커리어를 위해서 살지 않고, 자신의 평안한 노후를 위해서 살지 않습니다. 거듭난 사람의 관심은 오로지 "하나님의 나라"와 "하나님의 의"를 세우는데에 있습니다. 또한, 거듭난 사람은 화목하게 하는 직분을 받은 사람이기 때문에 어떻게 하면 복음을 전할 수 있을지, 어떻게 하면 하나님의 나라를 위해서 살 수 있을지 고민하게 됩니다. 그래서 거듭난 사람들의 관심은 돈과 성공에 있지 않습니다. 거듭난 사람들의 관심은 하나님의 나라와 하나님의 뜻을 실천하는 데 있게 됩니다. 고린도전서 2장 말씀은 성령 하나님께서 거듭난 성도들 안에 어떤 변화를 가져 오시는지를 기술하고 있습니다.

> "우리가 세상의 영을 받지 아니하고 오직 하나님으로부터 온 영을 받았으니 이는 우리로 하여금 하나님께서 우리에게 은혜로 주신 것들을 알게 하려 하심이라. 우리가 이것을 말하거니와 사람의 지혜가 가르친 말로 아니하고 오직 성령께서 가르치신 것으로 하니 영적인 일은 영적인 것으로 분별하느니라. 육에 속한 사람은 하나님의 성령의 일들을 받지 아니하나니 이는 그것들이 그에게는 어리석게 보임이요, 또 그는 그것들을 알 수도 없나니 그러한 일은 영적으로 분별되기 때문이라. 신령한 자는 모든 것을 판단하나 자기는 아무에게도 판단을 받지 아니하느니라. 누가 주의 마음을 알아서 주를 가르치겠느냐 그러나 우리가 그리스도의 마음을 가졌느니라."
>
> 고린도전서 2장 12-16절

구원 받지 못한 사람들은 절대로 성령의 일을 받지 못합니다. 구원 받지 못한 사람들은 말씀대로 사는 사람들이 미련하게 보이고, 말씀 대로 살아가는 삶의 존귀함을 알지 못합니다. 그래서 그들은 "인생을 살아가는데 있어서 신앙도 중요하지만, 다른 것이 훨씬 더 중요하다"라고 이야기합니다. 왜냐하면 구원 받지 못한 사람들의 눈에는 하나님의 뜻대로 살아가는 것이 미련해 보이기 때문입니다. 그래서 구원받지 못한 사람들은 자녀들에게도 적당히 세상적으로 살아가는 것이 지혜롭고 세련되게 사는 것이라고 가르치게 되는 것입니다. 하지만 성경은 비록 십자가의 도가 세상 사람들 보기에는 미련해 보일지 몰라도, 구원 받은 성도들에게는 하나님의 능력이 된다고 이야기합니다. 그래서 교회는 십자가를 전해야 하는 것이고, 그리스도의 십자가의 도인 복음을 전해야 하는 것입니다.

> "십자가의 도가 멸망하는 자들에게는 미련한 것이요 구원을 받는 우리에게는 하나님의 능력이라."
>
> 고린도전서 1장 18절

구원 받은 성도들은 신령한 것을 분별할 줄 아는 눈이 있습니다. 무엇이 하나님이 원하시는 것인지, 무엇이 하나님의 뜻인지를 날마다 하나님의 말씀인 성경을 가지고 분별하며 살아가려 합니다. 그래서 구원 받은 성도들의 소원은 예수를 닮아가는 것이고, 하나님의 의와 하나님의 뜻을 실천하며 살아가는데 있게 되는 것입니다. 여러분은 어떻습니까? 여러분의 관심과 꿈은 하나님께 달려 있습니까, 아니면 세상 사람들의 관심과 눈이 있는 곳에 있습니까? 그러므로 성경의 기준 아래에서 여러분의 믿음을 시험하시고 점검하시기를 부탁드립니다. 그리하여 믿는 자로서의 확실한 보증을 붙들고 신앙생활을 하실 수 있기를 우리 주님의 이름으로 축복합니다.

강의 내용 다시 되새겨 보기 & 함께 다시 공부해 보기

1. 우리가 구원 받았다는 사실을 어떻게 확신할 수 있을까요?

2. 간혹 불신자들도 "영적인 길"을 찾고 있다는 이야기를 합니다. 이에 대한 성경의 답변은 무엇인가요?

3. 크리스천들이 "하나님의 의"와 "하나님의 뜻"을 구하는 것은 어떻게 살아가는 것을 의미할까요?

4. 여러분이 살아가는데 있어서 더 많이 신경을 쓰는 것이 "사람들이 어떻게 생각할까?" 입니까, 아니면 "하나님이 나를 어떻게 보실까?"의 문제입니까?

5. 예수님께서는 하나님 나라 백성들은 "열매로 안다"고 말씀하셨습니다. 예수님께서 말씀하신 "열매"는 어떤 열매를 이야기하는 것일까요?

6. 여러분은 구원 받은 성도들이 맺어야 하는 성령의 열매들을 맺으며 살아가고 있습니까?

7. 요한복음 10장 27절을 다시 읽어 보시기 바랍니다. 그리고 어떤 사람이 예수님께 속한 양인지 소그룹원들과 나누어 보시기 바랍니다.

8. 육체의 소욕을 따르는 사람들과 성령의 소욕을 따르는 사람들 사이에는 어떤 차이점이 있을까요? 소그룹원들과 여러분의 생각을 나누어 보시기 바랍니다.

9. "구원 받은 성도들은 삶의 방향과 경향성이 달라진다"는 말의 뜻은 무엇입니까?

10. 구원 받은 성도들은 어떤 특징을 가지고 있습니까?
    책을 읽으시고 여러분이 생각한 내용을 소그룹에서 나누어 보세요.

CHRISTIAN RESTART
크리스천 리스타트

초판 1쇄 인쇄 2023년 2월 20일
초판 2쇄 발행 2025년 2월 20일

지은이 박형용
펴낸이 김춘자
펴낸곳 목양북

등록 2024년 3월 22일 제 2024-047호
주소 경기도 용인시 처인구 양지면 학촌로53번길 19
전화 070-7561-5247 팩스 0505-009-9585
이메일 mokyang-book@hanmail.net

Copyright ⓒ 킹덤처치연구소 2025
ISBN 979-11-989353-5-9 (03230)

* 본 저작물은 신저작권법에 의하여 한국 내에서 보호받는 저작물이므로 무단전재와 복제를 엄격히 금합니다.
* 책 값은 뒤표지에 있습니다.
* 잘못된 책은 교환하여 드립니다.